主编简介

邓纯东 男，1957年生，马克思主义研究院党委书记、院长，研究员、硕士，博士后合作导师、中国社会科学院研究生院博士生导师，第十三届全国政协委员，全国政协社会和法制专门委员会委员。

主持国家重大交办委托课题和特别重大交办委托课题多项；主持国家社科基金课题4项。筹划马克思主义研究院每年主办的马克思主义及其中国化系列国内论坛10余个，国际论坛3个。

在《人民日报》《光明日报》《求是》等报刊发表理论文章10余篇。主编《中国特色社会主义理论“新思想 新观点 新论断”研究丛书》（6本），《社会主义核心价值观丛书》（12本），《中国梦与中国特色社会主义研究丛书》（10本），《中国道路为什么能成功丛书》（10本），《马克思主义中国化最新成果研究报告》（2013年起每年一卷）等丛书多部。

中国社会科学院
马克思主义理论学科建设与
理论研究工程项目

治国理政思想专题研究文库

中国梦思想研究

邓纯东　主编

ZhongGuoMeng
SiXiang
YanJiu

人民日报出版社

图书在版编目（CIP）数据

中国梦思想研究／邓纯东主编．—北京：人民日报出版社，2018.1
ISBN 978－7－5115－5234－1

Ⅰ.①中… Ⅱ.①邓… Ⅲ.①中国特色社会主义—文集
Ⅳ.①D610-53

中国版本图书馆 CIP 数据核字（2018）第 005587 号

书　　名：**中国梦思想研究**
主　　编：邓纯东

出 版 人：董　伟
责任编辑：周海燕　孙　祺
装帧设计：中联学林

出版发行：人民日报出版社
社　　址：北京金台西路 2 号
邮政编码：100733
发行热线：（010）65369509　65369846　65363528　65369512
邮购热线：（010）65369530　65363527
编辑热线：（010）65369518
网　　址：www.peopledailypress.com
经　　销：新华书店
印　　刷：三河市华东印刷有限公司

开　　本：710mm×1000mm　1/16
字　　数：224 千字
印　　张：12.5
印　　次：2019 年 1 月第 1 版　　2019 年 1 月第 1 次印刷

书　　号：ISBN 978－7－5115－5234－1
定　　价：68.00 元

目　录
CONTENTS

“中国梦”：当今中国发展进步的精神旗帜

——访中共中央委员、中国社会科学院院长王伟光教授

▲（采访者简称▲，下同）：王院长，您好！近来，学界对中国梦的阐释和研究非常活跃，我们刊物也发过几篇这方面的文章，其阐释的内容和观点不尽相同。我们知道您很忙，但还是想请您谈谈对中国梦的理解，可以吗？

◎（被采访者简称◎，下同）：可以。

▲中国梦刚提出时，有些人不太理解，说我们过去一直提的是理想，今天又提出梦想，梦想与理想到底是什么关系？请您先简单谈一下您对理想与梦想关系的理解，好吗？

◎：好的。从世界发展的历史看，有梦想的民族才是有希望的民族，因为没有理想驱动的现实是盲目的，没有现实支撑的理想是虚无的。建立在现实基础上的、符合历史发展必然趋势的梦想就是科学的理想。正是建立在革命和建设所取得的伟大成就的基础上，中国共产党顺应历史潮流和时代需要，适时提出了“中国梦”。“中国梦”是适合历史发展必然逻辑的共产主义远大理想与适合中国现实国情的中国特色社会主义共同理想的高度结合，是中国共产党最高纲领和最低纲领的高度结合，也是马克思主义与中国国情的高度结合。

▲：这是从总的方面说的，请具体谈一下您对“中国梦”提出的看法。

◎：习近平同志在参观“复兴之路”展览时，提出了实现中华民族伟大复兴的中国梦，发出了凝聚人心、鼓舞人心的时代强音。实现中国梦的科学论断，是马克思主义基本原理同当今中国实际和时代特征相结合的结果，是中国特色社会主义重大思想理论创新，丰富了中国特色社会主义的科学内涵，为推进中国特色社会主义伟大事业指明了方向，成为当今中国发展进步的高昂旋律、思想引领和精神旗帜。

习近平同志指出，实现中华民族伟大复兴是中华民族近代以来最伟大的梦想。这个梦想，凝聚了几代中国人的夙愿，体现了中华民族和中国人民的整体利益，是每一个中华儿女的共同期盼。历史告诉我们，每个人的前途命运都与国家

和民族的前途命运紧密相连。国家好,民族好,大家才会好。这是对中华民族悠久文明传承规律的深刻把握,是对近代以来中华民族发展历程和社会主义现代化必然走向的深刻揭示。

▲:是的,"中国梦"的提出是对近代以来中华民族发展历程的深刻揭示,因为追求中华民族的伟大复兴是中华民族近代以来整个发展历程的主题,您是怎么看这个问题的?

◎:总结中华民族近两百年的"逐梦之旅",一个不容否认的事实是,"中国梦"的提出是中国共产党顺应时代发展和人民需要做出的历史选择,"中国梦"的实现既是过程也是结果,一刻也离不开中国共产党的正确领航。

中华民族在漫长的历史长河中,曾创造了辉煌的发展成就,为人类文明进步做出了巨大贡献。自鸦片战争以来,中华民族尽管饱经磨难、历经沧桑,但一刻也没有放弃实现伟大复兴的梦想。然而,只有当历史的接力棒交到中国共产党人手中后,中国梦的实现才真正具备了科学的理论指导和实践基础。

回顾历史我们发现,寻找实现梦想的道路是一个艰难曲折的过程。如何走上一条正确的民族解放、民族振兴之路?危机重重的近代中国在这个问题上没有先例可循,只能在黑暗中摸索。各种救国主张都曾把脉中国,无论是"师夷之长技以制夷",还是"中体西用";无论是太平天国运动、义和团运动,还是洋务运动和戊戌维新运动,都没能提供正确的理论指导,或者没能指明正确的前进方向,无一例外地以失败收场。就连开启了现代中国进步之门的孙中山先生领导的辛亥革命,也最终失败。原因何在?最根本的原因就在于缺乏马克思主义科学理论的指导,缺乏坚强有力的中国工人阶级政党的领导核心,没有找到一条正确的实现民族复兴之路。

在多次失败的探索之后,中国历史终于迎来了中国共产党。与马克思主义在同多种思潮的斗争中脱颖而出取得主导地位一样,中国共产党的领导地位,并不是天生的,而是历史选择的结果。马克思主义的指导地位不是指定的,而是必然的。

▲:谈到孙中山,我们想问,孙中山先生是中华民族振兴、独立解放的先驱。他在诸种方案比较中,选择了资产阶级民主主义理论,选择了资产阶级民主革命的道路,试图向西方学习,在建立资产阶级共和国的基础上实现民族复兴。为什么这条路在中国没有走通呢?

◎:自鸦片战争以来的近代中国,旨在争取国家独立、人民解放的斗争和探索,每一次都在一定的历史条件下推动了中国进步,但为什么一次次归于失败?除客观条件外,究其主观或者说根本的原因在于,没有正确的理论指导,没有选择正确的道路、正确的领导阶级及其政党。除了一些旧式农民起义以及对封建制度修修补补的措施外,民族复兴的很多方案是资本主义性质的,其指导思想是资产阶级政治理论,其主要学习对象是西方资本主义文明,是发展资本主义的经济、政治和文化,走资本主义道路,建立现代资本主义国家,革命的领导阶级和领导者是农民阶级、封建阶级的改革派、民族资产阶级及其政党。

为什么西方在资产阶级思想武器指导下的资本主义民主革命可以成功,而在旧中国却失灵了呢?这是由国内外的客观条件决定的。就当时中国的国内条件而言,经济非常落后、政治污浊黑暗、民心四分五裂。而西方国家经过工业革命后几十年的发展已经非常强大,掠夺落后国家特别是像中国这样幅员广阔、资源相对丰富,但军力极为薄弱、民心十分涣散的国家是他们的主要目的。因此,帝国主义列强决不容许中国变成一个强大的资产阶级民主共和国,他们为了维持和强化中国的半殖民地半封建制度,与封建势力和官僚资本相勾结,阻挠资本主义在中国的顺利发展。从 1840 年开始,西方列强(包括日本)就不断地寻找各种借口侵略中国,在其后一百余年的时间里,将中国的沿海地区和几乎所有的通商口岸都控制在他们的手里。

面对这样的国内外环境,一个从根本上就软弱且具有两重性的资产阶级及其政党,怎么能够领导资产阶级的民主革命取得彻底的胜利?资本主义怎么会在旧中国得到顺利发展?可见,没有正确的理论指导,没有先进的无产阶级及其政党的领导,没有广大受压迫、受剥削民众的参与,资产阶级民主革命的胜利、资本主义的顺利发展是不可能的,即便有如孙中山这样有觉醒、有抱负的先驱的领导也是如此。

▲:是的,近代以来中华民族的发展历程证明,资产阶级旧式民主革命解救不了中国,只有中国共产党才能救中国,这是中国历史发展的必然选择。请您对此做点阐释。

◎:在经历了多次失败的探索之后,苦难深重的中国终于迎来了中国共产党。前面我已讲过,中国共产党的领导地位不是天生的,而是历史选择的结果。毛泽东同志指出:“十月革命一声炮响,给我们送来了马克思列宁主义。十月革命帮助了全世界的也帮助了中国的先进分子,用无产阶级的宇宙观作为观察国家命运的工具,重新考虑自己的问题。走俄国人的路这就是结论。”十月革命的成功对中国先进知识分子产生了巨大的震撼和影响,使他们开阔了眼界,认识到决定中国人民命运的不是资产阶级,不是资本主义,也不是资产阶级思想武器,而是工人阶级、科学社会主义和马克思主义。

在旧中国,运用资产阶级思想武器,走改良的、资产阶级旧民主主义的革命道路不行。辛亥革命的失败以及振兴中国的目的落空，使得中国先进知识分子通过十月革命接受了马克思主义，开始在马克思主义中寻找答案，冲破了资产阶级民主思想的藩篱，冲破了旧民主主义倡导的民主、科学、爱国主义的精神界限，把马克思主义作为思想工具，选择社会主义为中国唯一出路，选择中国工人阶级及其政党作为领导阶级和领导核心。这就是中国人民正确的历史选择。

中国共产党是马克思主义与中国工人运动相结合的产物，自诞生之日起，其使命和责任就是双重的：挽救民族危亡、实现民族复兴。由此开始，中国共产党领导中国人民在民族复兴的道路上不断前行：在长达年的反帝反封建斗争中走出了一条新民主主义革命道路，使中华民族屹立于世界民族之林；实现了从新民主主义革命到社会主义革命和建设的历史性转变；从高度集中的计划经济体制到社会主义市场经济体制的历史性转变，推动中国社会步入改革开放和中国特色社会主义现代化建设的新时期；在苏东剧变使世界社会主义运动陷入低潮之时，中国特色社会主义道路始终没有动摇；在国际金融危机和欧洲债务危机席卷全球之时，坚持从本国国情出发，遵循经济社会发展规律，保证了我国经济的持续快速发展与社会和谐稳定。

总之，建党九十多年来，中国共产党人将马克思主义与中国实际相结合，成功探索出一条适合中国国情的新民主主义革命与社会主义革命、社会主义建设与中国特色社会主义发展的成功之路。

▲：您的意思是说，中华民族的历史发展，从逻辑上说，必然要求实现中华民族的伟大复兴？

◎：是的，实现中华民族伟大复兴的中国梦是中华民族的历史发展逻辑的必然结果。中国共产党团结带领全国各族人民九十多年矢志不渝追求中国梦的奋斗历程，在世界历史进入 21 世纪后，已经结出了累累硕果。如今，我国经济总量已跃居世界第二位，综合国力显著提升，国际话语权空前增强，在国际事务中日益发挥着不可替代的重要作用，一个自信的、充满生机活力的强大中国再次成为世界瞩目的焦点。

在新的历史起点上，习近平同志提出中国梦，体现了我们党对中华民族近现代发展历史逻辑的科学把握，彰显了中国共产党在民族复兴道路上所取得的丰功伟绩，抒发了中国共产党为人民谋福利、为民族图富强的壮志豪情，展示了中国共产党人在实践基础上产生的中国特色社会主义道路自信、理论自信、制度自信，体现了中国共产党远大共产主义理想与中国特色社会主义共同理想的高度统一。

▲：请您用简略的语言概括一下中国梦实现的科学路径。

◎：我前面讲到，“中国梦”提出的历史依据是中国共产党探索民族复兴的伟大实践。那么,实现“中国梦,就像习近平所讲的那样,必须走中国特色社会主义道路,必须弘扬以爱国主义为核心的民族精神和以改革创新为核心的时代精神,必须凝聚中华民族大团结的中国力量。这为我们团结一心、奋力实现中国梦指明了科学路径。

▲:我们知道,中国梦的实现,绝不是一帆风顺的事情,需要有坚强的领导作为组织保证。请您谈谈中国共产党的坚强领导对实现中国梦的组织保证作用。

◎:办好中国的事情,关键在中国共产党;实现中国梦,离不开中国共产党的领导核心作用。中国共产党是中国工人阶级的先锋队,是中国人民和中华民族的先锋队,有着其他政治力量无可比拟的诸多优势,包括以马克思主义为指导思想的理论优势,以共产主义理想信念为精神支撑的政治优势,以民主集中制为根本原则和制度的组织优势,以密切联系群众为核心要义的作风优势,以保持先进性和纯洁性为鲜明取向的治党优势,等等。凭借这些特有优势,中国共产党能够正确认识所处时代环境和国内外形势,从容应对各种各样的风险挑战,团结一切可以团结的力量,不断开创改革开放和现代化建设的新局面,共同为实现中国梦而奋斗。

更为重要的是,中国共产党坚持全心全意为人民服务的宗旨,把以人为本、执政为民作为一切工作的出发点和落脚点,作为指引、评价、检验党的一切行动的最高标准,使党的执政活动与全国各族人民的根本利益紧密相连,将党的建设发展与全国人民的福祉紧密相连,将党的前途命运与中华民族伟大复兴的历史进程紧密相连,从而成为带领中国人民为实现中国梦而奋斗的主心骨和领路人。只有坚持和改善中国共产党的领导,不断提高党的领导水平和执政水平,实现中国梦才有可靠的组织保证。

▲:中国特色社会主义是理论体系、道路和制度三者的统一,请您再谈谈制度对实现“中国梦”的作用。

◎:中国特色社会主义道路是实现“中国梦”的制度保障。走中国特色社会主义道路是实现中国梦的唯一途径。我们党之所以能团结带领全国各族人民取得新民主主义革命和社会主义革命的胜利,之所以能创造出令世界瞩目的“中国奇迹”,根本原因是走出了一条符合中国国情的中国特色社会主义道路。

新中国成立之后的前三十年间,我们党创造性地完成了由新民主主义革命到社会主义革命的过渡,构建了相对完备的工业体系,为改革开放奠定了坚实基础。改革开放三十多年来,我们党团结带领全国各族人民,以中国特色社会主义理论体系为指导,从我国实际出发,坚持改革开放,大力解放和发展生产力,在中华民族伟大复兴的历史征程上书写了浓墨重彩的一笔,成功走出一条中国特色社会主义道路。

这条道路是从新中国成立六十多年来特别是改革开放三十多年的艰辛探索和伟大实践中走出来的,具有强大的理论支撑、深厚的历史底蕴和牢固的实践基础,是中华民族"逐梦之旅"中必须坚持的唯一正确道路。我们要进一步增强对中国特色社会主义的道路自信、理论自信、制度自信,坚定不移地沿着中国特色社会主义道路奋勇前进。

▲:中华民族伟大复兴是中国人民的共同梦想,因此,爱国主义和改革创新对于实现"中国梦"具有重要意义,您对这个问题怎么看?

◎:爱国主义和改革创新是实现"中国梦的精神动力。民族复兴之路充满了各种艰难险阻,甚至生与死的考验,没有对民族的无限热爱,没有为民族复兴而献身的精神,民族复兴大业的实现将遥遥无期。

中国共产党成立之初,面临着凶险的国内外环境,武器装备、后勤补给严重不足,但是,中国共产党凭借着满腔的爱国热情和视死如归的大无畏精神,让"星星之火"成为"燎原之势",取得了抗日战争和解放战争的伟大胜利,缔造了民族解放的伟大奇迹。在社会主义建设时期,虽然不再面临革命年代的刀光剑影,但爱国主义精神仍然是我们凝聚人心、投身国家建设、抵御敌对势力分化瓦解的精神支撑。

爱国主义是中华民族精神的核心,贯穿于中华民族精神形成与发展的全过程。在国家危亡之际,爱国主义是团结全体中华儿女救亡图存的精神旗帜;在和平建设时期,爱国主义是团结全体中华儿女共建美好幸福家园、抵御敌对势力分化瓦解的精神支撑。如果说爱国主义将中华儿女维系起来、万众一心地踏上"逐梦之旅",那么,以改革创新为核心的时代精神则使我们永远保持开拓创新的斗志,永不停息、永不止步。

实现中国梦所依托的中国特色社会主义道路,就是几代中国共产党人和中国人民针对新情况、新问题、新变化,以敢为人先的创新精神大胆探索的结晶。中国道路未来仍然会面临各种风险和挑战,经济发展方式粗放、贫富差距扩大、环境恶化、部分领域和部分岗位的腐败等问题是横亘于民族复兴之路上的绊脚石,唯有通过改革创新才能真正解决。我们必须永远保持逢山开路、遇河架桥的精神,大力发扬敢于啃硬骨头、敢于涉险滩的精神,不断推进中国特色社会主义理论创新、实践创新、制度创新。

▲:实现中国梦,必须坚持马克思列宁主义、毛泽东思想和中国特色社会主义理论体系的指导,请您谈谈坚持正确的理论指导对于实现中国梦的重要意义。

◎:马克思列宁主义、毛泽东思想和中国特色社会主义理论体系是实现中国梦的理论指南。正是在马克思列宁主义及其中国化成果毛泽东思想的指引下,中国共产党领导中国人民经过浴血奋战,实现了国家独立、民族解放,为实现中国梦奠定了坚实基础。毛泽东同志指出:“灾难深重的中华民族,一百年来,其优秀人物奋斗牺牲,前赴后继,摸索救国救民的真理,是可歌可泣的。但是直到第一次世界大战和俄国十月革命之后,才找到马克思列宁主义这个最好的真理,作为解放我们民族的最好的武器,而中国共产党则是拿起这个武器的倡导者、宣传者和组织者。”

今天,马克思主义及其中国化成果是统一全国人民思想、凝聚全国人民共识的强大精神武器。当今中国正处在经济社会急剧转型时期,各种社会思潮相互激荡,统一思想、凝聚共识的任务更加繁重,也更为重要。马克思主义及其中国化的成果,规定了中国梦的正确方向,诠释了中国梦的精神内核,是当今中国唯一能够统一思想、凝聚共识的思想理论。在经济全球化的时代背景下,面临复杂多变的国际形势,实现“中国梦”既充满难得机遇,也面临严峻困难,这就要求我们坚持马克思主义的基本原理不动摇,不断实现马克思主义与中国具体实践相结合,不断实现实践创新基础上的理论创新,不断开创马克思主义中国化、时代化和大众化的新境界。

▲:“中国梦”说到底是人民群众的梦,因此,实现“中国梦”必须依靠群众,必须不断为人民造福。请您对此做点说明。

◎:人民群众是实现“中国梦”的根本力量。中华民族的伟大复兴不只是某个人、某个党的梦想,也非依靠某个人、某个群体就能实现,它需要中华民族全体儿女共同投身于这项庄严而神圣的集体事业。“中国梦”是民族的梦,也是每个中国人的梦。人民群众是历史的创造者,只有全国各族人民万众一心、众志成城,民族复兴的梦想才能成真,个人的梦想才有实现的广阔空间。中国共产党为实现“中国梦”所从事的革命和建设工作,其成功的一大法宝即是群众路线。一切为了群众,一切依靠群众,从群众中来,到群众中去,是中国共产党最根本的工作路线,是我们党最大的政治优势,是我们党区别于其他政党的最显著标志。坚持群众路线,保持党同人民群众的血肉联系,是中国共产党永远立于不败之地的根本保证。

在新时期,实现“中国梦”要求我们始终尊重人民主体地位,发挥人民主体作用,密切联系群众,始终相信群众,紧紧依靠群众,坚持问政于民、问需于民、问计于民,倾听人民呼声、回应人民期待,保证人民平等参与、平等发展的权利,维护社会公平正义,让人民共同享有人生出彩的机会,共同享有梦想成真的机会,共同享有同祖国和时代一起成长与进步的机会。只要全国各族人民心往一处想,劲往一处使,就能够汇集起不可战胜的磅礴力量,将中国特色社会主义事业不断推向前进。

▲:现在世界上有一些别有用心的人鼓吹“中国威胁论”,说什么中国梦的实现是世界的灾难。

实际上,中华民族的伟大复兴不仅是中国人民之福,而且是世界人民之福,您是如何看待中国梦的世界历史意义的?

◎:习近平同志今年3月在莫斯科国际关系学院发表演讲时强调:“中国发展壮大,带给世界的是更多机遇而不是什么威胁。我们要实现的中国梦,不仅造福中国人民,而且造福各国人民。”过去的历史和实践证明,中国的发展壮大没有威胁世界人民,将来中国梦的实现更有利于促进世界和平与发展,具有重要的世界历史意义。

中华民族复兴之路是和平发展之路,中国的发展绝不以侵占任何国家、民族的利益为代价,而是造福世界人民。中国共产党人认为,世界文明是多样的,各国都为人类文明的进步做出过贡献,应该加强不同文明的对话和交流,在竞争中取长补短,在求同存异中共同发展,使人类更加和睦,让世界更加美好;应当尊重各国自主选择社会制度和发展道路的权利,在相互借鉴中推动各国的发展。中华民族伟大复兴,必将造福中华民族,造福全人类。

▲:从您的阐释中我体会中国梦的世界历史意义主要体现在三个方面,即和平发展之梦,造福世界之梦,人类进步之梦。请您就这三个方面谈得更具体一些。

◎:首先,中国梦是和平发展之梦。近代以来,中国人民蒙受了外国侵略和内部战乱的百年苦难,深知和平的宝贵。我们党和国家历来坚决反对霸权主义和强权政治,反对侵略扩张和肆意干涉别国内政,主张大小国家一律平等,尊重主权国家的领土完整和国家统一。中华民族的伟大复兴,是在不懈地反抗外部侵略、争取民族独立、捍卫国家统一、维护世界和平的斗争中艰难前行的,这决定了中华民族的伟大复兴必将走一条和平发展之路。中国的发展不会走西方国家殖民扩张、掠夺他国资源的老路,而是主要依靠自身的资源和努力,通过积极参与全球化,通过与世界各国开展平等互利的合作来壮大自己;中国强大之后也不会称王称霸,横行世界。中国反对霸权主义,致力于构建超越旧的国际政治逻辑的新型大国关系,致力于开放的发展、合作的发展、共赢的发展,同时呼吁各国共同走和平发展之路。中华民族伟大复兴将永远高举和平、发展、合作、共赢的旗帜,坚定地奉行独立自主的和平外交政策,积极致力于和谐世界的构建;同时,实现了民族复兴的中国,也必将是维护世界和平发展的一支重要战略力量。

其次,“中国梦”是造福世界之梦。中华民族的伟大复兴,建立在继承中华文明优秀遗产的基础之上,走的是一条自主探索适合本国历史传统与现实国情的中国特色社会主义道路。在探索民族复兴的历史征程中,中华民族曾因否定中华文明、照搬他国模式而深受其害,也因中国共产党人的自主探索,而成功开创社会主义现代化建设的新局面。中国特色社会主义的健康、快速发展,将最终会使我国走上富强文明之路同时也会对世界文明发展做出重大贡献。

前面已经讲了中华民族复兴之路是和平发展之路,中国的发展绝不以侵占任何国家、民族的利益为代价,而是造福世界人民。我国在对外交往交流中始终强调,世界文明是多样的,各国都为人类文明的进步做出过贡献,应该加强不同文明的对话和交流,在竞争中取长补短,在求同存异中共同发展,使人类更加和睦,让世界共同发展;应当尊重各国自主选择社会制度和发展道路的权利,在相互借鉴中推动各国的发展。中华民族的伟大复兴,不是闭关自守、抱残守缺,而是以包容开放的心态,从世界诸文明中汲取一切有利于中华民族复兴的智慧,坚持以我为主,为我所用,造福中华民族,造福全人类。

再次,“中国梦”是人类进步之梦。中国共产党在实现“中国梦”的历史进程中,始终不曾忘却中国对人类进步所肩负的责任。1956 年,毛泽东在《纪念孙中山先生》一文中颇有远见地指出:“再过四十五年,就是二千零一年,也就是进到二十一世纪的时候,中国的面目更要大变。中国将变为一个强大的社会主义工业国。中国应当这样。因为中国是一个具有九百六十万平方公里土地和六万万人口的国家,中国应当对于人类有较大的贡献。”毛泽东对历史大势的敏锐洞察力令人惊叹不已,而他对人类进步的使命感则令世界为之动容。在那个一穷二白、百废待兴的艰苦岁月中,以毛泽东为代表的中国共产党人仍然激情满怀地畅谈中国对人类进步的贡献,充分展现了中国共产党人的道路自信以及对人类进步的终极关怀。

改革开放三十多年来,随着经济社会迅速发展,我国对世界经济增长的贡献越来越大,也为各国经济发展提供了广阔空间,已经成为世界经济增长的一个重要引擎。历史已经证明并将继续证明,在中国共产党的坚强领导下,建立在道路自信、理论自信和制度自信基础上的中国梦将不再遥远。实现中国梦的进程,本身就是中华民族对人类进步、发展做出贡献的进程,而中国梦的实现,必将为实现人类共同的伟大梦想提供强大的动力。正如恩格斯在《家庭、私有制和国家的起源》中引用摩尔根的话说:“管理上的民主、社会中的博爱,权利的平等,普及的教育,将揭开社会的下一个更高的阶段,经验、理智和科学正在不断向这个阶段努力。”

▲:今天的采访不仅使我受益匪浅、相信对广大读者也是一个启迪。谢谢王院长在百忙之中接受我们的采访。

(原载于《马克思主义研究》2013 年第 12 期)

凝聚全体中华儿女的共同愿景*

——深入学习贯彻习近平同志关于实现中华民族伟大复兴中国梦的重要论述

2012年11月29日,习近平同志在参观《复兴之路》展览时指出:“实现中华民族伟大复兴,就是中华民族近代以来最伟大的梦想。”实现中华民族伟大复兴,与我们党“两个一百年”奋斗目标紧密联系在一起,与党的十八大以来以习近平同志为总书记的党中央的重大决策部署和理论创新、实践创新、制度创新紧密联系在一起,与坚持和发展中国特色社会主义紧密联系在一起。准确、全面、深刻领会习近平同志关于实现中华民族伟大复兴中国梦的重要论述,是把握习近平同志系列重要讲话精神的一把钥匙,对于推动党和人民事业发展具有重要意义。

中华民族近代以来最伟大的梦想

实现中华民族伟大复兴的中国梦,伴随着1840年以后中国逐步沦为半殖民地半封建社会的苦难经历,伴随着中国共产党自诞生以来领导中国革命和建设的非凡历程,特别是伴随着党的十一届三中全会以来改革开放和社会主义现代化建设的辉煌历程。一路走来,我们越走越辉煌、越走越美好、越走越自信。

习近平同志指出,《复兴之路》这个展览,回顾了中华民族的昨天,展示了中华民族的今天,宣示了中华民族的明天,给人以深刻教育和启示。中华民族的昨天,可以说是“雄关漫道真如铁”;中华民族的今天,正可谓“人间正道是沧桑”;中华民族的明天,可以说是“长风破浪会有时”。现在,我们比历史上任何时期都更接近中华民族伟大复兴的目标,比历史上任何时期都更有信心、有能力实现这个目标。把这一筑梦圆梦历程的过去时、现在时和将来时贯通起来看,我们可以得出许多深刻结论:实现中华民族伟大复兴的中国梦,必须始终坚持中国共产党领导;必须始终坚持和发展中国特色社会主义道路、理论体系和制度;必须始终为实现

---

* 本文作者:李捷,求是杂志社社长。

"两个一百年"奋斗目标不懈努力;必须始终坚持"一个中心、两个基本点"的基本路线;必须始终坚持统筹推进"五位一体"总体布局和协调推进"四个全面"战略布局,坚持创新、协调、绿色、开放、共享的新发展理念;必须始终坚持全面推进国防和军队建设;必须始终坚持走和平发展道路、推动构建以合作共赢为核心的新型国际关系;必须始终坚持以人民为中心的发展思想;必须始终坚持用党的创新理论武装全党、教育人民;必须始终坚持科学的思想方法和工作方法;等等。以上这些,既是历史的郑重结论,也是中国人民长期实践的庄严选择,我们必须始终坚持、格外珍惜、倍加爱护、不断发展。

当代中国发展进步的最大公约数

社会越是发展进步,结构就越复杂、利益就越多元、诉求就越多样,这是不以人的意志为转移的客观规律。如何在多元多样多变的思想舆论格局中求包容、求共识、求和谐,是我们党治国理政必须破解的难题。习近平同志提出的实现中华民族伟大复兴的中国梦,顺应了社会发展新趋势,回应了人民群众对过上美好幸福生活的新期盼,是当代中国发展进步的最大公约数。

中国梦凝聚了全体中国人民和中华民族的共识。习近平同志指出:"中国梦的本质是国家富强、民族振兴、人民幸福。"这个梦想,把国家的追求、民族的向往、人民的期盼融为一体,体现了中华民族和中国人民的整体利益,表达了中华儿女的共同愿景,具有很强的利益包容性、诉求包容性、愿景包容性。正因为如此,中国梦提出以后,很快得到海峡两岸中华儿女、海内外炎黄子孙的热烈响应,成为当代中国发展进步、中华民族团结奋斗的最大公约数,成为激励中国人民奋进的时代最强音。

中国梦弘扬了中华民族的家国情怀。"家是最小国,国是千万家。"中国梦的最大特点,就是把国家梦、民族梦、人民梦同每个家庭、每个社会成员的梦紧紧连在一起,把国家、民族的整体利益和社会成员各不相同的具体利益紧紧连在一起,织成了中华民族命运共同体的有机网络。实现中国梦,必须用民族精神和时代精神来做凝心聚力的工作。这就要弘扬以爱国主义为核心的民族精神、以改革创新为核心的时代精神。爱国主义始终是把中华民族紧密团结在一起的精神力量,改革创新始终是鞭策我们与时俱进的精神力量。

中国梦彰显了劳动最光荣、创造最伟大的崇高理念。人世间的一切美好梦想,只有通过劳动和创造才能实现;发展中的各种难题,只有通过劳动和创造才能破解;生命里的一切辉煌,只有通过劳动和创造才能铸就。实现中国梦,必须牢固树立劳动最光荣、创造最伟大的理念,崇尚劳动、崇尚创造,让全体人民进一步焕发劳动热情、释放创造潜能，通过劳动开创更加美好的生活。我们要坚持以人民为中心的发展思想，贯彻尊重劳动、尊重知识、尊重人才、尊重创造的重大方针，维护和发展劳动者的利益，保障劳动者的权利，努力让劳动者实现体面劳动、全面发展，为实现中国梦凝聚中国力量。

中国梦促进了民族团结发展进步和海内外中华儿女的紧密团结。我国56个民族都是中华民族大家庭的平等一员，共同构成了你中有我、我中有你、谁也离不开谁的中华民族命运共同体。中国梦是各民族共同的梦，也是各民族自己的梦。中华民族一家亲，同心共筑中国梦。各族人民大团结的力量，是克服各种困难、战胜风险挑战的决定性因素。同时，实现中国梦需要港澳同胞与内地人民坚持守望相助、携手共进；需要海峡两岸同胞凝聚两岸一家亲、共圆中国梦的力量；需要广大海外侨胞发挥自己的优势、贡献自己的力量。只要我们紧密团结、万众一心，为实现共同梦想而奋斗，实现中国梦的力量就无比强大。

聚合实现伟大梦想的强大正能量

回顾党的十八大以来以习近平同志为总书记的党中央谋篇布局的决策部署，可以清晰地看到一条红线贯穿其中，这就是高举中国特色社会主义伟大旗帜，把握时代大趋势、适应实践新要求、顺应人民新期待，为实现"两个一百年"奋斗目标和中华民族伟大复兴的中国梦而努力奋斗。

纵观党的十八大以来理论创新和实践创新的全过程，在习近平同志系列重要讲话的科学理论体系中，实现中华民族伟大复兴的中国梦是居于引领地位的宏伟奋斗目标，凝结着13亿多中国人民的共同梦想。党的十八大以来，我们党的理论和实践都紧紧围绕实现这个宏伟奋斗目标展开。坚持走中国特色社会主义道路，是实现中华民族伟大复兴的必由之路；协调推进全面建成小康社会、全面深化改革、全面依法治国、全面从严治党"四个全面"战略布局，是实现中华民族伟大复兴的重要保障；牢固树立创新、协调、绿色、开放、共享的新发展理念，统筹推进经济建设、政治建设、文化建设、社会建设、生态文明建设"五位一体"总体布局，为实现中华民族伟大复兴奠定坚实物质基础、凝聚强大精神力量；加强国防和军队建设，推动构建以合作共赢为核心的新型国际关系，为实现中华民族伟大复兴营造良好发展环境；学习掌握科学的思想方法和工作方法，不断提高解决改革发展基本问题的本领，为实现中华民族伟大复兴提供科学的世界观和方法论指引。

把握时代大趋势是实现中国梦的基本前提。当今世界正处在加快演变的历史进程之中，中国正在走向世界舞台的中心。我国仍处于发展重要战略机遇期，但其特征和内涵发生了深刻变化。当代中国正处于全面建成小康社会的决胜阶段，中华民族正处于走向伟大复兴的关键时期，面临着诸多严峻挑战，改革发展稳定任务之重前所未有，矛盾风险挑战之多前所未有，对党治国理政的考验之大前所未有。在这种情况下，必须坚持中国特色社会主义不动摇，加快实现中华民族伟大复兴的中国梦不停步。

适应实践新要求是实现中国梦的内生动力。进入 21 世纪，加强国家治理的顶层设计特别是统筹谋划发展目标、发展战略、发展布局，成为推动我国改革开放和社会主义现代化建设最为紧迫的要求。习近平同志指出："战略问题是一个政党、一个国家的根本性问题。战略上判断得准确，战略上谋划得科学，战略上赢得主动，党和人民事业就大有希望。"当今时代，综合国力竞争既是国家"硬实力"和"软实力"的直接较量，更是国家战略思维、战略决策和战略能力的深度角逐。中国特色社会主义是全面发展的社会主义。这决定了我们必须坚持以经济建设为中心，坚持以人民为中心的发展思想，聚精会神抓好发展这个党执政兴国的第一要务，实现更高质量、更有效率、更加公平、更可持续的发展。同时，要协调推进政治建设、文化建设、社会建设、生态文明建设以及其他各方面建设，实现社会主义市场经济、社会主义民主政治、社会主义先进文化、社会主义和谐社会、社会主义生态文明全面进步，为经济发展提供更好的制度保障和环境条件，开创中国特色社会主义事业新局面。

顺应人民新期待是实现中国梦的民意基础。习近平同志指出："要坚持以人民为中心的发展思想，这是马克思主义政治经济学的根本立场。要坚持把增进人民福祉、促进人的全面发展、朝着共同富裕方向稳步前进作为经济发展的出发点和落脚点，部署经济工作、制定经济政策、推动经济发展都要牢牢坚持这个根本立场。"随着我国经济社会不断发展，人民群众对美好生活的愿景也在不断提升。人们期待各项改革全面推进，期盼经济更有活力、政府更加高效、文化更加繁荣、生活更有保障、社会更加和谐、生态更加优良、权益得到更好维护。我们要按照人人参与、人人尽力、人人享有的要求，坚守底线、突出重点、完善制度、引导预期，注重机会公平，保障基本民生，打赢扶贫攻坚战，实现全体人民共同迈入全面小康社会。

（原载于《人民日报》2016 年 10 月 19 日）

中国共产党让“中国梦”有了实现的可能*

1840年以来,面对中华民族和中国人民的深重灾难和两大历史性任务,先进的中国人都在努力奋斗,但只有在中国共产党诞生之后,这种奋斗才有了圆满的结果,中华民族近代以来追寻的梦想才有了实现的可能。

中国共产党追求民族伟大复兴的实践,迄今共经历了三个阶段。

第一阶段(1921—1949年),主要是领导人民进行反帝反封建革命。经过北伐战争、土地革命战争、抗日战争、解放战争,结束了帝国主义、封建主义、官僚资本主义在中国的统治,成立了新中国。这就为解决中国近代两大历史性任务、实现中华民族伟大复兴建立了基本前提。

第二阶段(1949—1978年底),党领导人民进行社会主义革命,在农村消灭了封建土地制度,随后进行社会主义改造,建立起生产资料公有的社会主义经济制度,并在此基础上进行大规模经济建设,初步建立起独立完整的国民经济体系,工农业、科学技术、国防建设、文化与教育事业等建设都取得很大成绩。至此,新中国巍然屹立于世界东方,中华民族真正结束了任人宰割的屈辱历史。这30年,为中华民族伟大复兴的实现奠定了基本制度前提,进行了必要的理论探索、物质准备,也提供了重要经验和教训。

第三阶段(1978年底以来),社会的基本特征是改革开放,建设有中国特色的社会主义。由于有了社会主义的基本制度前提,吸取了前30年社会主义革命与建设的经验和教训,实行了改革开放的正确决策,中国社会才焕发出极大活力,表现出极旺盛的生命力。中国的经济保持30多年持续高速增长,人民生活水平和国家综合国力极大提高。

实现中华民族伟大复兴,实际上就是要找到一条解决中国近代以来两大历史任务的正确道路。在中国共产党之前的先进中国人,他们对国家、民族的牺牲精神可歌可泣,但历史证明,只有中国共产党才找到了正确道路。并且,这条道路是

---

* 本文作者:邓纯东,中国社会科学院马克思主义研究院党委书记。

在马克思主义科学理论指导下找到的。回顾建党90多年的历史，党之所以能领导人民取得如此辉煌的成就，实现几代中国仁人志士的梦想，带领中华民族一步步走向伟大的复兴，关键在于，中国共产党在寻求救国救民道路的实践中，能够把马克思主义科学理论运用到中国的实践之中并紧密结合这个实际，实事求是，创造性地解决中国的问题，实现了马克思主义的中国化。正是在中国化马克思主义科学理论指导下，我们正确认识了中国革命的规律，找准了革命的对象、动力、目标和道路，从而夺取了新民主主义革命的胜利。也正是在马克思主义中国化的最新成果——中国特色社会主义理论的指导下，我们坚持四项基本原则，实行改革开放，发展社会主义市场经济，形成了社会主义基本经济制度、政治制度，使中国特色社会主义展现了巨大的生机与活力。实现中华民族的伟大复兴，实现中国人民的伟大梦想，只有在党的领导下，努力做好“马克思主义中国化”这篇文章。

现在，中国共产党正带领全国人民努力落实党的十八大精神，坚持和发展中国特色社会主义，全面实施十八大提出的中国特色社会主义的经济、政治、文化、社会、生态文明五大建设任务。这五大任务都十分艰巨和复杂，需要解决多方面的矛盾，克服难以想象的风险与困难，应对来自国内外的各种考验和挑战。从改革开放30多年的实践来看，只有在中国共产党的领导下，中国的经济、政治、文化、社会、生态文明等建设也才能真正协调发展、全面进步。因此，“中国梦”的最终实现，中华民族的伟大复兴，只有在中国共产党领导下才有可能。这就是近现代以来中国历史演进的基本规律。

（原载于《中国社会科学报》2013年7月1日）

“什么是中国梦、怎样实现中国梦”：中国特色社会主义当代出场的根本旨趣*

习近平总书记提出要实现中华民族伟大复兴的“中国梦”的思想以来，“中国梦”的伟大思想之所以对于全国人民巩固共识基础、坚定道路自信、弘扬中国精神、凝聚中国力量起到了巨大作用，是因为“中国梦”是“时代的召唤、人民的期盼、历史的必然，成为中国走向未来的鲜明指引”①。当然，对追梦热潮既需要感性参与，更需要理性思考。随着研究阐释不断深入，一个仍被遮蔽的重大问题需要被打开：“什么是中国梦、怎样实现中国梦”？这是贯穿“中国梦”伟大思想的核心旨趣，更是贯穿当代中国特色社会主义发展崭新纲领的主题。

一、只有站在历史观的高度才能深度理解“中国梦”当代出场的指向意义

“中国梦”作为民族未来蓝图，虽然具有为人民大众所喜闻乐见的鲜明感性色彩，但是，直观感性思维绝不是理解“中国梦”的恰当方式。相反，如马克思所说：“具体之所以具体，因为它是许多规定的综合，因而是多样性的统一。”②只有超越感性直观、将之当作一个理性具体存在，只有站在马克思历史观的高度，才能深刻穿透和阐明“中国梦”的当代出场的历史必然性和重大指向意义。具体来说，“中国梦”思想的当代出场具有如下的指向。

第一，历史观指向：未来目标导向意义。“中国梦”是党中央领导集体在新的历史起点上对未来发展的政治宣言，对党和国家走向未来的宏伟蓝图的深刻把握，明确了中国道路发展的总目标和总理想。为此，我们就必须超越“中国经验”“北京共识”的感性直观，也必须超越对“中国梦”阐释的“片面的深刻”的具体科

---

* 本文作者：任平，江苏师范大学校长，教授、博士生导师。

基金项目：本文系江苏省哲学社会科学基金项目“中国梦与中国道路、中国精神、中国力量研究”（JSS13011）的中期成果。

① 刘云山：《推动形成实现中国梦的强大精神力量》，《党建》2013 年第 5 期。

② 《马克思恩格斯选集》第 2 卷，人民出版社 1995 年版，第 18 页。

学眼界,而上升到马克思历史观的高度。只有马克思的历史观才能真正深刻阐明"中国梦"的本质性规定、出场的必然性以及在人类史图景中关联性的历史地位,才能深刻揭示"中国梦"作为未来蓝图本身就是人类历史发展的必然结果,凝聚了中华五千年、近代170余年、新中国60多年、改革开放30多年中国人民奋斗发展的历史规律和共同愿景,就是马克思"东方道路"中国化的当代出场形态,就是具有"中国道路、中国理论和中国制度背景"的历史性目标图景,更是中国共产党人在改革时期加强改革发展顶层设计、目标图景导向优先、增强道路自信的产物。只有马克思的历史观才能深刻说明:只有在今天,"中国梦"才真正成为当代中国发展的重大现实战略主题,成为中国特色社会主义事业当代出场的根本问题。究其原因,一方面,30多年改革开放和中国特色社会主义建设的伟大实践,成就巨大举世瞩目,国际地位空前提高,全面小康社会即将建成,基本现代化事业全面展开。今天我们比任何时候都更接近实现中华民族伟大复兴的"中国梦",更具有条件实现"中国梦"。提出"中国梦"目标是一个历史性里程碑,将使我们的国家、民族、人民发展目标更加明确,目标导向和激励作用更加彰显。另一方面,中国的发展正面临超越"中等收入陷阱""半现代社会陷阱""环境陷阱"和国际风云变幻等巨大考验,面临民粹主义和新自由主义等"左"右思潮干扰的严峻挑战。人民群众不仅希望财富增长,而且对深化改革、公平正义、教育医疗住房、清正廉洁、生态良好、幸福指数等比以往有更高的期待。新的时代、新的基础、新的挑战和新的期待都逻辑地指向一点:需要用最新最美的语言重新描绘中华民族的发展愿景。"中国梦"思想高度凝聚了人民群众对这一问题的新期待,用代表最广大人民根本利益的时代想象来凝聚全民共识、谱写民族愿景,绘就国家蓝图,成为指引中国特色社会主义事业发展的新蓝图和新纲领。

第二,全球指向:世界历史性意义。"中国梦"是向世界发出中国声音、宣告中国价值崛起的标志。"中国梦"作为中国道路的目标蓝图,虽然具有中国特色,但绝不是偏离人类文明大道的"另类",而是具有普遍价值的地域性存在。"美国梦"曾长期成为美国道路的标志,也因此成为美国在全球实现文化霸权的价值标杆。"中国梦"的提出,集中表达了中华民族的道路自信和价值自信,既让一切希望中国完全照搬"美国梦"模式的企图落空,也坚定表明中国发展决不会重蹈苏联、日本、德国等所谓"世界第二大国惯衰"的覆辙。170余年来,中国现代化进程的主题一直是"世界走向中国";今天,我们进入一个历史的转折点:"中国梦"成为中国更加自信地走向世界的标志。"中国梦"意味着向所有第三世界国家郑重承诺:和平崛起的中国绝不步西方崛起时的殖民主义、帝国主义和霸权主义后尘。走中国道路实现"中国梦",既造福中国人民,也造福世界人民。

第三,价值指向:中国精神的超越性。"中国梦"成为第二次现代价值启蒙的精神象征。梦想总是超越现存、指向未来的价值诉求,总是一种现代启蒙精神。如果说,第一次思想解放的启蒙带来中国物质生产力的极大解放与发展,从而使"物象的中国"走向世界;那么,第二次启蒙则更加注重中国价值的创造和发现,使中国精神走向世界。今天,全球核心竞争领域已经从物质生产的较量逐渐转向文化力的比拼,民族国家的文化精神与核心价值成为持久影响世界、具有巨大穿透力和震撼力的最重要的软实力。多阶的全球对话和思想撞击其最高表现都将集中于民族梦想价值之间的对话。基于中国道路而浸润着中国精神和中国价值的"中国梦",成为中国有效回击西方政治家所谓"中国只生产物品、不生产思想"的妖魔化言论、充分表达中国价值的精神指向。

二、深度理解"中国梦"的总问题:"什么是中国梦、怎样实现中国梦"

如果说,"中国梦"是鲜明指引中国未来发展的总纲领和总目标,那么,贯穿"中国梦"的总问题和根本红线是什么?我认为,就是"什么是中国梦、怎样实现中国梦"。

第一,这一总问题抓住了"中国梦"的核心和本质,成为打开其深邃思想大门的关键路径。我们的时代是问题导向的时代。理论总是问答逻辑,时代提出问题、理论解答问题。在这一意义上,任何伟大而独特的思想其实都包含着两个基本方面:一个总问题,一个总解答。"中国梦思想就是对我们这一时代国家发展、民族振兴、人民幸福总问题的科学解答。问题总是思想逻辑的前提和对象。总是先有问题,才有解答问题的理论。问题的性质、结构、特点直接决定了解答问题理论的性质、结构和特点。两者应当是同质、同态、同构的。只有最深刻地理解了问题本身,才能由此及彼真正理解解答问题的思想本身。因此,总问题与"中国梦"具有高度的契合性和对应性。我们可以按照总问题来理解作为问题解答的"中国梦"思想逻辑的内在脉搏。我们也可以根据问题本身,来判定思想理论的创新价值和时代意义。问题出新是理论创新的前提,问题逻辑是理论逻辑展开的基础,问题难度是检验理论解答水准的尺度,问题解决是思想理论最终的归宿。

第二,这一总问题突出了新的理论创新特点,成为开辟中国特色社会主义事业新局面的新标识。马克思主义的"反思的问题学"表明:只有鲜明地表征时代特质、作为"时代精神的精华"和"文明活的灵魂"的重大时代问题才能当之无愧地成为新标识。在思想解放、改革开放伟大征程的每一个阶段,都有一个鲜明的时代总问题作为新标识,从而承前启后、继往开来地引领着中国特色社会主义理论和事业不断向前发展。邓小平理论的总问题就是"什么是社会主义、怎样建设社会主义”,正是对这一总问题的深度探索和成功实践,形成了邓小平理论。“三个代表”重要思想的总问题就是“建设一个什么样的党、怎样建设党”,正是对这一建党思想的努力创新实践,形成了“三个代表”重要思想。科学发展观的总问题是“什么是科学发展、如何实现科学发展”,正是十年探索、十年实践,才形成了科学发展观。站在新的历史起点上,新时代任务就化为一个新的总问题:“什么是中国梦、怎样实现中国梦”?这既是对中国未来发展总目标、总任务的概括,更是一个新的指导全党全国人民创新实践的思想纲领。

第三,这一总问题内在地对应着“中国梦”思想的内在展开逻辑。既然思想的逻辑是对总问题逻辑的对应解答,那么,只有通过这一总问题,才能聚焦“中国梦”之“是”和“如何是”,才能直接打开其本质,明确其本真意义,从而为未来中国发展确立正确、科学的历史目标。追问“如何实现”,就是要彰显实现路径与目标之间的内在关联,把伟大梦想与科学道路直接对接,把共同愿景与精神价值融合,把目标要求与实践力量贯通,从而能引导人们科学、准确、全面把握中国梦的伟大思想精神实质和逻辑框架,才能践行并实现“中国梦”。

三、深度理解“中国梦”的本真内涵与基本特点

伟大的中国梦当然有自己独特的本质特点。然而,从抽象的意义上说,也具有梦的一般属性。要回答中国梦的本质特点问题,我们不妨用马克思在《资本论》中“从抽象上升到具体”的辩证叙事方法,先从梦的一般抽象规定说起。

梦是人们以意识流方式超越当下现存境界的一种心理想象。梦有好恶。在借喻和转喻的意义上,好梦即梦想,是指一种超越性精神追求和心理向往。在中国文化语境中,梦想的语义指称具有双重性。其一,在肯定的意义上是指美好的愿望和目标。千百年来,人们将自己追求的美好愿望和目标用梦想的形式加以寄托,用梦想来表达愿景以及对愿景的追求。其二,在否定的意义上,梦想指脱离实际、脱离生活的幻想、空想。显然,梦想究竟是现实愿景还是空想,关键在于梦想是否具有实现的路径和条件。如果有,梦想就是一种激励人类不断追求的美好愿景;反之,缺乏实现的路径和条件,梦想就转变为幻想和空想,就可能成为一种乌托邦。因此,任何梦想都具有肯定和否定两重属性,都始终是两者构成的矛盾统一体。对超越现实的未来价值追求,以及这一追求对于实现路径可行与否构成肯定—否定矛盾关系,成为所有梦想的两大特点。

人类梦想在根源上都不是思想自身的封闭产物,都是一定的人类社会发展的历史条件及其内在矛盾在意识上的反映。个人的梦也许充满了偶然性。但是,如果是一个民族、一个国家、一个社会之梦,那么就必然具有时代性和历史性,民族

性和阶级性。几千年来，人类有过无数的梦想。从内容上说，大致可以概括为两个方面：一是梦想人类从自然（包括生命的自然）压迫中解放出来争取自由，二是梦想人类从社会压迫中解放出来争取自由。自从人类进入资本主义社会以来，资本主义社会化大生产在造就空前财富的同时也造就了无产阶级和整个社会的苦难。为了救赎，一批空想社会主义者如康帕内拉、圣西门、傅立叶、欧文等纷纷做起整个人类解放、用走向世界共产主义来有效摆脱资本主义苦难的历史大梦。“太阳城”“乌托邦”“法伦斯泰尔”“伊加利亚”等梦想及其实验至今仍激励着世界的人们。这一梦想是崇高的和伟大的，因为没有这一崇高理想，就不可能有马克思恩格斯后来的科学社会主义。马克思恩格斯不但没有放弃前者的梦想，相反还是以前者为前提、表现为把前者的梦想彻底地贯彻到底的结果。尽管两者的梦想目标具有共同性，然而，之所以一为空想、一为科学，关键在于马克思恩格斯发现了客观历史规律，找到了通向梦想、实现梦想的科学道路。马克思说，“共产主义对我们来说不是应当确立的状况”，而是“消灭现存状况的现实的运动”①。恩格斯说：“共产主义是关于无产阶级解放的条件的学说。”②马克思在物质生产和再生产基础上发现了人类历史运动的一般规律，由此用于分析资本主义生产中剩余价值产生的秘密，形成剩余价值理论，从而使资本主义必然灭亡、社会主义必然胜利的思想从一个纯粹的梦想变成一个科学结论。

因此，共产党人追求的理想，就是实现共产主义。科学社会主义理论一旦出场，就照耀了人类历史前程。然而，要将理论的必然性转化为现实的必然性，将无产阶级和人类解放之梦转化为现实在场，还必须有实现这一进程的阶级主体的意识、文化精神和实践力量。

“中国梦”的本质，既是民族解放富强梦想的社会主义转向过程，更是科学社会主义梦想的中国化进程，是两个方面历史与逻辑的统一。作为前者，“中国梦”的现实性在中华民族解放富强之梦历史中展开为向“社会主义转向”的必然性。自1840年第一次鸦片战争以来，受西方列强欺凌压迫被迫沦为半殖民地、半封建社会的中国，国家富强、民族独立、人民解放和幸福的中国梦就已经在所有仁人志士胸中激荡。为了实现这一目标，他们抛头颅、洒热血、前赴后继、视死如归。为独立解放，太平天国、洋务运动、百日维新、义和团、辛亥革命等，从造反的农民到开明的封建贵族，再到资产阶级革命代表孙中山，都念兹在兹。然而，没有找到科学道路，拯救中国、振兴中华就是一个空想。屡战屡败，屡败屡战，几起几落。有无梦想

① 《马克思恩格斯选集》第1卷，人民出版社2012年版，第87页。
② 《马克思恩格斯选集》第1卷，人民出版社2012年版，第230页。

是一回事,能否实现又是一回事。无数先烈的鲜血证明:只有社会主义才能救中国,只有社会主义才能发展中国。过去如此,现在更加如此。自从马克思主义与中国实践结合产生中国共产党,中国的社会面貌才为之一新。因此,历史铸就的"中国梦"有着不同于"美国梦"的鲜明特点。如果说,"美国梦"更强调个人梦想、个人奋斗和个人解放,崇尚比尔·盖茨、施瓦辛格式"个人奋斗"英雄,因而带有鲜明的个人主义、自由主义价值观色彩;那么"中国梦"的本真内涵之所以深切地表现为民族复兴、国家富强、人民幸福三者的高度统一,是五千年文明积淀的产物,更是近代沉重历史铸就的。中华儿女每个人梦想的实现,始终以民族复兴、国家富强为前提,历史进程已经将中华儿女的个人命运与整个民族、国家命运紧紧拴在一起,休戚与共。每个人的梦想奋斗,始终与全体人民的幸福联系在一起,只有走共同发展和团结奋进之路,只有实现全体人民的共同幸福生活,才能实现个人梦想。因此,"中国梦"的民族整体主义、社会主义特点是历史铸就的。没有民族的解放,就不可能有个人解放。只有民族国家的富强,才有人民的幸福。中国的社会主义道路,成为中华儿女每个人梦想实现的条件。当然,"中国梦"的最终目的是人民幸福,只有一切为了人民、依靠人民,才能成为"中国梦",才能实现"中国梦"。

"中国梦"是科学社会主义社会理想的"当代中国化,最终以中国特色社会主义道路为出场路径。今天的中国,的确比历史上任何时候都接近实现中华民族富强的梦想,比历史上任何时候都有力量圆梦。即便如此,我们也应当清醒看到:我们的脚下还有很多发展路障。贫富差距的拉大、利益格局的固化、环境污染的加剧、官员腐败、产业转型滞后、国际环境复杂程度加深等等,都在严重阻碍着我们圆梦的进程。更有甚者,在"何为中国梦、怎样实现中国梦"这一关系到当代中国前途和命运的根本问题上,"茫茫九派流中国",来自"左"的民粹主义,和来自右的新自由主义、新保守主义等都在竭力抢夺"中国梦"的阐释权、话语权,企图让"中国梦"高铁列车偏离中国道路,脱轨换辙,走老路或邪路。问题已经很清楚,追问什么是"中国梦"问题,就是回答中国未来究竟向何处去的根本问题。中国革命和建设、改革和发展的百年历史证明:只有走中国特色社会主义道路,才能实现"中国梦"。

为此,关于"什么是中国梦",我们可以得出以下几点结论。

第一,"中国梦"凝练着中国共产党两个百年奋斗目标的理想,是中央领导集体在新的历史时期全面推进中国特色社会主义事业、实现中华民族伟大复兴的梦想。目标提出是有充分条件的:中国取得了举世瞩目的辉煌成就、正以昂扬姿态屹立在世界东方,比以往任何时代都可能实现"中国梦"的目标;目标提出更是时代的行动纲领,进入"深水区"的改革必然要改变"摸着石头过河""走一步、看一步"的初期改革发展方式,充满自觉地走中国道路必然要以确立"中国梦"的总目标来指导深化改革、布局科学发展。可以预见,国家未来所有重大战略,都将是实现这一目标的具体行动部署。

第二,"中国梦"实质上是中国特色社会主义发展之梦,既是科学社会主义中国化之梦,也是中华民族伟大复兴的社会主义转向之梦。国家富强、民族振兴、人民幸福与中国特色社会主义之间,是民族形态与本质内容的关系,也是目标("的")与根本路径("矢")的关系,更是最低纲领与最高纲领的关系。我们不能仅仅将"中国梦"理解为中华民族伟大复兴而不论及中国特色社会主义之梦。反之,科学社会主义中国化追求也必须融入中国梦之中,成为中国道路、中国精神、中国实践和中国力量。脱离了民族复兴、国家富强、人民幸福这一中国梦目标,就不能有力证明科学社会主义理论和道路的优越性,也难以在现阶段凝聚起最广大的人民群众和海内外同胞的最广泛力量。我们不能忘记:"共产党人为工人阶级的最近的目的和利益而斗争,但是他们在当前的运动中同时代表运动的未来。"①

第三,任何梦想都具有肯定和否定双重因素,在实现和展开过程中表现为矛盾的必然性。肯定过程一定是发现历史规律、找到切实通向梦想目标现实路径和条件的过程。否定过程一定是实现条件仍然具有或多或少的空想因素、干扰和影响实现梦想的过程。我们一定要深刻认识社会主义从空想到科学、从理论到实践、从世界到中国、从历史到当代的全过程中肯定与否定相互对立又相互促进的辩证法,认真总结中国近现代历史追梦圆梦的经验教训。既看到光明前景、坚定信心,又清醒地看到否定因素长期存在的必然性和消极作用的严重性,全面把握发展大局。

第四,"中国梦"具有鲜明的中国特点。这一梦想不同于美国梦之根本点在于:她继承着五千年中华蔚为大观的民族传统,具有鲜明的"天下观""国家观"和"民族观"。"中国梦"荷载中国近现代以来的沉重的历史诉求,因而不可能完全是一个个人实现富足的梦想,而更多地表现为整个民族复兴的梦,国家富强的梦,人民幸福的梦。而为了实现这一民族国家整体的梦想,我们只有选择中国特色社会主义道路,追求整体人民的幸福解放。

第五,"中国梦"具有鲜明的时代性。"中国梦"贯穿过去、现在、未来,是中华五千年、近代百余年、新中国成立60年、改革开放30年的伟大历史继续,但是,站在新的历史起点上,有鲜明的新时代特点:她是新一代领导集体对中国和世界未来政治宣言书与全面建设小康社会、基本实现现代化重大历史任务的高度结合,是真正实现民族复兴、国家富强和人民幸福与中国全面走向世界、实现自主辐射

① 《马克思恩格斯选集》第1卷,人民出版社1995年版,第306页。

型现代化统一的历史开篇。近代以来,无论"被动输入型现代化"阶段或"自主输入型现代化"阶段,主旨都是"世界走向中国",着力打造的都是世界现代化进程的中国特色",那么,今天,以"中国梦"的当代出场为标志,自主创新的中国道路将开启"自主辐射型现代化"时代,"中国梦"将成为走向世界的中国标志。

第六,"中国梦"具有强大的精神召唤与价值引领作用。中华民族伟大复兴既是一种历史规律性逻辑指向,更是一种精神价值追求。崇高的理想模式既基于中国历史和当今现实,又具有更高的精神境界、更深远的价值目标、更强的文化穿透力,可以召唤和激励中华儿女为之不懈奋斗。

四、深度理解"中国梦"的出场形态和出场路径

"怎样实现中国梦"追问中国梦出场形态和出场路径问题。一般说来,"中国梦"的目标特点决定出场形态和实现路径的选择。但是,后者是否科学,反过来也必然影响"中国梦"在场的可能性和现实性。道路也决定命运。由于梦想的两重性,如果没有科学的形态、路径和条件支撑,那么,梦想就难以现实在场,进而转向它的反面。作为科学社会主义中国化的最新成果,"中国梦"不仅要有科学目标,更要有实现目标的恰当形态、现实路径和充要条件。习近平总书记指出,实现中国梦必须走中国道路,实现中国梦必须弘扬中国精神,实现中国梦必须凝聚中国力量。这就说明,对于探索中国梦实现路径和条件,虽然我们已经做过许多阐释,但仍必须再深入地回答两个问题:其一,为什么中国梦的实现形态或出场形态必须是国家富强、民族振兴和人民幸福三者的高度统一? 其二,实现"中国梦"为什么必须走中国道路、弘扬"中国精神"、凝聚中国力量?

以哲学意义表达"中国梦"的理论与实践在场意义,我们需要阐明两方面内容。

第一,国家富强、民族振兴和人民幸福的高度统一,既是"中国梦"与"美国梦"不同的主要特点之一,也是实现"中国梦"的出场形态。历史表明:美国几乎没有历史的和周边的发展障碍,新的资本主义社会关系和市场机制造就了个人奋斗的稳定环境,所以,个人奋斗、个人解放成为推动"美国梦"实现的主要动力和基本方式。相反,在曾经饱受西方列强欺凌、后发外源型现代化大国,中国的国家富强是民族振兴、人民幸福的首要条件。只有国家富强才能对外保护人民安全,对内全面主导现代化进程,才能实现民族振兴和人民幸福。"中国梦"并不排斥个人梦想,相反,国家通过改革和市场机制打破一切障碍,为人民释放创新活力创造条件,鼓励每一个人激情追求自己的发展梦。汇聚每一个人理想事业的人民整体幸福更是"中国梦"的根本宗旨和评价标准。但是,没有国家富强,一切个人的梦想

都将成为空想。

第二,实现“中国梦”强调“三个必须”,不仅是历史的选择、人民的选择,更是现实社会的需要。如果我们不重复学界已有的论述,那么,需要强调指出的是,这一论断的现实指向是其决定性因素。实现社会主义市场经济以来,虽然经济总量大幅度翻番,人民生活有了很大改善,但是,收入差距在扩大,社会在分层,多种经济成分、多种组织形态、多元的生活方式、多样的文化旨趣和价值观等等造就了社会多样、多元、多变,我们已经进入一个“差异性社会”。差异性社会既不同于利益完全一致的“同质性社会”,也不同于“阶级对抗性社会”,而是人民在长远利益、全局利益、整体利益上趋于一致、但在局部利益和眼前利益方面却有较大差别,进而存在着具有各种利益诉求的阶级、阶层和利益集团的社会。在社会分层、分化和多样性群体之间出现了各种不同的利益诉求,进而就具有了差异化的表达方式,包括经济表达、政治表达、文化表达、社会表达。各种差异化的利益表达诉求,使个人或集团的梦想有较大差异,因而在“中国梦”的本质理解上不仅必然产生分歧,而且在实现“中国梦”的道路选择上,就出现了民粹主义的“走回头路”和新自由主义“走邪路”诉求之分。因此,虽然每个人的梦都是“中国梦”的一部分,但是“中国梦”并不完全等同于每一个人梦想的简单和。如何在差异性社会重新凝聚起发展的共识,给出社会的最大公约数,团结起最广大人民同心同德谋发展、一心一意图幸福,就成为最大的民族问题、时代问题、国家问题。走中国道路,绝对是排斥左右道路前提下的艰难选择。凝聚中国精神,绝对是否定新自由主义价值观和民粹主义价值观,在发展共同体价值观基础上的必然选择。爱国主义、民族解放,都是在最大公约数层次上的价值共识汇聚;振兴中华、国家富强、人民幸福,都是在全球发展中凝练的中华精神。而“中国梦”凝聚的中国力量,一定是超越现阶段利益纷争、实现中华民族伟大复兴总目标的必要前提。

参考文献:

[1]《习近平在十二届全国人大一次会议闭幕式上的讲话》,《人民日报》2013年3月17日。

[2]刘云山:《推动形成实现中国梦的强大精神力量》,《党建》2013年第5期。

[3]中宣部理论局编:《中国梦》,学习出版社2013年版。

[4]中宣部理论局编:《中国梦我们的梦》,学习出版社2013年版。

[5]任平:《诚信与文明:中国梦的价值基石》,《光明日报》2013年4月10日。

(原载于《马克思主义研究》2014年第6期)

中国梦与中国特色社会主义共同理想*

习近平总书记指出："现在，大家都在讨论中国梦，我以为，实现中华民族伟大复兴，就是中华民族近代以来最伟大的梦想。"这里说得很清楚，中国梦的主体是中华民族，依据是中国近代以来历史主题及其所决定的基本历史实践，圆梦之路就是中国共产党领导的社会主义艰难探索、最终开创了中国特色社会主义的"复兴之路"。离开这一确定的政治内涵谈论中国梦，就难免走偏。

一、用西方政治制度塑造中国人的未来之梦，在今天已是暗潮涌动，然而，背后隐含着的却是历史的颠倒和是非的混淆

在当今中国，有一种观点试图用"非意识形态化"解读现代化，视资本主义现代化为"普世价值之路"，否认资本主义现代化和社会主义现代化道路的区别，从而兜售"西化梦"特别是西方"宪政梦"。那么，我们首先应看一看，这个梦是如何出现的？它给中国带来过什么？

17世纪英国确立的君主立宪政体被当作是近代宪政制度的开端。他们把1628年的《权利请愿书》、1679年的《人身保护法》、1689年的《权利法案》、1701年的《王位继承法》等作为奠定英国宪政基础的宪法性文件，把洛克看作是宪政理论的奠基者。洛克宪政理论的实质就是确保资产者的利益：只要财产得到正当保护，就是正义的，其他一切政治价值都是从这里派生出来的，是要服从于这一优先理念的；财产是至高无上的，其他的都是从属。20世纪美国思想家列奥·施特劳斯就怀疑洛克给予个人权利是为了保障大多数人的思想，他说："洛克把多数人的权力视为对坏政府的制约，以及反对暴虐政府的最后凭借；他并不把它视为政府的替代物，或者就等同于政府。他认为，平等与公民社会是不能相容的。……最要紧的是，由于自我保全和幸福要以财产为前提，因而公民社会的目的就可以说

---

* 本文作者：侯惠勤、辛向阳，中国社会科学院马克思主义研究院研究员。

是保护财产,保护社会中富有的成员免于贫困者的索要。"①施特劳斯不仅明确否认洛克的这种政治学说,而且指出洛克的政治学说本质上是为有产者服务的,只有富有者才享有政治权利,财产上的不平等可以合理地导致政治上的不平等,因为人们进入政治社会的首要目的就是保护其财产。

有一种观点认为,1840 年后列强最初来到中国是希望按照市场的逻辑从事商贸和交流,并没有想用强盗的逻辑征服中国。由于我们不懂市场经济、不按市场经济规则办事,西方列强为了使我们按照市场经济规则办事而征服了我们,因而回顾历史应当忏悔的是我们。这种观点不仅一笔勾销了帝国主义在鸦片战争之后对中国人民犯下的种种罪行,而且臆造了资本的平等自由本性,令稍有头脑的人都瞠目结舌。马克思曾经在 1857 年 3 月写的《英人在华的残暴行动》中指出:"广州城的无辜居民和安居乐业的商人惨遭屠杀,他们的住宅被炮火夷为平地,人权横遭侵犯,这一切都是在'中国人的挑衅行为危及英国人的生命和财产'这种荒唐的借口下发生的!英国政府和英国人民——至少那些愿意弄清这个问题的人们——都知道这些非难是多么虚伪和空洞。"

为了"师夷长技以制夷",中国的一些仁人志士在 19 世纪末期力图实行宪政以使中国走向富强。以康有为为代表的资产阶级维新派在中国比较早地提出西式宪政蓝图。在"戊戌变法"中,康有为把制定宪法视为变法的总纲领,在他上呈给光绪帝的《日本变政考》中称,"变政全在定典章宪法,日本如此而成效大著,中国今欲大改法度,可采而用之"。但这种"宪政梦"很快就凋零在封建专制的寒风之中。进入 20 世纪,为了挽救摇摇欲坠的封建王朝,1906 年,清政府发布上谕仿行立宪,1908 年颁布《钦定宪法大纲》。规定:"皇帝统治大清帝国,万世一系,永永尊戴";"君上神圣尊严,不可侵犯"。说穿了,这种西式宪政梦不过就是帝制梦。以孙中山为代表的革命派在同盟会的《军政府宣言》中第一次提出了"宪政三阶段"理论。1912 年 3 月 11 日颁布的《中华民国临时约法》试图以宪政下的民主程序限制专权保障民国。但他的梦想很快就被军阀混战击碎了。

这些梦想为什么都遭到了失败呢?第一,不论是资产阶级改良派还是革命派,都是保护资产者利益的政治制度,不是实现最广大人民群众利益的制度。第二,资产者讲的政治制度梦想是以多党制为基础的,是不同的资本利益集团合法实现自己利益的政治表达,是对广大人民群众的劳动进行合法分利剥削的政治基础。第三,缺乏先进政党的领导,没有代表广大人民群众的政党。

在西方的意识形态渗透中,多政党制度被认为是消解中国共产党领导地位和

① [美]列奥·施特劳斯:《自然权利与历史》,彭刚译,三联书店 2006 年版,第 239 页。

中国特色社会主义政治制度的有效手段。他们认为,只要用多党制悬空了共产党,人民群众的权利就能实现。这是一个极大的陷阱。它打的是"民意"和"权力制衡"的旗号,可是它永远回答不了,今天最为完善、文明的西方社会,发展成果却依然为少数人享有,依然存在着1%和99%的对立,最后只能退守到"投票民主"的西式民主,能够真正表达民意吗?马克思主义给出了明确的回答,人民如果不能摆脱资产阶级的金钱统治及其思想统治,就只能作为"沉默的大多数""一盘散沙"而为少数人所统治。只有在先进理论和工人阶级政党的领导下,人民才能成为"有机的社会多数",才可能当家作主。因此,坚持党的领导、人民当家作主、依法治国具有内在的一致性。中国共产党没有自己特殊的利益,它代表的是最大多数人民群众的利益,只有这样的党,才能真正领导人民制定宪法和法律,领导人民执行宪法和法律;只有这样的党,才能真正高举宪法的旗帜,做到在宪法和法律范围内活动,真正做到领导立法、保证执法、带头守法,真正做到依宪治国、依宪执政、依宪行政。

二、命运引发梦想,道路决定命运,只有社会主义能够救中国,只有中国特色社会主义能够发展中国,扎根于中国道路之中的中国梦,真正改变了近代以来中华民族的历史命运

不同的梦,植根于不同的政治理念和世界观。近代以来中华民族的深重灾难、屈辱命运和艰难抗争,无不和以鸦片战争为起始的西方列强的入侵紧密联系。如何看待这种入侵,成为全部道路之争的焦点。在"西化"的观点看来,入侵尽管也伴随着血腥和压迫,但其带来了现代文明则是历史的进步,因而"西化"是唯一的出路;而在马克思主义看来,这种入侵虽然依靠了现代文明,却不能使被侵略国享受现代文明成果,因而不仅本质上是野蛮的,而且预示了资本主义文明的衰落和社会主义文明的兴起。马克思在谈到英国对印度入侵的后果时指出:"印度人失掉了他们的旧世界而没有获得一个新世界,这就使他们现在所遭受的灾难具有一种特殊的悲惨色彩,使不列颠统治下的印度斯坦同它的一切古老传统,同它过去的全部历史,断绝了联系。"①这一认识成为催生跨越资本主义"卡夫丁峡谷"思想的重要依据。列宁依据资本主义进入帝国主义阶段、出于高度依赖和"重新瓜分"殖民地的需要,"当世界上其他地方已经瓜分完毕的时候,争夺这些半附属国的斗争也就必然特别尖锐起来"的事实,不仅论证了帝国主义是现代战争的根源,

① 《马克思恩格斯选集》第1卷,人民出版社1995年版,第762页。

而且只有社会主义才是殖民地半殖民地获得解放的出路。① 毛泽东依据中国新民主主义革命道路的经验,确立了建立一个社会主义伟大国家的发展方向,并庄严宣告:“西方资产阶级的文明,资产阶级的民主主义,资产阶级共和国的方案,在中国人民的心目中,一齐破了产。”②

从理论上说,资本主义现代化之所以此路不通、而社会主义现代化之所以成为必然的历史选择,是因为进入帝国主义时代以后,对于后发展国家,尤其如中国这样的后发展大国,由于一些初始条件(如没有形成统一的世界市场,没有形成稳固的势力范围,没有形成世界范围“核心——边缘”的二极结构等,因而可以在一定程度上自由竞争)的丧失,作为一个统一的国家自发地走向现代化已无可能。

从实践上看,后发展国家之所以在资本主义主导的世界格局中步履维艰,就是因为落后和受控使得资本主义国家所经受过的历时性矛盾挤压成共时性矛盾,因此各种矛盾错综复杂、各种恶果叠加显现。而且,资本主义利用与其经济政治实力相应的思想文化上的优势,不断地制造落后是因为没有实行资本主义的神话,加剧了发展中国家的混乱和分裂。选择资本主义现代化道路,选择西方政治发展道路,对于中国只能意味着国家分裂、国内混乱、国际依附、历史中断的无序状态,只能是死路一条。因此,中国现代化之路必定如此,即在社会自觉力量的领导下,先取得政治独立和民族解放,继而取得经济独立和国家发展,再借此参与国际竞争,全面走向世界,实现现代化目标。在这一过程中贯穿始终、起领导核心作用的自觉社会力量,就是中国共产党。承认历史发展的规律性以及自觉利用历史规律的可能性,形成领导中华民族伟大复兴的政治核心力量,是中国特色社会主义形成的历史和理论前提,也是中国梦的圆梦力量。因此,是否坚持中国共产党的领导,也就成为辨别中国梦和借中国梦兜售“西化梦”的根本界限。离开了中国共产党的领导,中华民族走向复兴的伟大梦想只会越来越远。

三、中国梦的基础是中国特色社会主义,其强大影响力和感染力源自中华民族不断发展壮大、走向伟大复兴的历史实践,以及由此而形成的道路自信、理论自信和制度自信

我们讲中国梦,不是用梦想代替现实,而是用科学和理想说明中国梦,通过中国梦的传播,促进马克思主义和中国特色社会主义的大众化。中国梦的热议,本身就是中国道路成功的成果,我们必须充分阐明这一根基,夯实中国梦的理论

① 《列宁选集》第2卷,人民出版社1995年版,第845页。
② 《毛泽东选集》第4卷,人民出版社1991年版,第1471页。

基础。

虽然历史已经充分证明,只有社会主义能够救中国,但是,在一个经济文化十分落后的国家如何建设社会主义却是崭新的课题。中国共产党和中国人民经过90多年的艰难探索,终于破解了这一难题,开辟了中国特色社会主义道路,形成了中国特色社会主义理论体系,建立了中国特色社会主义制度,为中国梦奠定了坚实的基础。中国特色社会主义既立足于中国具体国情,又适应了时代的发展进步要求,既遵循了科学社会主义的基本原理,又结合新的历史条件加以创新。它初步解决了以下四大难题:一是在社会主义制度基础上如何解放和发展生产力、坚持改革开放;二是在国内矛盾错综复杂和国际形势复杂多变条件下如何坚持走共同富裕、和平发展的道路;三是在既不照搬西方、又充分吸收人类文明成果基础上,把维护人民主体地位和坚持党的领导统一起来;四是在社会主义市场经济条件下如何坚持中国特色社会主义。中国特色社会主义是科学社会主义理论逻辑和中国社会发展历史逻辑的辩证统一,是植根于中国大地、反映中国人民意愿、适应中国和时代发展进步要求的科学社会主义,是全面建成小康社会、加快推进社会主义现代化、实现中华民族伟大复兴的必由之路。

中国特色社会主义道路,是实现我国社会主义现代化的必由之路,是创造人民美好生活的必由之路。这条道路是中国共产党把马克思主义的普遍真理同中国的具体实际结合起来,独立自主走自己的路而探索出来的道路,是近代以来中国历史发展的必然选择。中国特色社会主义道路是由诸多具体道路构成的中国发展的总道路,在现阶段其具体内容包括:一是坚持以公有制为主体、多种所有制经济共同发展,坚持以按劳分配为主体、多种分配形式并存,在国家宏观调控下发展社会主义市场经济,防止两极分化、逐步实现共同富裕的社会主义经济发展道路;二是坚持党的领导、人民当家作主和依法治国的有机统一,相信和依靠人民群众,人人起来负责,坚持和完善民主集中制,坚持和巩固人民民主专政的社会主义政治发展道路;三是坚持以马克思主义为指导的社会主义核心价值体系,建设面向现代化、面向世界、面向未来的,民族的、科学的、大众的社会主义文化发展道路;四是坚持爱国主义和国际主义相统一,在独立自主、平等互利的前提下,扩大对外交流合作,促进世界各国共同繁荣进步的社会主义和平发展道路。

中国特色社会主义理论体系,是马克思主义中国化最新成果,是指引中华民族实现伟大复兴的正确理论。30多年来,我国改革开放取得伟大成功,关键是我们既坚持马克思主义基本原理、又根据当代中国实践和时代发展不断推进马克思主义中国化,形成和发展了中国特色社会主义理论体系,赋予当代中国马克思主义勃勃生机。这一理论体系是指引我们沿着中国特色社会主义道路实现中华民族伟大复兴的正确理论。中国特色社会主义理论体系能够确保我们的发展有“两个一百年”的长远战略及实施路径，使我们能够在深刻复杂变化的世界格局中把握住重要的战略机遇、化解各种可以预见和难以预见的风险，使我们能够在深刻认识中国特色社会主义规律的基础上把握强国之路、立国之本、兴国之要、兴国之魂，获得又好又快的发展。

中国特色社会主义制度，符合我国国情，集中体现了中国特色社会主义的特点和优势，是中国发展进步的根本制度保障。中国特色社会主义制度坚持把根本政治制度、基本政治制度同基本经济制度以及各方面体制机制等具体制度有机结合起来，坚持把国家层面民主制度同基层民主制度有机结合起来，坚持把党的领导、人民当家作主、依法治国有机结合起来，形成了特色鲜明、富有效率的制度体系。中国特色社会主义政治制度不仅使中国经济连续 34 年保持平稳增长，而且即使遇到重大危机也能够化解存在的种种问题。中国特色社会主义政治制度不仅具有集中力量办大事的优势，而且具有更加科学、更加民主、更加有效、更加公正地配置市场经济资源基础作用的功能，使各种主体的创业积极性得到充分发挥。

（原载于《红旗文稿》2013 年第 12 期）

中国道路:实现中国梦的伟大历程*

中国梦是党的十八大以后习近平同志提出来的重要思想。中国梦关乎中国的发展道路,是和当前我国的社会发展和人民的生活紧密联系在一起的,也是和我们面临的任务、目标、使命、责任、挑战联系在一起的。

五四运动到2000年的历史可以划分为三个历史时期:1919年五四运动到1949年新中国的成立;1949年到1978年改革开放的启动;1978年到2000年我国进入小康社会。到2049年,新中国成立100周年的时候,要实现中华民族伟大复兴的中国梦。我们要了解改革开放带来的发展变化,奋力实现中国梦,应该知道我国前面是怎么走过来的。这不仅是认识历史的需要,更是认识今天和明天的需要。1919—1949的30年。毛泽东等中国共产党人领导中国人民经过武装斗争,终于解决了1840年以后我国人民任人宰割、被人欺凌、“挨打”的问题。1949年到2000年,新中国完成了社会主义改造,奠定了经济基础,实施了改革开放战略,实现了经济的腾飞,解决了“挨饿”的问题。尤其是改革开放使我们摆脱了贫困,实现了初步小康。这是全人类历史上第一个通过这么短的时间就进入小康社会的国家。这意味着我国人民在世界上不仅站起来了,而且也能站得住。在新的历史阶段,中国人民不仅要站得住,而且还要站得好,并实现中华民族伟大复兴的中国梦。在这个过程中,我国还要解决“挨骂”的问题。

一

改革开放30年的时候,欧盟的一个机构请我去介绍改革开放的情况。当时我讲,10亿以上的中国人,在30年的时间里,几乎一直保持着两位数的平均增长,其间还解决了3亿多人的脱贫,2亿多人非农化,1亿多人进入了中等收入群体,并且在这个过程并没有发生大规模的内乱、动荡、起义和革命,也没有发生大范围

* 本文作者:黄平,中国社会科学院欧洲研究所所长。

的对外殖民、侵略和战争,这是自英国革命、法国革命、美国革命以来,从来没有过的。

如今我国经济发展起来了,反而被别人看不起,甚至被妖魔化,被认为是“异类”。要解决这个“挨骂”的问题,就要深刻认识中国梦的现实意义和历史意义。1949 年新中国成立首先解决了民族独立的问题,中国人民站起来了;以后解决了发展的问题;发展起来以后就要回答西方所谓的正当性问题。也就是说,我们中国人不但要活,还要活好;不但要活好,还要活得理直气壮、活得天经地义、活得理所当然。解决“挨骂”的问题,我们不是要在文化、价值、思想层面去缴械投降,而是要在文化、价值、思想层面证明本来就具有的正当性。

中华民族自古以来源源不断、生生不息,不断丰富、不断发展,走到今天,有其深厚的文化底蕴、自己的道理、自己的力量。我们要从国家发展、民族发展、文化发展的脉络搞清楚,中华文化哪些文化是能够被世界分享的、受尊敬的,这也是实现中国梦一定要解决的问题。到那个时候,中国人民就不只是政治上实现独立,经济上达到小康,而且在文化上也充分自觉自信,即作为人类文明的一种、一支、一脉,我们这么过、这么走、这么想是理所当然的、天经地义的。别人不一定这么过、这么走、这么想,但别人得承认、要尊重我们的过法、走法和想法。一句话概括:中国文化、中国制度、中国道路,至少是世界文明中不可缺少的一支、一脉、一路。

二

中国梦的实现是有阶段性的。在不同的历史时期,中国梦的内涵也各不相同。孙中山那一代人的梦是中国能自立于世界民族之林。五四运动以后,“赤潮澎湃,晚霞飞动”,远东古国的青年开始憧憬神圣的运动。从北京大学学生参加五四运动,到清华大学学生参加一二・九运动,再到工人、农民参加革命建国的道路。那个时代。梦的核心是追求中华民族的民族独立和人民解放。到 1949 年基本实现了。

1949 年新中国成立以后,我们党带领全国人民,面对着极端险恶的国际国内环境,经历了多少曲折。确立了社会主义基本制度,为当代中国的一切发展进步奠定了根本政治前提、制度基础和物质基础。到了 1971 年,新中国又恢复了在联合国的合法席位,在国际上有了自己应有的一席之地。在那前后,我国与世界上大多数国家建立了正常的外交关系。这个 30 多年,我们打破了西方封锁,巩固社会主义制度这个梦也基本实现了。

改革开放伊始,中国人民的梦就是摆脱贫困,走向小康社会。其实这 30 多年我国人民所实现的岂止是小康社会,而是人类历史上前所未有的伟大成就。

今天的中国梦,是在实现民族独立、人民解放和经济大发展、社会大变迁的基础上提出来的。今天的中国人民衣食无忧,城乡互动频繁,企业家、学生、旅游者开始走向世界。中国在地区和国际的影响力越来越大。在这个背景下提出来的中国梦,是人民的幸福、国家的富强、中华民族的复兴和中国文化自信的体现。

三

物质世界的改变,经济建设等,是社会变迁与社会发展的一个基本维度。从逻辑上说,一个社会的进步,是可以用技术指标、经济数据来衡量的。马克思主义政治经济学最基本的概念之一是生产力。生产力的发展变化,可以用自然科学的方法、技术的手段来测量,能够用量化的指标进行监测、描述和分析。

按照马克思主义经典作家的论述,如果没有干扰和破坏,一个社会的发展是一个自然历史过程。即一个社会的变迁,最先是生产力发展导致生产关系改变,然后上层建筑或快或慢地发生变化。本来,中国社会也是按照“自然历史过程”的脉络走的。但到了晚清,西方列强的侵略,使中国遭遇了中西方文化的强烈碰撞。过去的四书五经,是解决中国人人际关系和伦理问题的基本准则。但这时中国文化与西方文化冲突发生了。晚清政府的无能,不仅表现为官吏的严重腐败,还体现在治理层面的无能,只知道四书五经,国家治理层面没有能力应对西方列强侵略的挑战。当时中国人中持技术救国思想的人,不只有张之洞等洋务派提出了“中学为体,西学为用”的办法,还有第一个将《天演论》介绍到中国的严复。他最初到英国是学造船的。此外,还有鲁迅、郭沫若等去日本学医的一些人。他们都希望能够通过科学、技术、教育、医学来救国。但封建社会的上层建筑阻碍了晚清中国的经济发展,使生产力难以再继续发展了。与此同时,统治阶级的政治和思想也已无力应对国内外的严峻挑战,再也统治不下去。这个时候已经不能按照马克思设想的正常路子(“随着经济基础的变更,全部庞大的上层建筑也或快或慢地发生变革”),先发展经济,再改变政治制度。因此,技术救国等道路走不通了。近代中国的逻辑,是人民不得不革命,不得不先从政治上甚至军事上解决问题,再回过头来搞生产和经济建设,发展生产力。

恩格斯曾经指出:“每一历史时代的经济生产以及必然由此产生的社会结构,是该时代政治的和精神的历史的基础”。① 近代中国历史的发展在根本上和恩格

① 《马克思恩格斯选集》第1卷,人民出版社1995年版,第252页。

斯的论断是一致的。当时中国的国情是生产力不发展;而如果生产关系不改进,就没有办法发展生产力。中国最大的社会群体是农民,这不但不同于英国、法国、美国,也不同于俄国。那时的中国没有一个城市群,也没有城市里庞大的工人阶级,基本没有现代意义上的产业工人。这就决定了中国的革命道路,既不能按照马克思所讲的英国那种"自然历史过程"发展,也不同于俄国,不能先搞城市暴动和起义。中国革命的社会基础、群众基础是农民,只有把农民组织起来,发动土地革命,解决农民的土地问题,才能取得广泛的群众基础。毛泽东等共产党人在井冈山首先探索并最终开辟出一条农村包围城市、武装夺取政权的道路,这与近代中国的革命一开始就是土地革命是有密切关系的。

正是因为这个逻辑,才有了我们党在延安的时候。区别一个知识青年是革命、不革命、反革命的标准。就是看他是否愿意并且实行与工农相结合。这既是立场问题、感情问题,也是中国特色的革命逻辑。不遵循这个革命逻辑,当然无法成为革命者。

所以,近代中国第一个 30 年的逻辑,是在农村通过发动农民进行土地革命,反帝反封建,先进行政治万方数据变革,建立人民政权,在人民政权领导下,再反过来发展经济生产,在物质和技术层面推动经济和社会进步。这个逻辑,不是从本本里抄来的,而是中国共产党从中国的具体实践中走出来的。如果教条地按照本本上规定的"逻辑",20 世纪中国的历史就不会是这个样子,中国和世界的今天也不会是这个样子。

四

中国革命的逻辑中有一个重要的问题,就是人民的主体性问题。马克思提出,人们自己创造自己的历史,但是他们并不是随心所欲地创造。我们可以再延伸一下:虽然不能随心所欲,但历史确实是人们自己创造的。中国近代以来的历史是中国人自己创造的,"中国道路"是中国人自己走出来的。我们一开始也是要靠技术、实业、教育救国,但都没有走通。最后不得不先从政治上争取民族独立、建立国家政权。实现这一愿望,离开亿万普通民众的参与,只靠少数精英是不可能的。中国人的大多数在农村,主体是农民。但是,农民在旧时代不仅是一盘散沙,甚至没有文化,更没有政治意识。所以要组织起来才能形成真正的铜墙铁壁。农民革命、农村道路就是中国共产党在井冈山的斗争中摸索出来的。

从井冈山道路到延安道路,群众路线逐步形成了一套系统的理论。"从群众中来,到群众中去",既是认识路线(我们的一切知识无不来源于人民群众的生产生活实践),也是政治路线(我们的一切工作都是为了人民),还是组织路线(在人民群众的实践中考察和识别干部),当然也是工作作风(理论联系实际,密切联系群众,批评和自我批评)。概括成一点:人民——在中国首先就是普通农民,历史的创造者,是社会的主体,是推动社会发展和进步的根本动力。

今天的中国与那个时候相比,已经发生了天翻地覆的变化。历史进步了,时代发展了,农民正在减少,城市正在扩大,知识、文化、科学、技术已经成了人们尤其是青年日常生活中离不开的组成部分。但是有一点没有变,那就是人民,特别是普通群众,即工人、农民和专业技术人员,仍然是社会生产和生活的主体。他们不仅是经济生产中的一个"要素",和社会生活中的一个"份子",更是创造财富和维系社会秩序的基本力量,是创新与改革的主要动力,是我们的社会往哪里走、怎样走的依靠力量。

五

但是,人民群众的主体地位不是自发形成的,还需要文化自觉。文化不只是消极地、被动地反映经济发展、社会变迁和政治变革。马克思、恩格斯到了晚年一再讲意识形态的反作用问题,后来意大利革命家葛兰西又进一步提出了文化领导权问题。只有经济进步,还不足以创造新社会;只有政治革命,即便实现了民族独立,也不能长期保证其地位。最根本和最核心的一点,就是如果不解决文化领导权,我们所做的一切在西方看来就是缺乏话语权和所谓的正当性。

按照目前我国经济的发展速度和趋势,再有 20 到 30 年,中国将更加具有世界影响力。即便如此。我们仍然是发展中国家,仍处于并将长期处于社会主义初级阶段,还要始终坚持走和平发展道路。面对前进道路上的重大战略机遇和挑战,我们要继续努力、长期奋斗。无论是经济建设还是精神文化建设,乃至科技、军事实力,都不仅要做大,还要做实、做强。同时,在社会建设和社会治理方面,除了解决好人们普遍关心的养老、医疗、教育问题外。整个社会治理结构(中央与地方、政府与市场、城市与乡村、汉民族为主的地带与少数民族聚居地区)和国家建设(国防、司法、审计、税收等)也要跟上,并且要不断完善。此外,还要重视文化领导权、话语权、正当性问题。

文化建设不是简单的复古、复旧,更不能放弃、缴械,而是要建立文化自觉。马克思讲,工人要由自在变成自为的阶级。这里讲的自为,就是要有自我意识、阶级意识,也就是文化自觉。中国道路的一个奇迹就是把曾经是一盘散沙的贫苦农民组织成了自觉的革命战士。而要实现中华民族伟大复兴的中国梦,关键就是要使我们每一个人都成为自觉的中国人。任何一个事物,如果它跨越的时间越长,覆盖的空间越大,涉及的个体越多,那么它所包含的普遍性很可能就会越强。用这样一个观点来看中国道路,它仅仅是个特例,还是更具有普遍性,就应该很清楚了,我们的文化自信也就应该更坚定了。

(原载于《红旗文稿》2015 年第 18 期)

中国梦的历史演进及其启示*

中国梦的说法由来已久。最早有文献记载的出自宋末诗人郑思肖(1241～1318年)的诗《德祐二年岁旦二首》中的其一:“力不胜于胆,逢人空泪垂。一心中国梦,万古下泉诗。日近望犹见,天高问岂知。朝朝向南拜,愿睹汉旌旗。”这首诗表达的是一心梦想着要收复中原,统一祖国的愿望。这里讲的中国梦不是古人讲的中国梦,而是习近平同志指出的伟大复兴的民族梦、人人共享的人民梦。

一、半殖民地半封建社会中的“中国梦”

讨论中国梦,必须回溯中国人民尤其是先进分子在近现代以来救亡图存、追求民族振兴的抗争和奋斗历史。鸦片战争以后,中国逐步成为半殖民地半封建社会,列强对中国的侵略步步进逼,封建统治日益腐败和无能,祖国山河破碎、战乱不已,人民饥寒交迫、备受蹂躏。救亡图存的民族使命迫在眉睫,争取民族独立、人民解放,实现国家富强、人民富裕,成为中国人民必须完成的历史任务。为实现中华民族的梦想,中国人民和无数仁人志士进行了千辛万苦的探索和不屈不挠的斗争。太平天国运动、戊戌变法、义和团运动,不甘屈服的中国人民一次次抗争,但又一次次失败。

(一)洋务派自强求富梦

170多年前的鸦片战争,是中国历史发展的一个转折点。鸦片战争的失败使一个经济发展和富庶程度曾经长期领先世界,人口几乎占人类三分之一的大清帝国,突出暴露了其夜郎自大、闭关自守的腐朽、落后一面,因而深深震动了以尽善尽美的幻想自欺的天朝大国。他们不得不第一次面对“中国向何处去”这样一个关系亿万中国人前途命运的重大问题。

---

* 本文作者:辛向阳,中国社会科学院马克思主义研究院研究员。
该标题为《重庆社会科学》编辑部改定标题,作者原标题为《中国梦的历史溯源与演进轨迹》。

面对清朝封建统治摇摇欲坠的严峻形势,封建统治集团内部的洋务派提出了旨在维护和巩固清朝封建地主阶级统治的所谓救亡图存方案。如曾国藩、李鸿章、左宗棠和张之洞等人希望通过学习西方的先进科学技术,达到打败西方侵略者和维护封建统治的目的。他们在"自强""求富"的口号下,兴办近代军事工业,开办企业,建立新式武器装备的陆海军等,但最终以失败而告终。

(二)农民阶级的天国梦

太平天国运动和义和团运动,是中国农民阶级对"中国向何处去"以及美好社会梦想问题做出的回答。太平天国运动最初提出建立一个千年太平天国的美好社会。1853 年冬,太平天国制定并颁布了《天朝田亩制度》,提出了"凡天下田,天下人同耕"的原则,试图建立一个"有田同耕,有饭同食,有衣同穿,有钱同使,无处不均匀,无人不饱暖"的理想社会。后期,它还提出了《资政新篇》这一带有资本主义色彩的社会改革方案,主张向西方学习,进行经济、政治和文化改革。义和团运动把救亡图存的矛头指向帝国主义,集中打击外国教会侵略势力。虽然太平天国运动和义和团运动在中外反动势力的联合绞杀下最终失败了,但它们"震动了当时的中国和世界",粉碎了帝国主义瓜分中国的迷梦,"都表现了中国人民不甘屈服于帝国主义及其走狗的顽强的反抗精神"①,也展现出了中国人民追求自身美好生活的愿望。

(三)维新派的改良梦

康有为、梁启超领导的戊戌维新变法运动是资产阶级维新派对甲午战争后对"中国向何处去"的回答。戊戌变法的目的是希望通过学习西方的文化、科学技术,建立君主立宪政体,发展资本主义,使国家富强。但由于遭到以慈禧太后为首的清朝封建统治集团内部顽固派的坚决反对,戊戌变法最终以失败告终。变法失败的历史证明,企图通过自上而下的改良来救亡图存是不切实际的幻想。变法失败还证明:没有一个科学的未来,就无法引导人们为未来而奋斗。康有为自称在 1884 年就开始"演大同主义",1885 年就"手定大同之制,名曰《人类公理》"。1902 年避居印度时,最后成书,1913 年第一次在《不忍》杂志上公开发表。他的梦想就是桃花源一样的世界:"大同无邦国故无有军法之重律,无君主则无有犯上作乱之悖事,无夫妇则无有色欲之争,奸淫之防……无宗亲兄弟则无有望养、责善、争分之狱,无爵位则无有恃威、估力……佞谄之事,无私产则无有田宅、工商、产业之讼……"毛泽东同志指出:"康有为写了《大同书》,他没有也不可能找到一条到

① 《毛泽东选集》第 1 卷,人民出版社 1991 年版,第 632 页。

达大同的路。"①梁启超在1902年撰写了小说《新中国未来记》,构想了半个世纪后中国的景象:先于南方有一省独立,举国豪杰同心协助之,建设共和立宪完全之政府,与全球各国结平等之约,通商修好;数年之后,各省皆应之,群起独立,为共和政府者四五;复以诸豪杰之尽瘁,合为一联邦大共和国;东三省亦改为一立宪君主国,未几亦加入联邦;举国国民,勠力一心,从事于殖产兴业,文学之盛,国力之富,冠绝全球。

(四)资产阶级革命派的共和梦

孙中山等革命派放弃改良的幻想,广泛联合革命力量,发动多次武装起义,终于通过辛亥革命,领导中国人民推翻了清王朝,结束了统治中国几千年的君主专制制度,对推动中国社会进步具有重大意义。孙中山先生一直致力于未来中国的设计。1904年8月他在给美国人民的呼吁书中指出,中国人民一旦推翻了帝国主义和封建主义的统治,建立一个开明的政府,中国就会在自力更生的基础上实现现代化,人民就会日渐富裕起来,这样一个中国是对世界有利的中国,"一旦我们革新中国的伟大目标得以完成,不但在我们的美丽的国家将会出现新纪元的曙光,整个人类也将得以共享更为光明的前景,普遍和平必将随中国的新生接踵而至,一个从来也梦想不到的宏伟场所,将要向文明世界的社会经济活动而敞开。"②不仅如此,他在1918年前后完成的《建国方略》中设想了未来中国现代化的概貌:第一,遍布全国的铁路网,由五大铁路系统、106条线路、总长77850英里(约48300公里)组成。在五大铁路系统中,以"西北""西南""中央"三大系统为纵向主干,均起终于北方、南方、东方三大港,东向太平洋,通过海洋与世界相通,并直贯东西,旁及南北,面向北、西、南三面,通过陆路与亚欧非各国相连;"东北""东南""西北"(扩张)、高原四大铁路系统,分布于东、南、西、北四角为横向辐射布局,并与三大主干系统联成一体,从而形成一个内连全国,外通全球的网张体系。第二,港口建设。他规划"于中国中部、北部、南部各建一大洋港口,如纽约港者"。孙中山认为,北方大港是"中国与世界交通运输之关键",拟建筑"于直隶湾中";东方大港应建在"杭州湾中乍浦正南之地";南方大港位置"当然在广州"。第三,推动电力建设发展。1924年8月17日,孙中山在广州国立高等师范学校讲解其《三民主义》时告诉学生们,像扬子江上游夔峡的水力可以发生三千余万匹马力的电力,像这样大的电力,比现在各国所发生的电力都要大得多。对于其作用,孙中山指出,不但可以供给全国火车、电车和各种工厂之用,并且可以用来制造大

① 《毛泽东选集》第4卷,人民出版社1993年版,第1471页。

② 《孙中山全集》第1卷,中华书局1981年版,第255页。

宗的肥料。他说,“让这么大的电力来替代我们做工,那便是很大的生产,中国一定是可以变贫为富的。”

由于中国民族资产阶级的软弱性,辛亥革命的成果最终被封建军阀袁世凯篡夺。袁世凯死后,取而代之的是北洋军阀的统治。大大小小的封建军阀之间连年混战,贻害国家,为害人民。孙中山先生领导的辛亥革命,也未能改变中国半殖民地半封建的社会性质和中国人民的悲惨命运。实践证明,资产阶级共和国的方案、“西方梦”在中国是行不通的。正如毛泽东同志指出的:“中国人向西方学得很不少,但是行不通,理想总是不能实现。多次奋斗,包括辛亥革命那样全国规模的运动,都失败了。国家的情况一天一天坏,环境迫使人们活不下去。怀疑产生了,增长了,发展了。”①事实说明,不触动封建根基的自强运动和改良主义,旧式的农民战争,资产阶级革命派领导的革命,照搬西方资本主义的其他种种方案,都不能完成中华民族救亡图存的民族使命和反帝反封建的历史任务。要解决中国发展进步问题,要实现中国人民富强文明的梦想,必须找到能够指导中国人民进行反帝反封建革命的先进理论,必须找到能够领导中国社会变革的先进社会力量。

在俄国十月革命和中国“五四运动”的影响下,在共产国际的帮助下,中国共产党于1921年7月正式成立,这是中国历史上开天辟地的大事件。因为,“无论是当时的国民党,还是其他资产阶级和小资产阶级政治派别,都没有也不可能找到国家和民族的出路。只有中国共产党才给人民指出了中国的出路在于彻底推翻帝国主义、封建主义的反动统治,并进而转入社会主义”②。中国共产党的诞生,是近现代中国历史发展的必然产物,是中国人民在救亡图存斗争中顽强求索的必然产物。从此,中国革命有了正确前进方向,中国人民有了强大精神力量,中国命运有了光明发展前景。我们党紧紧依靠人民完成了新民主主义革命,实现了民族独立、人民解放。经过北伐战争、土地革命战争、抗日战争、解放战争,党和人民进行28年浴血奋战,打败日本帝国主义侵略,推翻国民党反动统治,建立了中华人民共和国。

在新中国成立之前,中国共产党就不断探索未来中国的前途和命运。1938年7月,毛泽东同志在延安接见世界学联代表团时发表讲话指出,中国共产党在抗战胜利后的主要任务就是“建立一个自由平等的民主国家”。在这个国家中,“有一个独立的民主的政府,有一个代表人民的国会,有一个适合人民的宪法”;“经济是

① 《毛泽东选集》第4卷,人民出版社1993年版,第1470页。

② 《中国共产党中央委员会关于建国以来党的若干历史问题的决议》,《人民日报》1981年6月27日。

向上发展的,农业、工业、商业都大大发展";"人民有言论、出版、集会、结社、信仰的完全自由,各种优秀人物的天才都能发展";等等。毛泽东同志强调:"这就是中国的现代国家,中国很需要这样一个国家。有了这样一个国家,中国就离开了半殖民地与半封建的地位,变成了自由平等的国家,离开了旧中国,变成了新中国。"①在中国共产党领导下,中国人民经过艰苦卓绝的奋斗,终于把旧中国变成了新中国。

二、新中国成立后的中国梦

新中国成立后的中国梦可以从两个方面展开。

(一)第一代中央领导集体的中国梦

新中国成立后,中国人民在新的历史起点上再度面临"中国向何处去"的问题,也面临着中国要实现什么梦想的问题。

使中国富强起来,这是以毛泽东同志为主要代表的中国共产党人的梦想。1956 年党的八大召开前夕,毛泽东同志曾为党的八大开幕词写过一个稿子,其中提出了中国社会主义现代化建设分两步走的构想:第一步,用 3 个五年计划的时间实现初步工业化;第二步,再用几十年的时间接近或赶上世界上最发达的资本主义国家。他认为:"到那时,即到 1967 年第三个五年计划完成的时候,工业产值将占百分之六十几,农业产值将占百分之三十几,这样我国就可以说基本上有了现代工业了,就可以说初步地工业化了。但我国是一个具有六亿人口的国家,到第三个五年计划完成的时候,按照每年增加 1200 万人计算,那时候有七亿几千万人口,按照每人占有各项主要工业产品的数量来说,我国要进一步工业化,要接近或赶上世界上工业最发达的国家,那就需要几十年才有可能。"②1957 年 3 月,毛泽东同志指出,我们花了几十年时间改变中国的政治面貌,要大体改变经济面貌,也要有几十年的时间。要把我们的国家建设好大概要 100 年的时间。他提出:这个世纪,上半个世纪搞革命,下半个世纪搞建设;现在的中心任务是建设;从现在到 21 世纪中叶,用 100 年的时间把中国建设好。由于缺少经验,先是以苏联为师,"拜他们作老师,恭恭敬敬地学,老老实实地学"③。社会主义改造基本完成后,毛泽东同志在初步总结经验的基础上,明确提出了探索适合我国国情的社会主义建设道路的任务。总体来看,在 1956 年基本完成社会主义改造任务后的十

---

① 胡乔木:《胡乔木回忆毛泽东》,人民出版社 1994 年版,第 124 ~ 125 页。

② 逄先知、金冲及:《毛泽东传(1949 – 1976)》上册,中央文献出版社 2003 年版,第 529 页。

③ 《毛泽东选集》第 4 卷,人民出版社 1991 年版,第 1481 页。

年,我们党在全面建设社会主义的历史进程中取得了很大成绩,积累了许多重要经验。我们现在赖以进行现代化建设的物质技术基础,很大一部分是在这个时期奠定的。这也是实现中国梦的重要基础。

对人类有较大的贡献,这是以毛泽东同志为主要代表的中国共产党人追求的梦想。毛泽东同志在1956年党的八大期间还曾说过:中国是一个大国,它的人口占全世界人口的四分之一,但是它对人类的贡献是不符合它的比重的。1956年9月,毛泽东同志在八大期间对前南斯拉夫客人说:"要使中国变成富强的国家,需要五十到一百年的时光。"①1956年11月,毛泽东同志在《纪念孙中山先生》一文中正式提出了"中国梦":"再过四五十年,就是2001年,进入到21世纪的时候,中国的面目更加要大变。中国将变成一个强大的社会主义工业国……中国应当对于人类有较大的贡献"。"对于人类有较大的贡献"这一想法,毛泽东同志可谓是一生念念不忘。

1978年12月召开的党的十一届三中全会,重新确立了马克思主义的思想路线、政治路线和组织路线,做出了把党和国家工作中心转移到经济建设上来、实行改革开放的历史性决策。中国从此进入了改革开放和社会主义现代化建设的新的历史时期,中国人民梦寐以求的理想不断变成现实。

(二)中国特色社会主义蕴含的中国梦

中国特色社会主义包含着一系列中国未来景象,这些景象就构成中国梦的核心内容。

实现一个什么样的目标?以邓小平同志为主要代表的中国共产党人提出到20世纪末实现小康社会。1979年12月6日和1984年3月25日,邓小平同志先后会见了日本两位首相大平正芳和中曾根康弘。大平正芳在和邓小平见面时,就问邓小平同志:"中国将来会是什么样?整个现代化的蓝图是如何构思的?"邓小平同志指出:"我们要实现的四个现代化,是中国式的四个现代化。我们的四个现代化的概念,不是像你们那样的现代化的概念,而是'小康之家'。"②"翻两番,国民生产总值人均达到八百美元,就是到本世纪末在中国建立一个小康社会。这个小康社会,叫作中国式的现代化。"③如何实现小康目标?邓小平同志提出"三步走"的发展战略。1984年,他说:"我们确定了一个政治目标:到本世纪末翻两番,国民生产总值按人口平均达到八百美元……在这样一个基础上,再发展三十年到

---

① 逄先知、金冲及:《毛泽东传(1949－1976)》上册,中央文献出版社2003年版,第541页。

② 《邓小平文选》第2卷,人民出版社1994年版,第237页。

③ 《邓小平文选》第3卷,人民出版社1993年版,第54页。

五十年,力争接近世界发达国家的水平。”①1987 年 10 月召开的党的十三大根据邓小平同志的这一构想,对“三步走”的发展战略作了明确的阐述:“第一步,实现国民生产总值比 1980 年翻一番,解决人民的温饱问题。这个任务已经基本实现。第二步,到本世纪末,使国民生产总值再增长一倍,人民生活达到小康水平。第三步,到下个世纪中叶,人均国民生产总值达到中等发达国家水平,人民生活比较富裕,基本实现现代化。然后,在这个基础上继续前进。”②

进入 21 世纪,中国的发展就进入了邓小平同志提出的“三步走”发展战略的第三步,也就是要用 50 年时间基本实现现代化,把几代中国人坚持不懈地追求的中国梦完全变为现实。为实现这一宏伟的战略目标,以江泽民同志为主要代表的中国共产党人在 1997 年党的十五大提出了“新三步走”战略。他指出:“展望下世纪,我们的目标是,第一个 10 年实现国民生产总值比 2000 年翻一番,使人民的小康生活更加宽裕,形成比较完善的社会主义市场经济体制;再经过 10 年的努力,到建党 100 年时,使国民经济更加发展,各项制度更加完善;到下世纪中叶建国 100 年时,基本实现现代化,建成富强民主文明的社会主义国家。”③

科学发展观在新世纪新阶段深刻阐明了中国特色社会主义未来发展的基本取向。党的十七大报告描绘了到 2020 年全面建设小康社会目标实现时的美好前景,指出到 2020 年,“我们这个历史悠久的文明古国和发展中社会主义大国,将成为工业化基本实现、综合国力显著增强、国内市场总体规模位居世界前列的国家,成为人民富裕程度普遍提高、生活质量明显改善、生态环境良好的国家,成为人民享有更加充分民主权利、具有更高文明素质和精神追求的国家,成为各方面制度更加完善、社会更加充满活力而又安定团结的国家,成为对外更加开放、更加具有亲和力、为人类文明做出更大贡献的国家。”党的十八大提出了“两个一百年”的目标:只要我们胸怀理想、坚定信念,不动摇、不懈怠、不折腾,顽强奋斗、艰苦奋斗、不懈奋斗,就一定能在中国共产党成立一百年时全面建成小康社会,就一定能在新中国成立一百年时建成富强民主文明和谐的社会主义现代化国家。

三、中国梦演进的几点启示

中国梦的演进可以从以下几个方面来理解。

---

① 《邓小平文选》第 3 卷,人民出版社 1993 年版,第 77 页。

② 《十三大以来重要文献选编》上,人民出版社 1991 年版,第 16 页。

③ 《江泽民文选》第 2 卷,人民出版社 2006 年版,第 4 页。

（一）中国梦是伟大复兴的民族梦

2012年11月29日，习近平同志参观《复兴之路》基本陈列时讲话指出："每个人都有理想和追求，都有自己的梦想。现在，大家都在讨论中国梦。我以为，实现中华民族伟大复兴，就是中华民族近代以来最伟大的梦想。这个梦想，凝聚了几代中国人的夙愿，体现了中华民族和中国人民的整体利益，是每一个中华儿女的共同期盼。"近代以来，为了实现中华民族伟大复兴，无数仁人志士、革命先烈献出了自己的一切。革命军中马前卒邹容在110年前呼唤道："扫除数千年种种之专制政体，脱去数千年种种之奴隶性质"，"再扫荡于涉尔主权之外来恶魔，尔国历史之污点可洗"，建立自由独立的中华共和国，"尔祖国之名誉飞扬，尔之独立旗已高标于云霄，尔之自由钟已哄哄于禹城，尔之独立厅已雄镇于中央，尔之纪念碑已高耸于高风"。110年后的今天，在中国共产党的领导下，中华民族从来没有离伟大复兴的距离这样近。

实现中华民族的伟大复兴必须走中国特色社会主义道路。离开了这条道路，离复兴之梦就会越来越遥远。只有中国特色社会主义道路能够实现中华民族伟大复兴。英国皇家国际问题研究所高级研究员、中国问题专家蒂姆·萨默斯在2013年4月接受中国记者采访时讲："中国已经走上了一条适合自己的道路，许多中国人显然怀有走自己的发展之路的强烈愿望，这是中国人民理所应当拥有的选择权。"中国特色社会主义道路，深刻总结近代中国一切救亡图存、振兴中华的经验教训，深刻总结在中国推进社会主义建设的正反两方面经验，深刻总结世界各国实现发展进步的历史启示，符合我国实际和时代要求，符合中国最广大人民根本利益，符合中华民族根本利益。在实现中华民族伟大复兴的征程上，必须坚持中国共产党的领导，必须坚持中国特色社会主义道路。

实现中华民族的伟大复兴就是要使中华民族再次以蓬勃创新的形象屹立于世界民族之林。实现中华民族的伟大复兴既不是要恢复中华帝国的历史版图，更不是像有的国外政治家所言"亚洲很多中小国家很担忧中国可能想恢复昔日的帝国地位，他们担心可能再次沦为不得不向中国进贡的附庸国。"实现中华民族的伟大复兴就是要使中华文明中蕴含的创新精神在新的时代再次迸发。中华民族是一个注重创新的民族。中华民族的祖先之一炎帝发明了农耕文明，并进行了一系列的创新，这是一种综合性的文明和文化形态，不是单一的文化形态：发明了农耕工具，这是生产工具的创新；发现了百草，这是医疗技术的创新；发明了琴瑟，这是生活方式的创新；发明了箭，这是军事技术的创新；发明了交易制度，这是交往方式的创新；还发明了"刀耕火种"，这是生产方式的创新。16世纪以前，影响人类生活的重大科技发明约有300项，其中175项是中国人的发明。我们就是要把这种创新精神、创新局面再次发展起来。

(二)中国梦是繁荣昌盛的国家梦

近代以来,帝国主义列强对中国进行了无数次侵略,使中国失去了独立自主安全,国家陷入了主权危机。吴玉章在回忆甲午战争时曾说:"这真是空前未有的亡国条约!它使全中国都为之震动。从前我国还只是被西方大国打败过,现在竟被东方的小国打败了,而且失败得那样惨,条约又订得那样苛,这是多么大的耻辱啊!"强烈的民族屈辱感吞噬着国人的心灵,"每言及中东一役,愚父老莫不怆然泣下。"①1898年7月香港《辅仁文社社刊》刊发谢缵泰的漫画——《时局图》,它把甲午中日战争后中国面临的被帝国主义列强瓜分的危机,形象地展示在人们面前,给人以"亡国灭种"的忧患意识。图中一个是熊(代表沙皇俄国),横霸无忌地侵占中国东三省;一个是斗牛犬(代表英国),以守住不放的姿态占长江一带;一个是肠(代表德国),以贪得无厌的形象占领山东;一个是青蛙(代表法国),有任意收揽的样子,占广东、广西、云南;一个是太阳(代表日本),他的光线射到福建;一个是鹰(代表美国),飞来分食中国领土。其旁题词曰:"沉沉酣睡我中华,那知爱国即爱家!国民知醒宜今醒,莫待土分裂似瓜。"

一百年来,面对种种磨难,我们这个古老的东方大国就把争取独立解放、国家富强作为矢志不渝的奋斗目标。在当代,要实现国家富强,必须坚持中国特色社会主义理论体系。以邓小平同志为主要代表的中国共产党人在规划了我们国家未来发展目标时,始终强调建设社会主义现代化强国。邓小平同志在1979年11月就指出:我们不要贫穷的社会主义,"要发达的、生产力发展的、使国家富强的社会主义。"②1981年6月党的十一届六中全会通过的《关于建国以来党的若干历史问题的决议》,将我们的奋斗目标规定为"把我们国家逐步建设成为现代化的、高度民主的、高度文明的社会主义强国。"江泽民同志也一直强调国家富强的战略目标。他在1997年党的十五大报告中第一次提出21世纪"两个一百年"的奋斗目标:"展望下世纪,我们的目标是,第一个十年实现国民生产总值比二〇〇〇年翻一番,使人民的小康生活更加宽裕,形成比较完善的社会主义市场经济体制;再经过十年的努力,到建党一百年时,使国民经济更加发展,各项制度更加完善;到世纪中叶建国一百年时,基本实现现代化,建成富强民主文明的社会主义国家。"胡锦涛同志始终把国家富强作为我们的奋斗目标,他在2009年10月7日考察北京工作时指出:"我们都希望国家富强、人民富裕,让我们一起继续来打拼!"可以说,

① 吴玉章:《吴玉章回忆录》,中国青年出版社1978年版,第2页。

② 《邓小平文选》第2卷,人民出版社1994年版,第231页。

中国特色社会主义理论体系具有的把握趋势、抓住机遇、化解风险的理论特性使我们能够在国家富强的道路上阔步前进。

（三）中国梦是百姓幸福的人民梦

2013 年 3 月 17 日在全国两会闭幕式讲话中，习近平同志指出："中国梦归根到底是人民的梦，必须紧紧依靠人民来实现，必须不断为人民造福。"中国梦是民族的梦，也是每个中国人的梦。"生活在我们伟大祖国和伟大时代的中国人民，共同享有人生出彩的机会，共同享有梦想成真的机会，共同享有同祖国和时代一起成长与进步的机会。"

20 世纪 30 年代，中国 100 多位各界人士共同做了一场"中国梦"。他们畅想着未来的中国。朱自清先生讲："未来的中国是大众的中国，我相信。这不是少数人凭着大众的名字，是真的大众。"施蛰存先生说："我梦想中的未来中国，却与每一个小百姓所梦想着的一样，完全一样！是一个太平的国家，富足，强盛。百姓们都舒服，说一句古话：'熙熙然如登春台'"。"如登春台"的百姓生活只有在中国特色社会主义制度的基础上才能真正实现。中国特色社会主义制度具有两大能力：集中力量办大事和成熟定型成大事。第一大能力就是集中力量办大事。五年来，我们有效应对国际金融危机的严重冲击，保持经济平稳较快发展，国内生产总值从 26.6 万亿元增加到 51.9 万亿元，跃升到世界第二位，人民生活获得了极大改善。第二大能力就是成熟定型成大事。我们的制度不断成熟定型，其推动经济社会发展的能力逐步提升，比如我们的政治制度和基本经济制度既是经济持续稳定发展的基础，也是人民幸福的基础。

习近平同志指出："我们的人民热爱生活，期盼有更好的教育、更稳定的工作、更满意的收入、更可靠的社会保障、更高水平的医疗卫生服务、更舒适的居住条件、更优美的环境，期盼着孩子们能成长得更好、工作得更好、生活得更好。"人民对美好生活的向往，就是中国梦的奋斗目标。

（原载于《重庆社会科学》2013 年第 5 期）

中国梦是马克思主义中国化时代化大众化的精神旗帜*

——深入学习贯彻习近平总书记关于实现中华民族伟大复兴中国梦的思想

党的十八大以来,习近平总书记在一系列重要讲话中提出并深刻阐述了中华民族伟大复兴中国梦的定义、基本内涵、奋斗目标和实现路径。2012 年 11 月 29 日,习近平总书记在参观《复兴之路》展览时强调指出:“我以为,实现中华民族伟大复兴,就是中华民族近代以来最伟大的梦想。”①2013 年 3 月 23 日,习近平总书记在莫斯科国际关系学院的演讲时强调指出:“实现中华民族伟大复兴,是近代以来中国人民最伟大的梦想,我们称之为‘中国梦’,基本内涵是实现国家富强、民族振兴、人民幸福。”②中国梦这个重大战略思想,生动形象地表达了中华儿女的共同理想追求,为中国特色社会主义注入了新的内涵、强大正能量和伟大的时代精神。中国梦已经成为凝聚党心民心、激励中华儿女为实现中华民族伟大复兴而奋

---

* 本文作者:冯颜利(1963 -),男,湖南岳阳人,中国社会科学院马克思主义研究院创新工程首席研究员,博士生导师,研究方向为马克思主义哲学,国外马克思主义研究,公平正义。
基金项目:国家社会科学基金重点项目“科学发展与社会和谐双重视阈中的中国特色社会主义文化强国建设研究”(12AZD001)阶段性成果。

① 中央文献研究室:《习近平关于实现中华民族伟大复兴的中国梦论述摘编》,中央文献出版社 2013 年版,第 3 页。

② 中央文献研究室:《习近平关于实现中华民族伟大复兴的中国梦论述摘编》,中央文献出版社 2013 年版,第 5 页。

斗的强大精神力量，在中外引起了热烈反响。① 但是，中外有些媒体在阐述中国梦的过程中，存在庸俗化的倾向，有的甚至质疑说：马克思创立唯物史观和剩余价值学说，把社会主义从空想变为科学，现在提出的中国梦是否把社会主义又变成了新空想社会主义？也就是说，有的认为中国梦是民族主义思想，有的认为中国梦不是科学社会主义与马克思主义思想。事实上，中国梦，不仅始终以马克思主义理论为基础，不仅一刻也没有脱离马克思主义，而且是马克思主义中国化时代化大众化的理论典范、时代精华和精神旗帜。在当代中国，坚持中国特色社会主义就是坚持马克思主义。中国梦这个重大战略思想，是马克思主义基本原理与中国社会主义建设与改革实际相结合的最新理论成果，是科学社会主义的最新理论成果，是中国特色社会主义道路自信、理论自信、制度自信的具体表现，是马克思主义中国化时代化大众化的新话语、新凝练和新结晶，丰富和繁荣了中国特色社会主义理论体系，丰富和发展了马克思主义理论。

一、马克思主义中国化的理论典范

马克思主义中国化意在强调把马克思主义基本原理与我国社会主义革命、建设和改革开放的实践完全而恰当地统一起来，反对各种形式主义和教条主义倾向，强调马克思主义说中国话。正如习近平总书记曾经所指出的："马克思主义中国化，就是把马克思主义基本原理同中国具体实际相结合，深入研究和解决中国革命、建设、改革不同历史时期的实际问题，总结中国的独特经验，形成具有中国风格、中国气派的马克思主义。"②中国梦这个重大战略思想，是对中华民族昨天"雄关漫道真如铁"历史的深刻总结，是对中华民族今天"人间正道是沧桑"实践

① 美国《新闻周刊》2012 年 12 月 30 发表"中国的问答梦想"的文章说："中国梦将产生深远影响"。新华网伦敦 3 月 22 日电（记者张建华）英国最大的广告和公关集团 WWP 集团近日在英国议会下议院发布《中国梦的力量与潜力》调查报告。报告认为，中国人的个人梦与国家梦紧密交织，"中国梦"的吸引力未来可超越"美国梦"。报告指出，"中国梦"提出的时间虽短，但在中国已经妇孺皆知，中国民众对"中国梦"的认知程度远超美国人对美国梦、英国人对英国梦的认知程度。调查显示，有 92% 的受访中国民众知道"中国梦"，其中八成是从网上获悉。相比之下，只有 81% 的受访美国人听说过"美国梦"，而听说过"英国梦"的英国人只占 10%。报告认为，中国民众对"中国梦"的吸引力更加自信。受访中国人中有超过三分之一认为，美国是当今世界的"理想国度"，但这种看法仅限于当前，有 42% 的中国民众认为，再过 10 年，中国将会成为"理想国度"。同时，80% 受访中国民众认为美国是当今世界最强大的国家，这一比例比持有相同观点的美国人都要高。但有 44% 的中国民众认为，10 年后中国可以获得与美国比肩的影响力。

② 《习近平在中央党校秋季进修班开学典礼讲话》，人民网，http://politics.people.com.cn/GB/1024/10402913.htmt，2009 年 11 月 18 日。

的深刻认识,更是对中华民族明天“长风破浪会有时”未来的深刻把握①,它强调的中国道路、中国精神、中国力量,深刻把握了中国实践需求、科学回答了中国现实问题,正是马克思主义“中国话”的生动形象、科学准确的表达方式,是中国特色、中国风格、中国气派的马克思主义思想理论典范。

首先,中国梦这个重大战略思想,是对中华民族近代以来历史的深刻把握,是马克思主义与中国革命实践相结合的思想理论典范。习近平总书记指出:“实现中华民族伟大复兴是中华民族近代以来最伟大的梦想。”②1840 年鸦片战争以来,中华民族历经磨难,经过几代中国共产党人和中国人民的艰辛探索,我们终于找到了一条把马克思主义基本原理与中国革命、建设与改革开放实践相结合的道路,即中国特色社会主义道路。这条道路是历史的选择、人民的选择、现实的选择。中国特色社会主义道路,凝结着实现中华民族伟大复兴这个近代以来中华民族最根本的梦想。这条道路来之不易,是无数中华儿女用鲜血、汗水、智慧换来的。习总书记强调,中国特色社会主义道路,是实现中华民族伟大复兴中国梦的必由之路。我们一定要坚定中国特色社会主义道路自信、理论自信、制度自信,既不走封闭僵化的老路,也不走改旗易帜的邪路。中华民族伟大复兴的中国梦,凝结着我国无数仁人志士前赴后继、顽强拼搏的精神,承载着各族人民共同美好愿景。实现中华民族伟大复兴的中国梦,成为全国各族人民的强烈愿望,展现了国家富强、民族振兴、人民幸福的光明前景。中国梦的阐释已经超越历史,升华为发展中国特色社会主义的政治理念、时代精神和理论典范。中国梦这个重大战略思想,深刻概括了我国近代以来社会历史发展的主题和主线,深刻把握了我国近代以来社会历史发展的客观规律、必然趋势与未来走向,彰显了马克思主义的民族特色,赋予了马克思主义的民族使命。当今,任何思想、理论、理念和理想,都没有中国梦这样鼓舞人心、激励人心和凝聚人心。

其次,中国梦这个重大战略思想,遵循社会历史发展的客观规律,正确认识和科学把握了我国改革开放前后 30 年的辩证关系。中国梦既反对历史虚无主义又反对民主社会主义,继承、坚持、创新和发展了马克思提出的历史唯物主义和科学社会主义,处处体现着历史唯物主义的精髓和对科学社会主义的继承、创新和发展。正如马克思在《路易·波拿巴的雾月十八日》中所指出的:“人们自己创造自

---

① 习近平在参观《复兴之路》展览时强调“承前启后继往开来继续朝着中华民族伟大复兴目标奋勇前进”,《人民日报》2012 年 11 月 30 日。

② 中央文献研究室:《习近平关于实现中华民族伟大复兴的中国梦论述摘编》,中央文献出版社 2013 年版,第 57 页。

己的历史,但是他们并不是随心所欲地创造,并不是在他们自己选定的条件下创造,而是在直接碰到的、既定的、从过去承继下来的条件下创造。"①中华民族伟大复兴中国梦的提出和推进,离不开我国社会主义革命与建设的探索。中国共产党领导全国各族人民在社会主义革命和建设实践中取得的巨大理论与实践成就,为改革开放、开创和发展中国特色社会主义道路、理论体系和制度提供了宝贵的实践经验、丰富的理论准备和坚实的物质基础。

二、马克思主义时代化的时代精华

马克思主义时代化意即强调马克思主义与时俱进的时代理论品格,使马克思主义紧跟时代步伐、反映时代精神、把握时代问题、回答时代课题、引领时代潮流,也就是说让马克思主义说时代新话。正如习近平总书记曾经指出的:"马克思主义时代化,就是把马克思主义同时代特征结合起来,使之紧跟时代发展步伐、不断吸收新的时代内容、科学回答时代课题。"②中国梦这个重大战略思想,把握了时代需要、时代难题、时代精神,始终以经济全球化和世界共创美好未来为基础,顺应了中国特色社会主义在新时期新阶段的发展大势,是中国特色社会主义道路、理论体系和制度在新时期新阶段的新话语,是马克思主义时代化的时代思想精华。

首先,中国梦这个重大战略思想,是马克思主义在全球化时代的时代思想理论精华。要现实中华民族伟大复兴的中国梦,就绝不能只顾国内的发展而忽视了与世界的广泛交往。我们必须积极主动地参与到经济全球化当中去,大力开展对外经济文化交流,积极发展对外经济技术合作,充分地利用国际国内两个市场、两种资源。资本主义推动了经济全球化,完成了历史由民族历史向世界历史的转变。但是,资本主义主导的经济全球化使国家与国家、民族与民族之间的发展严重失衡,它创造的世界历史充满了国家之间、民族之间的极度不平等。这种狭隘的国家和民族关系,只会引起国家之间和民族之间无尽的争夺、冲突和战争,而绝对不可能实现和平、发展、合作、共赢的世界梦。"无产阶级只有在世界历史意义上才能存在,就像共产主义——它的事业——只有作为'世界历史性的'存在才有可能实现一样。"③我们只有积极主动地参与到经济全球化当中去,加强国际

① 马克思,恩格斯:《马克思恩格斯选集》第1卷,人民出版社1995年版,第585页。

② 《习近平在中央党校秋季进修班开学典礼讲话》,人民网,http://politics.people.com.cn/GB/1024/10402913.htmt,2009年11月18日。

③ 马克思,恩格斯:《马克思恩格斯选集》第1卷,人民出版社1995年版,第87页。

经济文化交流与合作,才能触动国家之间、民族之间存在的不平衡和不平等状况,推动新型国际经济文化关系的建立。中国梦不是孤立的梦,而是与世界共精彩、与世界合作共赢的时代梦,是与世界各国人民和平、发展的时代梦,是马克思主义的世界化、时代化的精神精华。

再次,中国梦这个重大战略思想,把马克思主义与时代共同理想相结合,是致力于中国为世界做出更大贡献的世界梦,是承担世界责任的时代梦,是中国特色社会主义发展繁荣的时代新话语。中国人民一直梦想,要对人类发展进步做出更大贡献。1956 年 11 月,毛泽东指出:“1911 年的革命,即辛亥革命,到今年,不过 45 年,中国的面目完全变了。再过 45 年,就是 2001 年,也就是进到 21 世纪的时候,中国的面目更要大变。中国将变为一个强大的社会主义工业国。中国应当这样。因为中国是一个具有 960 万平方公里土地和 6 万万人口的国家,中国应当对于人类有较大的贡献。”①他还强调说:“中国的人口多、底子薄,经济落后,要使生产力很大地发展起来,要赶上和超过世界上最先进的资本主义国家,没有一百多年的时间,我看是不行的。”②后来,毛泽东又提出要在 20 世纪末实现四个现代化③。因此,中华民族伟大复兴,就是要用五十年到一百年左右的时间,把中国建成强大的社会主义工业强国,实现四个现代化,赶上和超过世界最先进的发达资本主义国家。1978 年 6 月 10 日,邓小平提出要“对人类作更多的贡献”。在 20 世纪 80 年代,邓小平从毛泽东的设想出发,提出了“三步走”战略。他说:“本世纪走两步,达到温饱和小康,下个世纪用三十年到五十年时间再走一步,达到中等发达国家的水平。”“如果达到这一步,第一,是完成了一项非常艰巨的、很不容易的任务;第二,是真正对人类做出了贡献;第三,就更加能够体现社会主义制度的优越性”④。1997 年召开的党的十五大强调社会主义初级阶段是“逐步缩小同世界先进水平的差距,在社会主义基础上实现中华民族伟大复兴的历史阶段”。2002 年,党的十六大报告强调“实现中华民族伟大复兴”是中国共产党从成立那一天起就“肩负着的庄严使命”。2007 年,党的十七大报告指出,改革开放是“实现中华民族伟大复兴的必由之路”。2012 年,党的十八大报告提出要“牢牢把握社会主义初级阶段这个最大国情”和“牢牢立足社会主义初级阶段这个最大实际”,强调“实现社会主义现代化和中华民族伟大复兴”是建设中国特色社会主义的总任务,

---

① 毛泽东:《毛泽东文集》第 7 卷,人民出版社 1999 年版,第 156 – 157 页。
② 毛泽东:《毛泽东文集》第 7 卷,人民出版社 1999 年版,第 302 页。
③ 毛泽东:《毛泽东文集》第 7 卷,人民出版社 1999 年版,第 116 – 162 页。
④ 邓小平:《邓小平文选》第 3 卷,人民出版社 1993 年版,第 251 页。

并强调:“中国致力于缩小南北差距,支持发展中国家增强自主发展能力。中国将加强同主要经济体宏观经济政策协调,通过协商妥善解决经贸摩擦。中国坚持权利和义务相平衡,积极参与全球经济治理,推动贸易和投资自由化便利化,反对各种形式的保护主义。”总之,中华民族伟大复兴的中国梦,不仅造福中国人民,而且将造福世界各国人民,是马克思主义在时代的新特征、新话语、新结晶。

三、马克思主义大众化的精神旗帜

马克思主义大众化意在把马克思主义基本原理更加通俗地且具体形象地表达出来,用平实易懂、质朴无华和平易近人的语言把深刻的道理讲清楚、讲透彻,以让人民群众乐于接受的方式说清晰、说明白,让马克思主义从书斋走向人民大众,更好地为人民群众所理解、所接受,也就是说让马克思主义说人民群众喜闻乐见的话。正如习近平总书记曾经指出的:“马克思主义大众化,就是把马克思主义理论用简单质朴的语言讲清楚、用群众喜闻乐见的方式说明白,使之更好地为广大党员和人民大众所理解、所接受。”①马克思主义要实现大众化,首先要通俗化、广泛化,没有通俗化、广泛化,其他一切都无从谈起。话语转换是马克思主义通俗化、广泛化的前提,也是大众化的本质要求。中国梦这个重大战略思想,把中国特色社会主义道路、理论体系、制度与马克思主义的话语转换成为人民群众喜闻乐见的大众语言,契合了大众生活、大众思想、大众表达,是马克思主义大众化的思想理论精神旗帜。中国梦的宣传不仅符合意识形态时代大众化的要求,而且是马克思主义宣传教育发展的需要。由于中国梦还赋予了中国特色社会主义共同理想更丰富的内涵,其思想的典范性、旗帜性和创新性必定助推我国主流意识形态研究、宣传的话语转换走向进一步深入,必将为马克思主义大众化进一步平添更多时代光彩。

首先,中国梦这个重大战略思想,源于对最广大人民群众脉搏的真切感知,是马克思主义基本原理与人民大众脉搏相结合的马克思主义大众化的精神旗帜。习近平总书记指出:“人民对美好生活的向往,就是我们的奋斗目标。”②。中国梦始终与人民心心相印、与人民同甘共苦、与人民团结奋斗。中国梦把中国特色社会主义伟大事业、国家民族的整体利益和每一个中国人的具体利益紧密联系在一起,把民族复兴的伟大目标转化为一个个相互关联、清晰可见、具体实在的理想和

---

① 《习近平在中央党校秋季进修班开学典礼讲话》,人民网,http://politics. people. com. cn/GB/1024/10402913. htmt,2009 年 11 月 18 日。

② 习近平:《人民对美好生活的向往就是我们的奋斗目标》,《人民日报》2012 年 11 月 16 日。

发展要求，把人民群众所期盼的更满意的收入、更稳定的工作、更好的教育、更可靠的社会保障、更高水平的医疗卫生服务、更舒适的居住条件、更优美的环境作为我们党和政府努力的方向，让人民群众真真切切触摸和感受到自己的梦想正一天天、一步步变成现实，道出了亿万中华儿女的共同心声，激荡起亿万人民的强烈共鸣，最大限度汇聚了不同阶层、不同年龄和不同群众的愿望与追求，形成了强大的凝聚力、感召力和内化力。改革开放30多年来，中国与世界都发生了翻天覆地的变化，在这个经济全球化时代、信息化、网络化时代，人民群众的世界观、人生观、价值观、道德观发生了前所未有的变化，在这个时候，我们就不能再用传统的思维方式或空洞的、遥远的、难以企及的宣传口号来教育群众、号召群众、说服群众，而是要用贴近的、亲切的、生动的、可信的语言来引导群众、感召群众、凝聚群众。1935年，蔡斐君向鲁迅请教诗歌问题，鲁迅回信说："要易记，易懂，易唱，动听"①这个标准对于我们推进马克思主义中国化时代化大众化理论创新与宣传大有裨益。当今，马克思主义理论宣传的目的是让中国特色社会主义道路、理论体系、制度离人民群众越来越近，越来越听得懂，越来越想听；而不是越来越远，越来越听不懂，越来越不想听。习近平总书记在担任浙江省委书记期间就曾经教导领导干部说："在开展群众工作方面，我们有的领导干部甚至不会说话。有的同志自嘲：与新社会群体说话，说不上去；与困难群众说话，说不下去；与青年学生说话，说不进去；与老同志说话，给顶了回去。很多场合，我们就是处于这样一种失语的状态，怎么能使群众信服呢？"②中华民族伟大复兴的中国梦，正是符合了中国特色社会主义大众化的表达要求，因此受到人民群众的热烈响应。

其次，中国梦这个重大战略思想，是中国特色社会主义梦，也是共产主义远大理想梦，是马克思主义基本原理与时代人民大众理想相结合的马克思主义大众化的精神旗帜。中国梦强调人民幸福，而人民幸福必须促进人的自由而全面发展。马克思恩格斯在《共产党宣言》中强调："每个人的自由发展是一切人的自由发展的条件"。马克思恩格斯在《德意志意识形态》中讲："在共产主义社会里，任何人都没有特殊的活动范围，而是都可以在任何部门内发展，社会调节着整个生产，因而使我有可能随自己的兴趣今天干这事，明天干那事，上午打猎，下午捕鱼，傍晚从事畜牧，晚饭后从事批判，这样就不会使我老是一个猎人、渔夫、牧人或批判者。"③后来，马克思在《资本论》中更明确地提出：每个人自由而全面的发展，是未

---

① 《鲁迅书信集》下卷，人民文学出版社1976年版，第883页。

② 习近平：《要群众信任，决不仅仅靠权力》，《人民日报》2005年5月30日。

③ 马克思，恩格斯：《马克思恩格斯选集》第1卷，人民出版社1995年版，第85页。

来共产主义社会的基本原则。中华民族伟大复兴的中国梦内在地包含着人民幸福、促进人的自由而全面发展的要求。2020年建成全面小康社会,为人民幸福和人的自由而全面发展踏实经济基础;民主制度更加完善,民主形式更加丰富,人民群众的积极性、主动性、创造性进一步发挥,为人的自由而全面发展踏实政治基础;中国特色社会主义文化大发展大繁荣,社会主义文化软实力显著增强,社会主义核心价值观深入人心,公民文明素质和社会文明程度明显提高,文化产品丰富,人民群众的精神文化生活丰富多彩,社会主义文化强国建设基础坚实,为人的全面而自由发展踏实文化基础;社会保障全民覆盖,人人享有基本医疗卫生服务,住房保障体系形成,社会和谐稳定,为人的自由而全面发展踏实社会基础;社会主义生态文明建设成就突出,建成资源节约型、环境友好型社会,资源循环利用,单位国内生产总值能源消耗和二氧化碳排放低,主要污染物排放总量少,森林覆盖率高,生态系统稳定,人居环境优化,建成美丽中国,为人的自由而全面发展踏实生态文化和生态文明基础。

再次,中国梦这个重大战略思想,契合了人民大众的价值诉求,是马克思主义核心价值观即社会主义核心价值观的大众化表达,是马克思主义基本原理与大众价值观相结合的马克思主义大众化的精神旗帜。梦想承载价值、传播价值、放飞价值。核心价值观是非常抽象的东西,看不见、听不到、摸不着,要通过内化于心、外化于行的过程,让其内化为人民大众的真切认知、外化为人民大众的实际行动,就必须借助一定的载体。而中华民族伟大复兴的中国梦就是这样的载体,她让社会主义核心价值观这个比较抽象的东西一下子就变得具体、真实、现实,可知、可感、可行。中国梦有一个总目标,就是实现中华民族伟大复兴即“国家富强、民族振兴、人民幸福”;有两个阶段任务,就是在建党100年时全面建成小康社会,新中国成立100年时实现社会主义现代化;有两个价值追求,就是不仅强调国家的富强和民族的振兴,而且强调每个人都享有人生出彩的机会,享有梦想成真的机会,享有与祖国和时代一起成长与发展的机会,是国家、民族梦与个人梦的统一。因此,中国梦让人向往、让人振奋、让人感动。更为重要的是,中国梦还可以让全国各族人民结合本地区、本部门、本人的实际设计各自梦想成真的具体路径。

最后,中华民族伟大复兴的中国梦,是国家梦、民族梦和个人梦的统一,也是和平、发展、合作、共赢的世界梦,与包括欧洲梦、非洲梦等在内的世界人民的美好梦想有相通之处,是马克思主义基本原理与世界人民大众梦想相结合的马克思主义大众化的精神旗帜。第一,中国梦与欧洲梦有相通之处。中国正朝着实现中华民族伟大复兴的目标迈进,欧洲一体化也是欧洲人民追求和平发展繁荣的梦想。中欧都在走前人没有走过的路,做前人没有做过的事。作为最大的发展中国家和最大的发达国家联合体,中欧是维护世界和平的"两大力量";作为世界上两个重要经济体,中欧是促进共同发展的"两大市场";作为东西方文化的重要发祥地,中欧是推动人类进步的"两大文明"。2013 年底,习近平总书记在会见欧盟领导人时是这样定位中欧在世界上的角色和中欧关系使命的。中欧合作的三大使命,不仅重新定位了中欧关系及中欧在世界上的角色,更让世界更均衡、安全、美好。这说明,中国梦与欧洲梦有相通之处。第二,中国梦与非洲梦有相通之处。习近平总书记在坦桑尼亚尼雷尔国际会议中心发表演讲时强调,中非在推动世界持续和平、共同繁荣方面是一致的,习总书记指出:中国人民正致力于实现中华民族伟大复兴的中国梦,非洲人民正致力于实现联合自强、发展振兴的非洲梦。中非人民要加强团结合作、加强相互支持和帮助,努力实现我们各自的梦想,同国际社会一道,推动实现持久和平、共同繁荣的世界梦,为人类和平与发展做出新的更大的贡献①。当然,中华民族伟大复兴的中国梦也不同于他国梦,如在能源消耗上不会做"美国梦",在人口流动上不会做"欧洲梦",在增强综合国力上不会做"苏联梦"。② 北京大学乐黛云教授在《美国梦·欧洲梦·中国梦》的演讲中也说:随着"美国梦"在 21 世纪渐渐褪去其昔日的炫目光彩,世界将它的目光投向了欧盟和中国。在 J. 里夫金看来,尽管断言"欧洲梦"和觉醒中的"中国梦"的融合结果会是什么,还为时尚早,但预言正在出现的"欧洲梦"和"中国梦"会对整个人类的未来产生深远影响则绝非言过其实!③

总之,我党的思想理论总是随着时代的发展变化而不断与时俱进的。中国梦这个重大战略思想,赋予了中国特色社会主义道路、理论体系和制度新的思想内容,把中国特色社会主义推进到了马克思主义中国化时代化大众化的新境界新高度,是马克思主义中国化时代化大众化的理论精髓。

(原载于《中共贵州省委党校学报》2014 年第 5 期)

---

① 习近平:《永远做可靠朋友和真诚伙伴》,人民网,http://sc.people.com.cn/n/2014/0627/c34561-21521426.html,2014 年 8 月 2 日。

② 郑必坚:《对中国和平崛起新道路与中美关系的十点看法》,《中国报道》2005 年第 9 期。

③ 《"欧洲梦"和"中国梦"将影响人类未来》,《文学报》2006 年 09 月 24 日。

中国梦与中国精神*

近期，中国梦成为国内热议、国外关注的焦点话题。有人认为，中国梦只是中国领导人为鼓舞人心而打造的一个时尚标签，不可能像美国梦那样深入人心，因而很难流传于世。事实并非如此，中国梦不是领导人浪漫情怀的偶然流露，而是中国精神和中国特色社会主义核心价值体系的现实投射，也是中国和平发展、合作共赢的时代观的集中表达。

一、中国梦是中国快速变化的现实诉求

美国梦是个人成功的代名词，是那些寻求自由的冒险家们的精神家园。几百年前，欧洲一些不得志者怀揣自由和致富的梦想，踏上美洲新大陆。这批梦想者的后来人成就了美国建国大业，发布了美国《独立宣言》和美国宪法，许诺赋予每一个美国公民以生存、自由和追求幸福的权利，奠定了美国梦的法理基础。从欧洲来的移民中，涌现出了爱迪生、洛克菲勒、福特等不少出身贫寒、依靠个人奋斗成功的传奇人物，也使得美国梦有了个人成功这一内涵。美国梦是不同民族、不同人种自由和成功的精神产物，突出个人成功，打上了鲜明的个人烙印。20世纪60年代，美国人权斗士马丁·路德·金在《我有一个梦想》的著名演讲中，从一个特定角度展示了美国有色人种追求平等的梦想，这就是“梦想有一天，真正实现人人生而平等的信条”。奥巴马在2006年出版了《无畏的希望:重申美国梦》一书，讲述了自己的奋斗故事。2012年9月，其夫人米歇尔·奥巴马发表演说称赞丈夫实现了美国梦，并将帮助其他人实现梦想。美国梦不只是个人梦、家庭梦，从广义上讲美国梦还是一种价值观。美国梦从新教教徒的“自由梦”到西部牛仔的“淘金梦”再到各色人种的“平等梦”，从个人成功的信条到自由平等人权等意识形态，都有美国精神贯穿其中。从林肯、里根再到奥巴马，历届美国总统都通过美国梦向全世界宣扬美国的价值观:在追求自由、民主、人权的国家里，“只要你努力工作，

---

* 本文作者:柴尚金，中国当代世界研究中心研究员。

可以成就一切”。奥巴马在竞选总统时，始终宣扬美国梦，把美国梦当作是美国中产阶级的梦想，声称“美国的繁荣必须建立在不断上升的中产阶级基础上”。但在西方危机不断、政府管理缺陷明显、贫富差距不断扩大、中产阶级趋于萎缩的背景下，奥巴马鼓吹的美国梦逐渐变得模糊不清。著名经济学家斯蒂格利茨就明确指出：“美国梦从来只是传说”。

同美国梦相比，中国梦不仅历史积淀更为深厚，而且立足于中国历史与现实发展，目标指向国家富强、民族振兴。中国梦不是一般的梦，而是一个集体梦、民族梦、国家梦。一个多世纪以来，中国无论多穷多弱，也没有放弃对中华民族复兴梦想的追求。1949 年新中国成立，掀开了在中国共产党领导下为实现国家繁荣富强、人民富裕而奋斗的新篇章。进入改革开放新时期，从 1982 年党的十二大提出现代化发展“三步走”战略，到十五大制定“两个一百年”奋斗目标，从“翻一番实现温饱”到“翻一番达到小康”，从“建设小康”到“全面建成小康”，“中国梦”开始付诸实践。岁月流转，斗换星移，经过多年的快速发展，中国经济总量跃居世界第二，中国融入国际体系、参与国际竞争和塑造国际体系的程度越来越深，内外关联度越来越高，中国与世界的关系发生了根本变化，大国地位不容小觑，艰难岁月铸就的中国梦正渐渐接近现实。

习近平同志当选为中共中央总书记后，站在新历史起点上，郑重阐述了中国梦。他指出：“实现中华民族伟大复兴，就是中华民族近代以来最伟大的梦想”。实现这个梦需要为民众的幸福生活创造公平的社会环境，保证公民平等参与、平等发展的权利，维护社会公平正义，让人民“共同享有人生出彩的机会，共同享有梦想成真的机会。”他还强调：“中国梦归根到底是人民的梦，必须紧紧依靠人民来实现，必须不断为人民造福。”所以，不断推进经济社会持续发展，不断改善民生，这是复兴之本，梦想之基；“保障人民平等参与、平等发展的权利，维护社会公平正义”，这是实现中国梦的重要内容；让人民“共同享有人生出彩的机会”，这是检验中国梦实现的标准。所以，中国梦不仅是国家梦、民族梦，而且也包含个人梦。

二、美国梦充斥着西方价值观，中国梦体现了自强不息的民族精神

几百年来，西方以自由之神自居，认为个人自由、民主和人权高于一切。美国梦当初是欧洲人远赴新大陆追求独立、自由的一种信念。随着美国日益强盛，美国梦逐渐变成美国当权者向世界推行其民主价值观，追逐世界霸权的追求。奥巴马在每年的国情咨文中，反复称颂美国的价值观，声称他的一个重要任务就是向世界推行这种价值观，将自由民主的旗帜插遍全世界。他说：“美国的道德榜样必须始终照耀着渴望自由、正义和尊严的所有人。”“将通过武力与法治的力量保卫我们的人民、捍卫我们的价值观。”无论是美国的道德榜样，还是西方的人权观，其价值取向是一致的，即个人的权利和利益高于一切，不容侵犯，当他人利益、集体利益或国家利益与个人利益不一致时，要尊重和维护个人利益，这一理念是“美国梦”的根基。

中国梦不只是追求强大经济实力的宏伟目标，更是一泓催人奋进的力量源泉，它记录着数代中国人民的精神追求和实现这种追求的意志。一百多年来，中国人经受了无数血雨腥风，支撑着我们顽强拼搏的精神力量就是中国梦，正是对中华民族伟大复兴的憧憬，对新中国的希望，对子孙后代过上幸福生活的期待与梦想，构成了志士仁人心中的伟大精神力量。这种伟大的精神力量传承了中国几千年传统文化的优良品格和百折不挠、自强不息的民族精神。

个人成功是国家民族复兴的基础。美国梦正是以此来激发美国公民对美国历史的自豪感和国家的忠诚。奥巴马强调，要通过美国梦把所有的美国人团结在一起，风雨同舟，荣辱与共。我们要借鉴美国梦中对每个人的梦想和追求的尊重，积极寻求中国梦和每个人的梦想与追求的结合点，用中国梦凝聚和激励全体中国人民，从而汇集力量去实现国家和民族的梦想。只有把个人梦寓于国家梦、民族梦之中，坚持走中国特色社会主义道路，弘扬以爱国主义为核心的民族精神和以改革开放为核心的时代精神，中国梦才能真正体现出中国人的价值自信和民族自信，成为凝聚中国各族人民力量的时代符号，并引领全国各族人民为实现共同的中国梦而努力奋斗。

三、中国梦体现了和平发展、与各国互利共赢的时代精神

梦想对一个国家的发展具有巨大影响和重大意义。世界近代史上的国家梦基本上是大国梦、霸权梦。继葡萄牙、西班牙、荷兰成为海上贸易大国之后，工业革命推动了英、法等现代大国的崛起，德国、日本在追赶中也迅速成为世界强国，走上了军国主义的扩张之路。美国经历第一、第二次世界大战后，依靠战争红利实现了崛起，成为超级大国和霸权国家。美国意识形态以个人利益、个人自由为中心。美国梦追求美国独大的单极世界，为了自己国家的利益而不惜损害甚至牺牲其他国家人民的利益甚至世界的整体利益。所以，西方大国梦往往是霸权梦。

中国梦提出后，之所以引发一些外国人士的猜疑，其中一个重要原因是他们仍按强国必霸的固定思维来解读中国。实际上，中国与西方大国的崛起路径完全不同。中国历史上就有推己及人、尊重理解的传统，从不将自己的理念和模式强加于人。中国一贯主张世界多极化与国际关系民主化，走和平发展道路，贯彻互利共赢精神，全面发展与世界各国的友好合作关系。中国梦要依靠和平发展道路

来实现,是开放梦、发展梦,将在实现自己梦想的过程中与各国分享更多更好的发展成果。中国梦不仅造福中国人民,而且造福各国人民。建设和谐世界的伟大梦想不仅属于中国,也属于世界。

经济全球化是当今时代最重要的特征之一,各种理念碰撞、利益磨合及制度之争等都程度不等地与之关联交集。随着人类相互联系、依存程度的加深,世界早已变得"扁平",开放的世界日益需要国际规范和标准。习近平主席出访非洲时指出,要通过和平路径实现中国梦,共同缔造繁荣世界梦,中国梦与各国梦和世界梦互利共赢。因此,实现中国梦是世界的重大利好,也是全世界人民的福祉。

四、善用中国梦理念,科学构建中国话语体系

阐释中国梦,对提升中国的政治影响力、经济竞争力、执政党形象亲和力和道义感召力,具有重要意义。为此要实现下面三个转化。

一是把中国各方面取得的成就转化为我们的影响力和优势地位。外国人在关注中国快速崛起的同时,特别关注中国说什么,将以什么方式对国际话语体系产生影响。英国剑桥大学学者斯蒂芬·哈尔珀对此指出,中国崛起的方式以及速度之快,对本地区、西方以及西方的观念产生了深远影响,其中最值得重视的是中国话语权的建立及如何建立。我们要抓住当前国外特别是广大发展中国家称羡中国改革开放成就和经济快速稳定发展的机会,用外国人听得懂、听得进的语言,大力介绍和宣传中国在经济社会文化建设方面所取得的巨大变化,特别是中国在民主、法制和人权领域中的成就,同时对自己的不足也要有合理的解释,从而促使他国对中国形成正确客观的评价。

二是把传统文化中的积极因素转化为我们的话语优势。没有文化底蕴和价值诉求的梦想,不易被世界理解。中国的形象古老而文明,中华几千年文明史中有许多理念至今仍闪烁着智慧的光芒。中国儒家学说讲德治,重礼仪教化、文明进步、和谐有道,强调"己所不欲、勿施于人""和而不同"的生活原则和思想原则,"天人合一"的宇宙观,天下为公的政治理想等,都充满了中国智慧,流传至今。在中国命运日益同世界命运紧密联系的今天,弘扬中国传统文化中的精、气、神,总结和概括出合乎当今世界潮流的价值理念,不失为提升中国软实力,建立中国话语权的重要内容之一。

三是把中国梦理念转化为对外交往的政策主张。在当今世界大变革、大调整时期,国际舞台上意识形态、价值观念和发展模式的斗争不仅没有减弱,而且日益突出。世界多极化并非只意味着新兴大国的力量提升,更意味着新兴大国的发展路径多样化。中国发展道路和模式越来越受到广大发展中国家的青睐。在建立

中国话语体系中，应善用中国因素，特别是要善用中国梦这一理念，努力将其转化为创新中国国际形象的重要工具。要在坚持和平发展道路，宣传和谐世界理念，不断推进构建和谐世界进程中，鲜明地提出反映时代前进方向的新的世界观和治理理念，并将其凝聚为有感召力的时代精神，不断强化中国话语权。

（原载于《红旗文稿》2013 年第 10 期）

“中国梦”是马克思“自由人”理论的现实观照*

马克思关于“自由人联合体”的思想，是贯穿整个马克思思想理论体系的中心线索与价值关怀。所谓“自由人联合体”是指建立一个“自由人的联合体”的理想社会，在这个未来新社会中，人与自然、人与人、个人与社会之间及人自身的异化现象得以消除，个人、群体和社会之间达到最大程度的和谐共生，最终实现“每个人的自由个性及其全面发展”。这是马克思立足现实，对未来新社会做出的科学构想，充满了对人的全面、自由发展的人文关怀和现实关切。

而“中国梦”是马克思主义理论中国化的最新成果，是以习近平总书记为核心的党和国家领导人站在新的历史起点上所秉持的重要执政理念。可以说，“中国梦”既是一幅描绘美好社会的壮丽画卷，又是对广大人民群众现实利益的深度关切。“中国梦”实现了个体、社会与国家的和谐共生、体现了党和国家领导集体对人民群众的根本利益和需要诉求的关注，充满着以人为本的人文情怀。而这恰恰与马克思“自由人联合体”思想中所蕴含的人本意蕴表现出高度的契合。可以说，“中国梦”的实质是“自由人”的梦，“中国梦”是马克思“自由人联合体”理论的现实观照。

在当前我国进入改革攻坚期和全面建成小康社会的关键时期，重温马克思的“自由人联合体”的思想，消除当前中国社会在一定范围内存在着的异化现象，对于建设社会主义和谐社会，实现中华民族伟大复兴和人民幸福安康的“中国梦”具有重要的现实意义。

---

* 本文作者：陈彦珍，华南师范大学政治与行政学院2010级博士研究生；刘卓红，华南师范大学政治与行政学院教授，博士生导师。

基金项目：本文是2014年国家社会科学规划重大项目“习近平系列重要讲话的历史唯物主义创新研究”（编号：14ZDA004）及2014年广东省教育科学“十二五”规划项目“高职学生政治认同困境的破解”（编号：2014JKDYY49）的阶段性成果之一。

一、"中国梦"的实质是"自由人"的梦

在马克思的"自由人联合体"理论中,个人与社会之间和谐共生的关系是马克思所关注的重心。而个体的自由个性的全面发展是"自由人联合体"理论的价值目标。马克思"自由人联合体"思想充满着人本情怀和和谐理念。而把国家富强、民族复兴、人民幸福统一起来的"中国梦"也把个体的幸福、自由全面发展作为落脚点,其中蕴含的"以人为本""和谐统一"的理念与马克思"自由人联合体"理论中的价值关怀不谋而合。

1. 马克思"自由人联合体"思想中的人本意蕴与和谐理念

实现人自身的解放是贯穿于马克思思想理论体系的中心线索。而人自身解放的实质就是人的自由,就是把人从自然、社会和人自身的各种压迫和束缚中挣脱出来,从而获得自由、全面发展。马克思在《德意志意识形态》《哲学的贫困》《共产党宣言》《资本论》等著作中都提出过"自由人联合体"的思想。而《共产党宣言》对"自由人联合体"的思想论述更为精炼和系统,也最富有本体的意蕴。"代替那存在着阶级和阶级对立的资产阶级旧社会的,将是这样一个联合体,在那里,每个人的自由发展是一切人自由发展的条件。"①这句话明确地概括了"自由人联合体"中的每个人与所有人自由发展的辩证关系。即在未来的新社会中,每个人的发展与其他人的发展互为条件,而每个人的自由发展是马克思的理论宗旨。

"自由人联合体"是马克思所追求的最高社会理想。而这个未来新社会的本质特征就是"自由"。在这里,不仅社会的本质是"自由"的,而且作为社会的成员的个体也是"自由"的。个人与自然之间、个人与个人之间、个人与社会之间的对立和异化已经消除,相互之间形成了高度和谐的关系。② 也就是说,这个"自由人联合体"是"一个更高级的、以每一个个人的自由而全面发展为基本原则的社会形式。"③在"自由人联合体"中,个人的自由发展与整个社会的发展是融为一体的。社会的发展进步是个人的自由个性发展的天然条件,个人的自由个性发展是社会进步的目标、动力和表征。

一方面,应该看到,作为人的本质的"自由",是人类本质发展的最高境界,具有根本的意义。人的本质具有两层意义,一是人的具体性和社会历史性的本质,

---

① 《马克思恩格斯选集》第1卷,人民出版社1995年版,第294页。

② 左亚文:《马克思"自由人联合体"的人本之维》,《哲学研究》2014年第12期,第24页。

③ 《马克思恩格斯全集》第44卷,人民出版社2001年版,第683页。

即“在其现实性上，它是一切社会关系的总和。”①二是人抽象和终极的本质，即人的“类存在”“类本质”。在马克思看来，人能把自己与其生命活动区分开来，是有意识的存在物，“人是类存在物”。人的这种“类特性”使人能够产生“自由自觉”的“类意识”。正如马克思在《手稿》中所指出的那样：“一个种的全部特性、种的类特性就在于生命活动的性质，而人的类特性恰恰就是自由的自觉的活动。”②而“自由自觉”的意识是指人能不断反思自己、超越自身，最后回到自身，如此循环往复，最终达到人的最高本质。

另一方面，我们也要认识到这种“自由”又存在于现实的历史运动之中，而正是共产主义的实践运动为人的“自由”发展开辟了道路，创造了条件。在马克思看来，无产阶级的政治解放始终与整个人类的自由解放联系在一起的。共产主义通过高度发达的社会生产力，实现对私有制和异化现象的扬弃。在此基础上，人类通过全面、自由发展，解放了自身，从而回归为本质完整的人，最终实现人对自己本质的真正占有。

2.“中国梦”的价值归旨与精神实质

“中国梦”绝不仅仅是国家富强、民族振兴的宏大叙事，它同时也是个体追求幸福的微观映射。“中国梦”既强调国家、民族的成功与辉煌，也关注个人的尊严与出彩。实现“中国梦”既要依靠集体的力量，又要强调个体的奋斗。“中国梦”的精神实质和价值取向就是以人为本、和谐共进。

第一，从“中国梦”的价值目标来看，“中国梦”以个人的幸福、自由、全面发展为出发点和落脚点。“中国梦”是实现国家富强、民族振兴、人民幸福的梦。正如习近平总书记所说“中国梦归根到底是人民的梦”，国家富强、民族振兴的最终目的是实现个人的幸福和自由、全面发展。这是因为人民群众是人类文明的创造者，是推动社会变革的决定力量。人民既是实现“中国梦”的力量主体，也是分享“中国梦”成果的利益主体。正如习近平总书记所言，“生活在我们伟大祖国和伟大时代的中国人民，共同享有人生出彩的机会，共同享有梦想成真的机会，共同享有同祖国和时代一起成长与进步的机会。”③

第二，从“中国梦”的实践主体和依靠力量来看，体现了对人民群众的历史主体地位的尊重。民族梦、国家梦的整体目标和共同理想需要依靠每个中华儿女的

---

① 《马克思恩格斯选集》第1卷，人民出版社1995年版，第56页。

② 《马克思恩格斯选集》第1卷，人民出版社1995年版，第120页。

③ 习近平：《在第十二届全国人民代表大会第一次会议上的讲话》，《人民日报》2013年3月18日。

个人奋斗去实现。正如恩格斯在历史合力论中指出,人是社会历史发展的主体和创造者,“我们自己创造着我们的历史”①。“中国梦”关注人民群众的所思、所想、所盼,为人民群众解决一个个具体的实际问题,把中国梦落实到人民群众的心坎上,让他们感受到梦想可触、可感、可行,能够自觉地把个人的奋斗融合到“中国梦”中来。②

第三,“中国梦”的精神实质是和谐、统一。从“中国梦”的精神实质来看,“中国梦”将个人的奋斗与成功与全体人民的奋斗、成功统一起来。梦想凝聚共识,实现“中国梦”必须达成利益共识、凝聚中国力量。这就是全国各族人民大团结的力量。梦想之花只有转化为人民群众坚定的思想共识和统一的实践行动,才可能转化为现实,结出丰硕的果实。恩格斯指出,“无论历史的结局如何,人们总是通过每一个人追求他自己的、自觉预期的目的来创造他们的历史,而这许多按不同方向活动愿望及其对外部世界的各种各样作用的合力,就是历史。”③作为历史发展主体的人的意志必然对历史发展产生一定的影响。而且,只有个人的意志整合为整体的“意志合力”才能推动社会历史的发展。然而,当前我国正处于改革转型期、利益分化期,每个人、每个阶层都有自己的梦想和诉求,观念差异、利益冲突时有发生,这就需要一个共同的目标和价值核心来引领共识,凝聚力量。而“中国梦”的提出,就是把不同阶层、不同群体的梦想汇聚为共同的追求,尊重和包容差异,促进社会和谐。

3. “中国梦”的实质是“自由人”的梦

马克思认为,人类社会的理想主体是“自由人的联合体”。马克思曾在《资本论》中指出:“让我们换一个方面,设想有一个自由人的联合体,他们用公共的生产资料进行劳动,并且自觉地把他们许多个人劳动力当作一个社会劳动力来使用”。④ 这个“自由人联合体”形成过程中的“自由人”既是未来新社会的主体,也是社会主义市场经济的主体。只不过我国社会主义市场经济条件下的“自由人”是一种尚不成熟的“自由人”形态,但是以“自由人的联合体”为最高目标。可以说,马克思“自由人联合体”中的“自由人”与“中国梦”的实现主体和利益主体具有一致性。“中国梦”是我国在全面深化改革时期和全面建成小康社会的关键时期,以人的自由全面发展为最终价值取向的阶段性目标。从这个意义上讲,中国

① 《马克思恩格斯全集》第46卷,人民出版社1955年版,第696页。

② 柳礼泉、胡港云:《中国梦的实践品性及其彰显》,《湖南社会科学》2014年第4期,第21页。

③ 《马克思恩格斯全集》第46卷,人民出版社1955年版,第247-248页。

④ 黄顺君:《马克思异化劳动理论的当代解读》,《湖南社会科学》2012年第4期,第28页。

梦的实质上也是“自由人”的梦。

二、人的异化是实现“中国梦”的根本障碍

我们重温马克思的“自由人联合体”理论，品味其中的人本意蕴，目的在于思考和确认中国特色社会主义伟大事业的价值目标是什么？毫无疑问，就是实现人的自身解放和自由全面发展。然而，在实践过程中，有人把生产力和物质文明的发展作为根本的价值追求，而把人的自身发展放在第二位，这种“物本”“器本”错误观念对社会主义事业造成了不良后果。再加上，我国目前仍处于社会主义初级阶段。在我国一定范围内仍然存在违背人的全面发展的异化现象。这些异化现不利于社会主义和谐社会的建设，是实现“中国梦”的根本障碍。具体而言，包括以下几个方面。

1. 人与自然的关系的异化

在马克思看来，建立在劳动基础上的人与自然的关系，不同于动物与自然环境之间纯粹的自然联系。① 马克思认为，人通过自己的实践活动，有目的、有意识地对自然加以控制和利用，使原始自然转化为人化自然。人在这种对象化活动过程中存在着异化的可能性。随着科学技术日益发达，人们改造自然的能力也在增强，对自然界的对象性活动越来越深入和广泛。不断进步的科学技术在为人类社会的发展创造了良好的物质基础的同时，也加重了人们对自然资源和环境的过度开发、污染。我国以往粗放型的经济增长道路，极大地约束着经济、社会的可持续发展。有的地方政府和企业，一味追求经济利益，盲目开采自然资源，造成对自然环境的严重破坏，生态危机日益突出。历史的教训警示着我们，要及时调整发展方式，保护生态环境，节约利用资源，走集约高效的可持续发展道路。

2. 人的自我异化

马克思认为，人的自我异化是指人丧失了自由自在的类本质，被自己所创造的物所奴役，完全丧失了人的尊严和主体性。由于中国正处于由传统社会向现代社会的转型期，再加上西方自由主义、个人主义、享乐主义思潮冲击，当下急功近利、浮躁之风盛行。物质生活的富足和个人的功成名就并未提升个人的幸福指数，反而使很多人无暇顾及精神家园，导致理想迷茫、信仰缺失、价值观畸形。过分张扬工具理性，忽视人文素养的提升和精神、道德境界的提高。这种物本、器本、权本意识导致人们终日为物所役，为名所累，为权所缚，无法得到心灵的宁静和精神的自由，终究沦落为一个物质上富有而精神上贫乏的畸形人，失去了自由

① 《马克思恩格斯全集》第 44 卷，人民出版社 2001 年版，第 96 页。

自觉的类本性,造成人的自我异化。

3. 人与人之间的异化

为了促进生产力的发展、满足人民群众多样化的需求,现阶段我国多种所有制经济和分配方式并存,私有经济仍然是我国社会主义市场经济的重要组成部分。由于监管缺失、违法成本过低等原因,有的企业无视相关法律制度,强迫工人过度劳动,工人劳动权益得不到保护,工作环境恶劣及拖欠薪水等现象时有发生。无良商家为了追求经济利益不择手段、坑蒙拐骗,扰乱了正常的社会秩序和经济运行环境。应该看到,这些人是中国特色社会主义建设者,是需要真诚团结和积极利用的一种社会力量,但他们追求资本增值和追求利润最大化,又与中国特色社会主义发展要求有明显差别、甚至矛盾。

4. 社会发展中的异化现象

新中国成立以来,特别是改革开放三十多年来,中国人民在党的领导下,极大地促进了生产力的发展,物质文化生活水平得到极大提高。但也有的地方政府只注重经济效益,而对社会公平正义、民生工程、环境保护不够重视。以至于出现了权力异化现象,有些官员拿着人民赋予的权力,以权谋私、贪污受贿、粗暴执政、滥用职权,导致官民关系紧张;有的官员为了捞取政绩,积累政治资本,大搞形象工程,盲目、重复上马工程项目,造成资源浪费。此外,区域经济、城乡经济发展不平衡,不同地区、职业、阶层贫富差距加大。

三、消除异化现象,实现和谐"中国梦"

马克思的"自由人联合体"思想把共产主义社会作为消除异化现象、实现人的解放和自由全面发展的根本途径。他说:"共产主义是私有财产即人的自我异化的积极的扬弃,因而是通过人并且为了人而对人的本质的真正占有……它是人和自然界之间、人和人之间的矛盾的真正解决,是存在和本质、对象化和自我确证、自由和必然、个体和类之间的斗争的真正解决。"①对待异化现象,我们要用"以人为本"的价值理念取代"物本""器本""权本"思想,积极主动地创造条件,逐步消除异化现象,铲除"中国梦"实现的根本障碍,实现"中国梦"。

1. 加强社会主义生态文明建设,促进人与自然的和谐发展。实现"中国梦"必须走中国特色社会主义发展道路,在中国特色社会主义经济、政治、文化、社会、生态文明五位一体总体布局的指导下,促进人的全面发展。"中国梦"首先是百姓的健康梦和美丽中国梦,让老百姓能够呼吸清新空气、饮用健康水源、拥有蓝天碧

---

① 马克思:《1844 年经济学哲学手稿》,人民出版社 2000 年版,第 81 页。

水的美好居住环境是"中国梦"的应有之义。人类与自然是平等的朋友关系,相互依赖、相互影响。只有破除一直以来的"人类中心主义"观念,做到尊重自然、像保护我们的眼睛一样保护生态环境,转变原有的先污染、后治理的粗放型经济增长方式,加快产业结构的转型升级,制定切实可行的环保法律,研究发明节能环保的新技术,才能达到生产发展、生活富裕、生态良好的和谐的理想状态。

2. 充分尊重人民群众的历史主体地位,促进人的身心和谐健康成长,提升广大群众的幸福指数。人民群众是实现"中国梦"的力量源泉。马克思曾指出,劳动本应是人类自觉自愿的生命实践。人们通过在劳动中自由地发挥自己聪明才智获得自我肯定和满足感。只有在全社会形成"以辛勤劳动为荣,以好逸恶劳为耻"的社会主义劳动观,才能极大地提高人们的劳动积极性。只有充分尊重人民群众的主人翁地位,相信群众、依靠群众、服务群众,全面保障群众的经济、政治和文化、生态、社会权益,才能形成推动社会前进的巨大合力。需要强调的是,人类自身的全面发展理应包括物质层面和精神层面的均衡发展。那种过分沉湎于物质追求而忽略人的精神需要的做法必然会导致人的片面、畸形发展。因此,实现"中国梦"还需大力发展社会主义先进文化,用先进的文化鼓舞人,提升民众的文化品位和审美意识,培养积极健康的生活情趣和高尚的道德情操。

3. 着力构建新型人际关系,促进人与人和谐相处。马克思认为,人是处在一定社会关系中的现实的人。良好的人际关系,可以增强社会凝聚力,凝聚各个阶层、各个民族的力量,促进全社会达成共识,调动一切积极因素,形成人人自觉奋斗的良好氛围。这就需要以社会主义核心价值观引导人们树立正确的人生观、价值观、道德观,引导人们自觉履行法定义务、社会责任、家庭责任,加强社会信用体系建设的步伐,发挥我国传统文化的优势重建社会道德秩序,营造团结互助、平等友爱、风清气正的社会氛围。还要加强社会主义法制建设,推进民主法制进程,严厉打击侵害劳动者合法权益的现象,切实保障劳动者的合法权益,营造相敬如宾、尊老孝亲的家庭关系及包容忍让、敦亲睦邻的邻里关系和各尽所能、各得其所的社会风尚。

4. 正确处理公平与效率的关系,促进个人与社会和谐共进。马克思的"自由人联合体"理论告诉我们,个体的发展是社会进步的根本目的,社会发展应为个体的幸福、自由、全面发展创造条件。我国是人民当家作主的社会主义国家。全心全意为人民服务是党的宗旨所在。在强调发展社会生产力的基础上,还必须正确处理好公平与效率的关系。有权利公平,梦想才能起飞;有机会公平,奋斗才有动力。做到全面依法治国,充分发挥宪法在保障群众基本生存和发展权利方面的基础性作用;全面从严治党,严厉打击贪污腐败和危害群众合法权益的违法犯罪案件;全面深化改革,为人们的成功和发展提供公平公正的制度环境;以促进就业和保障民生为基础,创新社会治理方式。坚持把共同富裕作为社会主义建设的根本原则和本质要求,多谋民生之利,多解民生之忧,合理分工、公平分配,使社会成员各得其所、各得其利。

(原载于《湖南社会科学》2016 年第 1 期)

唯物史观视阈中的“中国梦”*

习近平总书记指出，实现中华民族伟大复兴的“中国梦”的内容主要包含：国家富强、民族振兴、人民幸福。“中国梦”鲜明地体现了唯物史观的创新精神，既具有强烈的现实性，又具有崇高的理想性，内涵非常丰富。认真思考“中国梦”丰富的思想内涵，对我们深刻理解中国特色社会主义的本质精神，牢记中华民族伟大复兴的神圣使命，具有特殊的重要意义。

一、中国道路：“中国梦”的现实根基

习近平总书记指出，实现“中国梦”必须走中国道路，这就是中国特色社会主义道路。中国道路是中华民族在长期的社会实践探索中走出来的，具有深厚的历史渊源和广泛的现实基础。

1. “中国梦”的思想境界

马克思说，意识在任何时候都是被意识到的存在，而人们的存在就是人们的社会现实生活过程。“中国梦”是奠基在中国的社会现实生活之中，具有鲜明的“中国特色”。“中国梦”不是美国梦，而是中国人自己的梦。众所周知，1963 年，美国黑人民权运动领袖马丁·路德·金在华盛顿林肯纪念堂发表“我有一个梦(I have a dream)”的演讲。他说，我们虽然遭受种种困难和挫折，我仍然有一个梦。梦想有一天，真正实现美国信条的真谛——人人生而平等。毫无疑问，美国梦是美国社会现实生活的反映，是美国价值观的彰显。美国梦最早是通过对美洲土著人，特别是对印第安人的残酷掠夺和驱逐而实现的，后来逐渐演变成霸权主义和强权主义的价值理念。

马克思说：“极为相似的事情，但在不同的历史环境中出现就引起了完全不同的结果。如果把这些发展过程中的每一个都分别加以研究，然后再把它们加以比较，我们就会很容易地找到理解这种现象的钥匙；但是，使用一般历史哲学理论这

* 本文作者：杜明娥(1964—)，湖南师范大学副校长、教授、博士生导师。

一把万能的钥匙，那是永远达不到这种目的的，这种历史哲学理论的最大长处就在于它是超历史的。”①这就是说，“中国梦”与美国梦在不同的“历史环境”中出现，因而会产生不同的结果。应该看到，与美国梦相比，“中国梦”的思想境界就比较高，它既给中国人民带来幸福，又造福于世界人民。之所以“中国梦”有如此高的精神境界，是因为“中国梦”深深地扎根于中国的社会现实生活之中，它是中华民族生命实践的结晶。换言之，“中国梦”是植根在中华民族历史实践之中，是对中华民族兴衰、未来、希望的最深刻揭示和凝结，是具有丰富的、深厚的历史内涵的梦，它的思维方式、价值理念、终极关怀，等等，都是中华民族生命历程的深刻表征。中华民族在五千年的文明实践中，形成了天人合一、厚德载物、和而不同、己所不欲勿施于人的思想和文化基因，它们深深地滋养着中华民族儿女。所以，“中国梦”的最基本特征是，它不仅造福于中国人民，同时也造福于世界人民；它追求各个民族、各个国家在发展中的共存共荣，而绝不以牺牲其他民族或国家的利益为代价②。正因为如此，“中国梦”的视野与境界都达到了很高的高度，它必将对人类文明的进步、对人类的生存与发展，起着不可或缺的重要作用。

应该说，“中国梦”的实践和思想前提是唯物史观在当代中国的实践与创新，其内涵必定包含着：实现中国传统文化的现代转型，对西方文化优秀元素的合理吸收，对人类一切文明优秀元素的创造性运用。正因为如此，“中国梦”是崇高之梦，必将对整个人类做出重大的贡献。正是在这个意义上，实现中华民族伟大复兴的“中国梦”，不仅仅是中国人自己的愿望，而且也是世界的愿望。事实上，早在20世纪，毛泽东就敏锐地指出，中国应当对人类有较大的贡献。

2. “中国梦”的道路自信

人们不会忘记，鸦片战争以后，中华民族陷入深重的灾难，中国处于历史上最危难的时刻，山河破碎，神州陆沉。“如何反对外国的侵略，争取民族独立？如何摆脱封建专制统治造成的黑暗和愚昧？如何改变国家贫穷落后的面貌，使之臻于繁荣富强的境地？这是半殖民地半封建中国面临的主要问题，也是中国的先进分子反复思考的主要问题。”③中华民族的仁人志士为了挽救危机，实现中华民族复兴之梦，提出了诸多救国方案，诸如魏源提出“师夷长技以制夷”，洋务派主张“中体西用”，孙中山提出“振兴中华”，等等，尽管他们不懈地追求、探索、实践，但终因未找到一条正确的道路，实现中华民族复兴之梦破灭了。历史的重任落在代表历

① 《马克思恩格斯全集》第19卷，人民出版社1963年版，第131页。

② 俞吾金：《“中国梦”既造福中国也造福世界》，《中国社会科学报》2013年3月29日。

③ 胡绳主编：《中国共产党的七十年》，中共党史出版社1993年版，第2页。

史的发展方向,代表先进生产力的发展要求,代表先进文化的前进方向,代表中国人民的根本利益,拥有先进理论(马克思主义),并把它用于实践的中国共产党身上。一言以蔽之,实现中华民族的伟大复兴,必须在中国共产党的领导下,把马克思主义的普遍原理与中国的具体实践结合起来,走中国特色社会主义道路,这是中华民族长期的历史与实践得出的基本结论。从唯物史观的观点看,中国走社会主义道路遵循了历史发展的客观规律。中国是在世界历史中经历了资本主义的时代,即以作为资本的国际生存条件这种特殊方式经历了资本主义残酷的、非人道的历史进程。在资本主义向世界的胜利进军中,无数的沉重灾难降在了中国人民的头上。面临绝境的中华民族在同帝国主义列强的殊死搏斗中孕育和锻炼出了特别能战斗的无产阶级及其先锋队,从而提供了革命的社会阶级基础①。

历史已经证明并仍将继续证明,实现中华民族伟大复兴的“中国梦”,必须坚持中国共产党的领导。正如我们前面所述,无论是洋务派、维新派,还是资产阶级革命派,由于自身的局限,都未能担当实现中华民族伟大复兴的“中国梦”。在长期的革命、建设、改革实践中,中国共产党领导中国人民取得了一个又一个的伟大胜利,为实现中华民族伟大复兴的“中国梦”奠定了坚实的基础。

3.“中国梦”的历史逻辑与现实关照

毋庸置疑,实现中华民族伟大复兴的“中国梦”,离不开现代化的实现。事实上,早在中国社会主义建设初期,第一代中央领导集体就提出了实现现代化的目标,其内涵是,把我国建设成为一个具有现代农业、现代工业、现代国防和现代科技的现代化强国。改革开放之后,我们党对现代化的内涵有了更深刻的认识。邓小平曾经一针见血地指出:什么叫现代化?50 年代一个样,60 年代不一样了,70 年代就更不一样了。现代化随着时代的变化而表现不同的内涵,中国人民对实现现代化梦想的理解也随之发生变化。1979 年 3 月 21 日,邓小平在会见外宾时,首次提出“中国式的现代化”,这实际上表达了中国特色社会主义现代化之路。邓小平提出的中国式的现代化主要是指人民生活水平的提高,他用“吃得好、穿得好、用得好”朴素的语言表达“中国式的现代化”内涵。邓小平后来提出小康,就是中国现代化的最终目标,换言之,到 20 世纪末期,中国人均达到 1000 美元,最低达到 800 美元,争取每 10 年翻一番。邓小平对这个目标充满信心,他说,小康不是胡思乱想,海阔天空的变化,只是达到一个小康社会的变化,这是有把握的。经过反复调查研究,小康社会成为中国人民追求的切实可行的目标。1987 年 2 月,邓小平首次提出到 21 世纪中叶建成中等发达水平的社会主义强国。1987 年 10 月,在党

---

① 《刘奔文集》,中国社会科学出版社 2008 年版,第 27 页。

的十三大报告中提出建设富强、民主、文明的社会主义强国,并确定了三步走的战略目标。

1997 年,在党的十五大上,江泽民提出新的三步走战略目标,第一个十年实现国民生产总值比 2000 年翻一番,使人民的小康生活更加富裕,形成比较完善的社会主义市场经济体制;再经过十年的努力,到建党一百年时,使国民经济更加发展,各项制度更加完善;到 21 世纪中叶新中国成立一百年时,基本实现现代化,建成富强、民主、文明的社会主义国家。2000 年,党中央指出,我国将进入全面建设小康社会,加快推进社会主义现代化的新阶段。

事实上,“全面建设小康社会”的提出表明,中华民族的伟大复兴进入了新阶段。2002 年,党的十六大对全面建设小康社会的内涵进一步丰富与发展,提出经济更加发展、民主更加健全、科教更加进步、文化更加繁荣、社会更加和谐、人民生活更加殷实。十六大以来,党中央继续高举中国特色社会主义伟大旗帜,从内涵、精神实质、根本目标、价值指向对全面建设小康社会进一步拓展。2005 年 2 月,胡锦涛指出,我们所要建设的和谐社会,应该是民主法治、公平正义、诚信友爱、充满活力、安定有序、人与自然和谐相处的社会。在党的十七大上,把加快发展社会事业,全面改善人民生活确定为全面建设小康社会的新目标。党的十八大指出,到建党一百年的时候,全面建成小康社会;到新中国成立一百年的时候,建成富强、民主、文明、和谐的社会主义现代化强国,实现中华民族伟大复兴的“中国梦”。

显而易见,从邓小平理论到“三个代表”重要思想,从科学发展观到“中国梦”的提出,这深刻地表明,中华民族伟大复兴的内涵不断地深化与拓展,实现中华民族伟大复兴的“中国梦”正在变成现实。这是中国特色社会主义理论自信、道路自信、制度自信的彰显,是唯物史观在当代中国的运用、发展与创新。

二、中国精神:“中国梦”的动力支撑

习近平总书记指出,实现“中国梦”必须弘扬中国精神。这就是以爱国主义为核心的民族精神,以改革创新为核心的时代精神。正如伟大的事业必定有伟大的梦想,伟大的梦想应该有伟大的精神作其支柱,这是实现伟大梦想的动力支撑。

1. 理想信念是实现“中国梦”的精神动力

激励千百年来中国人民战胜艰难险阻的是理想信念。中华文明是人类历史上从未中断的文明。正是文明的延续性,使中华民族在危难之际始终怀有坚定的信念和力量。20 世纪的中国经历了中国历史的低点,我们真切地体验到了国家的衰败,中国人在这种大变局中体验了痛苦和艰难,也有深深的民族悲情和苦难记忆。由此,形成了救亡图存、民族复兴的近现代精神。与西方国家不同,中国的现

代化进程没有侵略和掠夺他人,也没有扩张和冒险,而是在民族追求自身崛起的路上表现自己“以德报怨”“和而不同”“扶弱抑强”的情怀①。

经过几千年的沧桑岁月,中国人之所以能够紧密地凝聚在一起,离不开中华民族共同培育的民族精神,共同凝结的时代精神,共同坚守的理想信念。② 与西方国家相比,中国的现代化起步较晚,正是靠着坚定的理想信念,中国人民以只争朝夕的精神赶超西方,实现中华民族伟大复兴的“中国梦”。这种崇高的精神支撑推动着伟大的事业。毫无疑问,中国共产党在长期的革命、建设和改革中,发扬马克思主义关于精神变物质的理论,注重精神力量的作用。张闻天曾说过,生活的理想,就是为了理想的生活。邓小平明确地指出,为什么我们过去能在非常困难的情况下奋斗出来,战胜千难万险使革命胜利呢? 就是因为我们有理想,有马克思主义信念,有共产主义信念。很难想象,在革命战争年代,革命烈士如果没有共产主义信念,能面临敌人的残酷摧残而视死如归吗? 支撑他们的理想信念是新中国的诞生,是劳苦大众的幸福。改革开放后,中国共产党再次强调理想信念的重要作用。邓小平多次强调,我们这么大一个国家,怎样才能团结起来、组织起来呢? 一靠理想,二靠纪律。组织起来就有力量。江泽民指出,一个民族,一个国家,如果没有自己的精神支柱,就等于没有灵魂,就会失去凝聚力和生命力。胡锦涛强调,民族精神、精神支柱、共同理想信念具有内在关系。习近平指出,中国精神是凝心聚力的兴国之魂、强国之魂。他强调,理想信念就是共产党人精神上的“钙”,理想信念不坚定,精神上就会缺“钙”,就会得“软骨病”。所有这些都表明,理想信念在实现中华民族伟大复兴的“中国梦”中的重大作用。

2. 理论自信是实现“中国梦”的思想基础

中国特色社会主义理论体系是马克思主义中国化的最新成果,是中国特色社会主义伟大实践的理论表征,也是爱国主义和改革创新的中国精神的生动体现,还是马克思主义实践优先、勇于创造的彰显。

首先,中国特色社会主义理论体系之所以是当代中国的马克思主义,是因为这一理论的观点、立场、方法都是马克思主义的,因而,这一理论引导着当代中国改革开放的伟大实践,并在改革开放的未来实践中将继续发挥重大的指导作用。当然,随着中国特色社会主义伟大实践的深入,中国特色社会主义理论体系将会发展新的理论形态,这个理论形态会深刻地蕴含新的实践,提供解决中华民族伟大复兴中的重大问题的方法。正是在这个意义上,中国特色社会主义理论自信构

① 张颐武:《以强大的中国精神实现伟大的中国梦》,《党建》2013 年第 4 期。

② 孙来斌:《实现中国梦必须弘扬中国精神》,《光明日报》2013 年 3 月 30 日。

成“中国梦”的思想基础。

其次，中国特色社会主义理论不仅具有鲜明的现实性，而且还具有强烈的超越性，这正是马克思主义实践观的具体运用。对马克思思想的运用，人们在具体的实践活动中进行，马克思主义既是对过去经验的总结，吸收人类的优秀成果，又是指导现在和未来实践的理论基础，因此它不断地深入到人类历史的过去和未来之中，又从过去和未来返回到当下的现实境遇，从而不断地深化着人类命运问题，尤其是当代人类命运问题的认识和解答。就此而言，“中国梦”深入到中华民族的历史实践之中，它表征着中华民族的过去和未来，同时，又从中华民族的过去和未来返回到当代中国的社会实践，从而不断地深化着中华民族命运的认识和解答。因此，马克思主义的实践观既是“中国梦”的存在论基础，而且还是其方法论原则。所以，“中国梦”是当代中国创造美好生活，建设美好家园的根据，而中国特色社会主义理论体系发挥着“存在论”和“方法论”的功能。

最后，正是在上述意义上，中国特色社会主义理论体系具有鲜明的“中国特色”，这就意味着，在五千年的中华民族的生命实践中，形成的“中国元素”都浓缩在这个理论体系之中，它深刻地体现了马克思主义中国化所达到的思想境界。从最根本的意义上说，中国特色社会主义不仅内涵科学社会主义的基本精神，而且还融合了中国的历史、哲学、文化、国情，它承载着中国的传统，又开辟着中国的未来。因此，中国特色社会主义作为“中国梦”实践与理论前提，意味着中华民族将开拓出崭新的新境界。毫无疑问，中国特色社会主义理论自信正是“中国梦”的思想基因。

3. 勇于创新是实现“中国梦”的动力源泉

我们必须清醒地认识到，在当今世界人文社会科学领域，中国的话语体系还没有形成，也就是说，西方话语体系仍然处于支配地位。当今中国是世界上仅次于美国的第二大经济体，但中国的人文社会科学与中国经济的发展是极不相称的。众所周知，人均 GDP 只有 1700 美元的亚洲小国不丹，提出国民幸福指数(GNH)作为衡量发展的基础。2011 年 7 月，联合国将这一创新理念——国民幸福指数作为“人类发展指数”的重要指标。这就深刻地启示我们，中国的人文社会科学工作者应该怀有强烈的责任感和使命感，积极投身到中国特色社会主义伟大实践中，创造性地生发出具有时代精神和文明的活的灵魂的当代中国人文社会科学，使其在世界话语中占有重要的地位，更为重要的是，这为实现“中国梦”提供动力源泉。

我们认为，当代中国人文社会科学的创新应立足于：第一，中国传统文化的现代转型，使其成为“中国梦”的理论表征。如《尚书·洪范》中说，幸福是“一曰寿，二曰富,三曰康宁,四曰攸好德,五曰考终命”,意思是说,人的幸福是长寿、富裕、健康、美德、善始善终;再如,古代政治家、思想家管仲说过,凡治国之道,必先富民。民富则易治,何耶?民富则安乡重家,安乡重家则敬上畏罪,敬上畏罪则易治也。应该对这些中国传统文化进行现代转型,使之成为“中国梦”的主要内涵之一。第二,从中国特色社会主义理论和实践中,提炼具有实现“中国梦”的学术思想,使“中国梦”奠基在牢固的学术思想之中。毫无疑问,实现中华民族伟大复兴的“中国梦”,需要学术思想成为其牢固的根基,这是因为,学术以它思想的深刻性、凝练性、超前性和形上性把握和引领时代。第三,站在“世界历史”的高度,以宽广的视野,立足于中华民族伟大复兴的“中国梦”,形成具有世界性的普适性的价值,这种普适性的价值的内涵是“中国特色”,它对世界,乃至人类产生深远而重大的影响。龙永图在一次演讲中,引用了澳大利亚一家报纸对“中国梦”的期待:其一,什么时候才能使全球大多数国家的精英都愿意把自己的孩子送到中国来留学;其二,什么时候使全球大多数人,尤其年轻人在当地看中国电影,听中国音乐,阅读中国的书籍;其三,什么时候让全球的消费者选择产品时,更多地选择中国的品牌。这表明,实现“中国梦”,提升文化创新的内涵是多么的重要!

三、人民幸福:“中国梦”的价值指向

“中国梦”从价值层面考量,目标是实现“人的自由而全面发展”,这正是唯物史观的核心思想。恩格斯认为,《共产党宣言》表述未来社会新纪元的核心思想是:“代替那存在着阶级和阶级对立的资产阶级旧社会,将是这样一个联合体,在那里,每个人的自由发展是一切人的自由发展的条件。”①这一命题深刻地揭示了社会主义的本质内涵,为我们理解“中国梦”的价值指向提供了理论依据。

习近平总书记说,“中国梦”是国家的梦、民族的梦、人民的梦、每个中国人的梦。这里体现的是每个人的梦与国家的梦、民族的梦的内在关系,内涵非常丰富,是彻底的唯物史观命题。

第一,国家梦、民族梦由众多个人的梦汇集而成。作为个人的梦,既有自己的现实的梦,又有超越当下现实的梦。有时候,个人的梦与国家的梦、民族的梦发生冲突和矛盾,这时,就要牺牲个人的梦,服务于国家的梦、民族的梦。1835 年 8 月,马克思在他中学毕业的论文《青年在选择职业时的考虑》中写道:“在选择职业时,我们应该遵循的主要指针是人类的幸福和我们自己的完美。”“人们只有为同时代

---

① 《马克思恩格斯选集》第 1 卷,人民出版社 1995 年版,第 294 页。

人的完美,为他们的幸福而工作,才能使自己达到完美。"①在马克思看来,个人的幸福取决于人类的幸福,也就是说,只有为人类的完美而工作,才能真正体现自己的价值。马克思启示我们,只有把自己的梦奠基在国家的梦、民族的梦的基础上,并把国家的梦、民族的梦作为自己的崇高理想,一个人才能真正体现自己的人生价值,才能在时代的大潮中,展现自己的人生风采,这是个人梦的"形而上"维度。说到底,"中国梦"的"形而上"维度强调的是个人的理想、信仰以及人文价值追求,强调的是真善美的追求。正是在这个意义上,个人的崇高和"伟大"才能真正体现出来。同时,我们又要从自己的实际出发,立足于自己的本职工作,干一行,爱一行,脚踏实地、兢兢业业,把自己当下的工作做好,从而为国家梦、民族梦增砖添瓦,这是个人梦的"形而下"维度。"中国梦"的"形而下"维度强调个人的爱岗、敬业、实干。显而易见,个人梦的"形而上"维度具有理想性、超越性,而"形而下"维度具有现实性,它们之间是相互联系、相互支持,始终保持着合理的、内在的、辩证的张力。

第二,个人梦的实现,离不开国家的梦、民族的梦,也就是说,国家的梦、民族的梦为个人的梦提供坚实的前提和基础。这里,涉及国家的梦、民族的梦是否真正能为个人的梦提供施展才干的机会。在人类历史上,存在着性质不同的"共同体",马克思在《德意志意识形态》中对此做了区分,一曰"虚假的共同体";二曰"真正的共同体"。参加前者的不是作为个人的个人,而是阶级的成员。掌管这个共同体的是占统治地位的阶级,但它打着代表全人类利益的旗号,实际上只代表少数统治者的利益。所以,对于被统治的多数人来说,这个"共同体"是"虚假"的、"冒充"的、"虚幻"的。马克思把共产主义社会称为"真正的共同体",参加这个共同体的不是作为阶级的成员,而是个人的个人,也就是说,个人与共同体的异化和对立关系已经消除②。我们是社会主义国家,以建构"真正的共同体"作为国家发展的目标,这也是"中国梦"的重要目标,但实现这一目标是逐步的。"国家好,民族好,大家才会好",让所有人都享受到改革开放的成果,都梦想成真,这鲜明地体现了马克思唯物史观的思想。中国特色社会主义给每个中国人提供了一个施展舞台,大显身手,实现自己梦想的机会。

第三,正是在上述意义上,每个人的命运与国家的命运紧密相连,反过来说,国家的命运也与每个人的命运息息相关,正如古人所说,国家兴旺,匹夫有责;位

① 《马克思恩格斯全集》第40卷,人民出版社1982年版,第7页。

② 叶汝贤:《每个人的自由发展是一切人的自由发展的条件》,《中国社会科学》2006年第3期。

卑未敢忘忧国。事实上,没有个人的幸福,强国梦就失去了价值根基;没有强国梦,个人的幸福就无法实现,即使个别人能实现,也不会长久。习近平总书记指出,“中国梦”归根到底是人民的梦,必须紧紧依靠人民来实现,必须不断为人民造福。人民幸福不是空洞的口号,而是在不同的历史条件下,具有不同的内涵。在当前,人民幸福就体现在“让人民共享人生出彩的机会”,一言以蔽之,在今天就是要围绕着人民幸福的目标,尤其要把农民和弱势群体的发展作为重中之重。通过制度保证,让每个人都有受教育和发展的机会,都有工作和享受发展成果的权利;注重改善人的生存和发展环境,关注协调和可持续发展,把效率与公平辩证地统一起来,使个人与自然、个人与社会、个人与个人之间处于和谐共生状态①。

深入理解人民幸福是“中国梦”的价值内涵,具有重要的现实意义。毋庸置疑,人民幸福价值理念在当前还没有全面被落实,一些地方,一些官员,片面强调GDP,搞政绩工程,而忽视人民幸福。罗伯特·肯尼迪 1968 年在竞选美国总统时说,有助于我们从根本上认识人民幸福的内涵。他说,GDP 并不代表我们后代的健康,也不代表他们所享受教育的品质,或他们玩耍的乐趣,并不代表我们诗歌的美好和我们婚姻的稳固,或公共辩论的智慧。无法衡量我们的机智和勇气,我们的智慧或学习,更无法衡量我们对国家的忠诚。它似乎衡量一切,但唯一漏掉了生命的价值。从另一个方面促使我们思考,社会主义国家更应该做到让“人民幸福”。事实上,中国共产党人在长期的革命、建设和实践中,始终坚持人民幸福的思想,从毛泽东的“全心全意为人民服务”到邓小平的“三个有利于”,再到江泽民的“三个代表”,胡锦涛的“立党为公、执政为民”,这表明,他们站在唯物史观的立场上,不断地诠释和拓展人民幸福的丰富内涵。

邓小平说:“中国人能干,但是问题也会越来越多,越来越复杂,随时都会出现新问题。发展起来以后的问题不比不发展时少。”②“中国梦”正是对“发展起来以后”的问题的应答。“中国梦”不是一般的梦,而是具有丰富内涵的梦。这一理论的丰富内涵和当代意义有待于我们在深入研究中进一步揭示。

参考文献:

[1]王为衡:《中国梦的历史自觉与现实照进》,《新湘评论》2013 年第 1 期。

---

① 叶汝贤:《每个人的自由发展是一切人的自由发展的条件》,《中国社会科学》2006 年第 3 期。

② 中共中央文献研究室:《邓小平年谱(1975 - 1997)》下,中央文献出版社 2004 年版,第 1364 页。

[2]俞吾金:《“中国梦”既造福中国也造福世界》,《中国社会科学报》2013 年 3 月 29 日。

[3]孙来斌:《实现中国梦必须弘扬中国精神》,《光明日报》2013 年 3 月 30 日。

[4]叶汝贤:《每个人的自由发展是一切人的自由发展的条件》,《中国社会科学》2006 年第 3 期。

[5]张曙光:《马克思主义哲学研究应有的现实性与超越性》,《中国社会科学》2006 年第 4 期。

[6]《中国共产党第十八次全国代表大会文件汇编》,人民出版社 2012 年版。

(原载于《马克思主义研究》2013 年第 10 期)

坚定理想信念是实现中华民族伟大复兴的精神力量*

坚定对社会主义和共产主义的信念，坚定中国特色社会主义共同理想，是实现中华民族伟大复兴的精神支柱和力量源泉。只有坚定理想信念，才能凝聚中国力量，弘扬中国精神，开辟中国道路；才能提升道路自信、理论自信、制度自信和文化自信；才能实现国家富强、民族振兴和人民幸福的中国梦。

一、理想信念是民族复兴的精神动力

理想是人们在实践中形成的、具有现实可能性的、对未来的向往和追求，信念是人们在认识基础上确立的、对某种思想和理想坚信不疑并身体力行的状态；理想重在强调人与奋斗目标的关系，主要指向未来，为人们的行动指明方向，信念则重在强调人们对事物、观念的看法和态度，主要面向现在，为人们的行动提供力量。理想信念则将二者有机结合起来，既注重对未来目标的追求，又注重在现实生活中所表现出来的意志品质，既注重理想性，又注重现实性，实现了知、情、意、行的有机统一。

理想信念对于一个人、一个政党，乃至一个国家、一个民族的生存发展、前途命运都具有至关重要的影响和作用。理想信念指引人生的奋斗目标，提供人生的前进动力，提升人生的精神境界，一个人如果缺失了理想信念，就会在精神上"缺钙"，就会犯"软骨病"；一个政党如果缺失了理想信念，就会像一盘散沙，没有凝聚力和战斗力；一个国家、民族如果缺失了理想信念，就等于没有灵魂，缺乏生命力，而最终消失在历史的长河中。

只有具有理想信念的人，才能活得有意义；只有具有坚定理想信念的政党，才

---

* 本文作者：冯万勇，安徽师范大学法学院。

基金项目：本文系国家社会科学基金重大项目"建设文化强国背景下的社会主义核心价值体系研究"（项目批准号：12&ZD004）的阶段性成果。

能在实践中不断地发展壮大,具有号召力和感召力;只有具有理想信念的国家和民族,才能凝心聚力,经得起任何风浪的考验。正如习近平所言:“中华民族具有五千多年连绵不断的文明历史,创造了博大精深的中华文化,为人类文明进步作出了不可磨灭的贡献,经过几千年的沧桑岁月,把我国五十六个民族、十三亿多人紧紧凝聚在一起的,是我们共同经历的非凡奋斗,是我们共同创造的美好家园,是我们共同培育的民族精神,而贯穿其中的则是我们共同坚守的理想信念。”①

近代以来,为实现中华民族的伟大复兴,无数仁人志士揭竿而起,奋力抗争。太平天国运动、戊戌变法、义和团运动、洋务运动、辛亥革命,不甘屈服的中国人民一次次抗争,但又一次次失败。而这些抗争之所以失败的一个重要原因就是缺乏能够维系最广大人民群众的科学的理想信念。

无论是太平天国运动提出的“天朝田亩”,维新变法所提出的“君主立宪”,还是洋务运动所提出的“中体西用”,义和团运动提出的“扶清灭洋”,抑或是辛亥革命提出的“三民主义”等,其理想信念都或多或少地脱离了社会现实,脱离了历史规律,脱离了科学理论,而最终被历史所抛弃,被人民所抛弃。

中国共产党自诞生之日起,就树立了科学的理想信念。中国革命从此有了正确的前进方向,中国人民有了强大的精神力量,中国命运有了光明的发展前景。

中国共产党的最高理想和最终目标是实现共产主义。共产主义不仅是一种人类历史上最美好、最理想的社会制度,而且是人类社会发展的必然趋势。作为一种理想的社会制度,共产主义的实现是一个漫长的历史过程,这就需要把共产主义理想和中国特色社会主义共同理想结合起来。

早在新民主主义阶段,毛泽东就指出,共产党人决不能抛弃其社会主义和共产主义理想。没有理想信念的支撑,就不可能取得新民主主义革命的胜利,就不可能建立新中国。

新中国成立后,如何摆脱贫穷落后,让人民过上好日子,成了摆在全国人民面前的新问题。正如邓小平所说的那样,我们解决吃饭问题,就业问题,稳定物价问题和财经统一问题,国民经济很快得到恢复,在这个基础上进行了大规模经济建设,靠的是什么?靠的是马克思主义,是社会主义。有了共同的理想,也就有了铁的纪律。无论过去、现在和将来,这都是我们的真正优势。

在社会主义改革阶段,邓小平明确指出,无论在革命阶段和建设阶段还是改革阶段,坚持理想信念都是我们从事共产主义事业的固有之道,是我们取得革命胜利,发展社会主义和最终实现共产主义的精神支柱和动力支撑。江泽民多次强

① 《十八大以来重要文献选编》上,中央文献出版社 2014 年版,第 234 页。

调,只有在全党同志和全体人民中牢固确立正确的理想信念,才能不断增强凝聚力和战斗力,我们的事业才能不断地取得成功。胡锦涛则明确指出,要把理想信念教育作为全党学习践行社会主义核心价值体系的重中之重,对马克思主义的信仰,对社会主义和共产主义的信念,是共产党人的政治灵魂,是共产党人经受得住任何考验的精神支柱。习近平更是强调指出,坚定的理想信念是战胜一切艰难险阻的强大精神支柱和力量源泉。"对马克思主义的信仰,对社会主义和共产主义的信念,是共产党人的政治灵魂,是共产党人经受住任何考验的精神支柱。"①在推进改革开放和社会主义现代化建设的征途上,我们肩负的任务仍然十分艰巨,面对新的挑战和考验,我们必须始终坚定理想信念,保持清醒头脑,以昂扬向上的精神状态和百折不挠的斗志,克难攻坚,顽强进取,扎扎实实做好各项工作,把党的事业不断推向前进。历史启示我们,理想信念是中华民族伟大复兴的精神动力。如今,我们正更加信心百倍地走在国家富强、民族复兴和人民幸福的新征程上,更加需要坚定理想信念。

二、坚定理想信念必须强化"三个建立"

"把理想信念建立在对科学理论的理性认同上,建立在对历史规律的正确认识上,建立在对基本国情的准确把握上"。② 这是习近平对广大青年提出的要求,也是对广大党员、干部提出的要求。

坚定理想信念,必须建立在对基本国情的准确把握上。中国的发展离不开世界,离不开中国共产党的坚强领导。国情与世情、党情密切关联。就世情而言,和平发展仍是当今时代的主题,但主要资本主义国家对中国和平演变的企图并没有改变,污蔑中国道路是"国家资本主义""威权资本主义""中国特色资本主义"等声音并没有减少。就国情而言,新中国成立以来,特别是改革开放以来,中国特色社会主义取得了一系列历史性成就,社会生产力、经济实力、科技实力迈上一个大台阶,人民生活水平、居民收入水平、社会保障水平迈上一个大台阶,综合国力、国际竞争力、国际影响力迈上一个大台阶,以至于雅克等西方学者认为,世界历史应以中国崛起重新划界,划分成"前中国时期"和"后中国时期"。但同时应该看到,发展中不平衡、不协调、不可持续等问题依然突出,人民群众日益增长的物质文化需求同落后的社会生产力之间的矛盾并没有彻底改变,贫富差距依然较大,教育、就业、医疗、住房、社会保障、生态环境、食品药品安全等关系群众切身利益的问题

① 《十八大以来重要文献选编》上,中央文献出版社 2014 年版,第 115 页。

② 《十八大以来重要文献选编》上,中央文献出版社 2014 年版,第 278 页。

仍较多。

从党情来看,事实充分证明,中国共产党是伟大的、光荣的、正确的马克思主义政党,是中国人民不断开创事业发展新局面的核心力量。但我们也要清楚地看到,许多前所未有的新情况新问题新挑战,“四种考验”“四种危险”仍然存在。

因此,我们要准确把握世情、国情和党情,既不能妄自尊大,也不能妄自菲薄;既不能躺在历史的功劳簿上,不思进取,也不能将历史虚无化,迷惘迟疑。

坚定理想信念,必须建立在对历史规律的正确认识上。马克思主义理想信念区别于传统中国“大同”理想、空想社会主义和各种人道主义学派的地方,正在于其建立在对历史规律的正确认识上。波普尔等当代西方学者攻击共产主义和社会主义,试图瓦解的也是历史规律。甚至后现代主义虽声称已经超越了资本主义现代性,但其否认历史的必然性(规律性),“从一开始就放弃了超越资本主义本身而进入后资本主义时代的全部希望。”①没有对历史规律的正确认识,就不可能树立科学的理想信念。

马克思主义从社会生活的各种领域划分出经济领域,从一切社会关系中划分出生产关系,并把生产关系当作一切关系的基础和根本,进而将一切社会关系归结为生产关系,将生产关系归结为生产力发展的高度,从而将人类社会的发展看作是自然历史过程,破解了“历史之谜”。这两个“划分”和两个“归结”概括形成了历史发展的基本规律:生产力与生产关系矛盾运动规律和经济基础与上层建筑矛盾运动规律。

正是在这两个基本规律的指引下,马克思主义得出了“两个必然”和“两个绝不会”,即“资本主义的灭亡和无产阶级的胜利是同样不可避免的”“无论哪一个社会形态,在它所能容纳的全部生产力发挥出来以前,是决不会灭亡的;而新的更高的生产关系,在它的物质存在条件在旧社会的胎胞里成熟以前,是决不会出现的。”②历史规律启示我们:第一,资本主义必然灭亡,社会主义和共产主义是历史发展的必然趋势。历史并不会终结于资本主义,福山等资产阶级右翼学者提出的“历史的终结”试图掩盖的正是资本主义的历史性。第二,资本主义在其所能容纳的社会生产力解放出来之前,是不可能灭亡的,齐泽克等当今激进左翼主张暴力革命、激进民主无视历史发展规律,同样是没有前途的。第三,改革开放,充分吸

① [美]伍德,福斯特主编:《保卫历史:马克思主义与后现代主义》,社会科学文献出版社2009年版,第225页。

② 《马克思恩格斯选集》第2卷,人民出版社2012年版,第3页。

收资本主义的优秀文明成果，坚定不移地走中国特色社会主义道路，是实现共产主义远大理想的必由之路。

坚定理想信念，必须建立在对科学理论的理性认同上。马克思主义作为指导思想是由其严密的科学体系、鲜明的阶级立场和巨大的实践指导作用决定的，是近代中国历史发展的必然结果，是中国人民长期探索的历史选择。中国共产党把马克思主义基本原理同中国革命、建设和改革的具体实践相结合，创立了毛泽东思想和中国特色社会主义理论体系，丰富和发展了马克思主义，不断赋予马克思主义新的鲜活力量。马克思主义是科学理想信念的理论基础，是牢固树立中国特色社会主义共同理想、坚定共产主义远大理想的理论前提。

对科学理论的理性认同具体包括认知、情感和实践三个层面。第一，对科学理论的认知认同。2013 年 3 月 1 日，习近平总书记在中共中央党校建校 80 周年大会上指出，“认真学习马克思主义理论，这是我们做好一切工作的看家本领，也是领导干部必须普遍掌握的工作制胜的看家本领。”对科学理论的认知认同，既需要认真学习马克思主义经典文本，把握其精神实质，又需要在与新自由主义、历史虚无主义等各种错误思潮的批判性对话中，彰显马克思主义的科学性。第二，对科学理论的情感认同。马克思主义是关于无产阶级和人类解放的科学，代表的是无产阶级和最广大人民群众的利益，而不是资产阶级“原子式”个体的利益（新、老自由主义的理论出发点正在于此）。只有对这种阶级立场的情感认同，才能不局限于个体的自由，才能不局限于个体的解放，才能不断超越资本主义，不断走向“自由人的联合体”。第三，对科学理论的实践认同。马克思主义的本质要义不在于“解释世界”，而在于“改造世界”，在于运用马克思主义的立场、观点和方法解决现实生活中的问题。对科学理论的认知认同和情感认同，只有转化为实践认同，把科学理论转变为实践指南，才能不停留在理论抽象层面，不停留在道德同情层面，才能不断地把理想信念转变为社会现实。正是在以马克思主义为指导的革命实践中，社会主义才从理论变成了现实。苏联和东欧剧变并没有证明马克思主义破产，恰恰相反，证明了在实践中放弃马克思主义，必然导致世界社会主义运动受挫。今天，中国特色社会主义的成功实践证明了马克思主义的生命力，证明了社会主义和共产主义的光明前景。

三、坚定理想信念贵在实践

中国共产党是中华民族伟大复兴的领导者。共产党员，特别是党员领导干部要做共产主义远大理想和中国特色社会主义共同理想的坚定信仰者和忠实践行者。坚定理想信念，坚守共产党人的精神追求，始终是共产党人安身立命的根本。

“革命理想高于天。没有远大理想,不是合格的共产党员;离开现实工作而空谈远大理想,也不是合格的共产党员。”①

“共产主义对我们来说不是应当确立的状况,不是现实应当与之相适应的理想。我们所称为共产主义的是那种消灭现存状况的现实的运动。这个运动的条件是从现有的前提产生的。”②共产主义不是脱离现实的先验设定,这种设定不管表现为哲学上多么精致的“应该”,最终只能沦为“宗教的呓语”。共产主义是在现实基础上,不断消灭现存不合理状况的运动。离开现实工作而空谈远大理想,同样不是合格的共产党人。因此,共产主义远大理想是“接地气”的。习近平非常具体地指出了共产主义远大理想的现实要求,“衡量一名共产党员、一名领导干部是否具有共产主义远大理想,是有客观标准的,那就要看他能否坚持全心全意为人民服务的根本宗旨”。③

人民是历史的真正创造者。“人民,只有人民,才是创造世界历史的动力。”④任何英雄人物的历史作用都不能超出他们所处的历史条件所许可的范围。伟大的人民是中国革命、建设和改革的力量之源,也是实现中国特色社会主义共同理想和共产主义远大理想的力量之源。人心向背关系党的生死存亡。如果我们忘记了人民的主体地位,抛弃了人民,也必将被人民所抛弃,被历史所抛弃。

全心全意为人民服务体现在全心全意为人民谋利益上。理想信念不是排除物质利益的,脱离物质利益空谈理想信念,就是唯心论。中国共产党是中国工人阶级的先锋队,是中国人民和中华民族的先锋队,是最广大人民群众的利益代表,而不是少数人利益的代表者;共产主义运动是为最广大人民群众谋利益的运动,而不是为少数人谋利益的运动。

共产党员、领导干部固然也是人民中的一员,也有自己的合法权益,但共产党员的政治属性意味着加入中国共产党,成为党的一员,担任领导干部,就不能仅仅“为自己活着”,就不能仅仅讲自己的私人利益,或自己家庭、朋友、小集体的利益,而必须始终把人民的利益放在第一位,把实现好、维护好、发展好最广大人民根本利益作为一切工作的出发点和落脚点,做到权为民所用、情为民所系、利为民所谋。

“功崇惟志,业广惟勤”。只有坚定共产主义远大理想和中国特色社会主义共

---

① 《十八大以来重要文献选编》上,中央文献出版社 2014 年版,第 116 页。
② 《马克思恩格斯选集》第 1 卷,人民出版社 2012 年版,第 166 页。
③ 《十八大以来重要文献选编》上,中央文献出版社 2014 年版,第 116 页。
④ 《毛泽东选集》第 3 卷,人民出版社 1991 年版,第 1031 页。

同理想,坚定中国特色社会主义道路的信念,坚定中国共产党的领导,充分发挥人民主体地位,才能实现中华民族的伟大复兴。

(原载于《思想理论教育导刊》2016 年第 11 期)

坚持以人民为中心是中国梦的本质要求*

——学习习近平总书记关于实现中华民族伟大复兴的中国梦的重要论述

2012年11月29日，党的十八大闭幕不久，习近平总书记在率领中央政治局常委和中央书记处的同志参观《复兴之路》展览时，发出了“实现中华民族伟大复兴，就是中华民族近代以来最伟大的梦想”的时代强音。何谓“中国梦”？习近平总书记强调，中国梦“凝聚了几代中国人的夙愿”，“是每一个中华儿女的共同期盼”，“必须紧紧依靠人民来实现，必须不断为人民造福”。这些重要论述告诉我们，中国梦归根到底是人民的梦，它的本质要求是坚持人民主体地位、坚持以人民为中心、坚持为人民造福。

一、人民群众是实现中国梦的主体力量

中国梦是一个内涵丰富、意蕴深远的概念。中国梦的主体力量是谁？是最广大的人民群众。习近平总书记指出：“中国梦是国家的、民族的，也是每一个中国人的”，“中国梦归根到底是人民的梦”。这些重要论述，既阐明了中国梦的主体力量，也揭示了实现中国梦的力量源泉。

历史的创造者究竟是少数英雄人物，还是最广大的人民群众？对这个问题的不同回答是区分唯物史观和唯心史观的分水岭。马克思主义唯物史观告诉我们，人民群众是历史的创造者。早在160多年前，马克思恩格斯在《共产党宣言》中就明确指出：“过去的一切运动都是少数人的，或者为少数人谋利益的运动。无产阶级的运动是绝大多数人的，为绝大多数人谋利益的独立的运动。”毛泽东同志也多次强调，“人民，只有人民，才是创造世界历史的动力”，“群众是真正的英雄”。作为历史创造者的人民群众，不仅是社会物质财富的创造者，也是社会精神财富的创造者，当然也是实现中国梦的主体力量。

---

* 本文作者：韩振峰，北京市中国特色社会主义理论体系研究中心。

中国梦,绝不是空想者的梦呓遐想,也不是人们一般意义上说的理想愿景,它是一种在特定历史条件下形成的具有特定内涵的群体意识和目标指向,是当代中华儿女万众一心、共同进取的共同理想。它由一个个鲜活生动的个体梦想汇聚而成,从本质上讲,中国梦归根到底是每一个中国人的梦。十三亿中国人的共同梦想,构成了中国梦的本质内涵和发展趋向。中国梦要求实现国家富强、民族振兴和人民幸福,而无论是国家的富强、民族的振兴还是人民的幸福,都要靠广大人民群众通过自己勤劳的双手来不断创造丰富的物质财富和精神财富来实现。

中国梦的实现过程就是亿万人民群众实现自己梦想的过程。国家梦、民族梦和人民梦是有机统一的,"得其大者可以兼其小",只有国家好,民族好,大家才会好。在实现中华民族伟大复兴中国梦的征程上,只有将个人梦有机融入国家梦、民族梦的时代潮流之中,把自己的人生梦想最大限度地融入国家富强、民族复兴的伟业之中,把个人的命运前途与国家和民族的命运前途紧密联系起来,我们的美好梦想才能变为现实。

二、为人民造福是中国梦的价值目标

习近平总书记强调指出:"我们的人民热爱生活,期盼有更好的教育、更稳定的工作、更满意的收入、更可靠的社会保障、更高水平的医疗卫生服务、更舒适的居住条件、更优美的环境,期盼孩子们能成长得更好、工作得更好、生活得更好。人民对美好生活的向往,就是我们的奋斗目标。"

国家富强、民族振兴和人民幸福共同构成了中国梦的三个基本要素。这三个要素是彼此联系、密不可分的,其统一的基础和落脚点就是实现人民幸福,换句话说,无论是国家富强梦还是民族振兴梦,归根结底都是为了实现人民幸福梦。

第一,国家富强为实现人民幸福奠定雄厚基石。国泰才能民安,国富才能民强。一般说来,国家富强既体现在国家的经济实力、科技实力、国防实力强大上,同时也体现在文化软实力、文化创新力和民族凝聚力强大上,所有这些"富强"的目的只有一个,那就是实现人民幸福。

第二,民族振兴为实现人民幸福提供前提条件。民族振兴在革命战争年代主要体现为通过全民族的不懈抗争来实现民族独立和人民解放,在和平建设和改革开放时期主要体现为中华民族在经济、政治、文化、社会和生态各方面的快速发展与进步过程。我们今天强调实现民族振兴,主要是指中华民族尽快实现"两个一百年"奋斗目标、实现中华民族伟大复兴中国梦的奋斗历程。这个奋斗历程的核心目标就是通过不断增强综合国力和提高人民物质文化生活水平,为每个中国人实现自己的幸福和美好梦想提供可靠保障。

第三,人民幸福是中国梦的最高价值目标。人民幸福是社会主义现代化建设的重要目标,也是当代中国共产党人的崇高价值追求。我们党把实现人民幸福作为实现中华民族伟大复兴中国梦的重要价值目标,这本身就体现了党的全心全意为人民服务的根本宗旨,体现了我们党"立党为公、执政为民"和"以人民为中心"的核心理念。

"为人民造福"是实现中国梦的出发点,也是根本落脚点。中国梦的实现过程本质上就是中国共产党人带领亿万群众实现自己梦想的过程,这个过程的起点不是为少数人谋利,而是为最广大的人民群众谋利益、谋幸福。正如习近平总书记指出的那样:"面对浩浩荡荡的时代潮流,面对人民群众过上更好生活的殷切期待,我们不能有丝毫自满,不能有丝毫懈怠,必须再接再厉、一往无前。"

三、人民共创共享是实现中国梦的内在要求

"乐民之乐者,民亦乐其乐;忧民之忧者,民亦忧其忧。"实现中国梦的过程其实也就是人民共创共享的过程。习近平总书记指出:"生活在我们伟大祖国和伟大时代的中国人民,共同享有人生出彩的机会,共同享有梦想成真的机会,共同享有同祖国和时代一起成长与进步的机会。"这三个"共享"的统一体现了中国梦的内在要求。

人民必须共同享有人生出彩的机会。在社会主义条件下,生产资料公有制为主体的基本经济制度和人民民主专政的国家性质,决定了每个中国人在经济地位和政治地位上的平等关系。正是这种平等关系,为每个中国人在共同创造财富的基础上实现共同享有劳动成果和共同享有人生出彩机会提供了制度保证。

人民必须共同享有梦想成真的机会。每个人不仅要享有人生出彩机会,而且还要享有把自己的美好愿望和崇高理想变成现实的权利。当然,要完成这种转变一要靠良好的社会制度作保障,二要靠个人的勤奋努力为前提。只有把个人梦与中国梦紧紧联系在一起,靠着诚实劳动和踏实肯干,才能够真正梦想成真。

人民必须共同享有同祖国和时代一起成长与进步的机会。中国梦是国家的梦、民族的梦,也是每个中国人的梦。作为每一个中国人,要想实现自己的美好梦想和崇高追求,就必须把自己的人生理想融入国家和民族的事业中,自觉做到与祖国同成长,与时代同进步,为实现中华民族伟大复兴贡献智慧和力量。

四、坚持人民主体地位是实现中国梦的强大根基

古人说:"政之所兴,在顺民心;政之所要,在得民心;政之所废,在逆民心。"要实现中国梦,必须坚持人民主体地位,自觉做到顺民心、解民忧、谋民利。习近平

总书记强调指出，“党的根基在人民、血脉在人民、力量在人民”，“坚持人民主体地位，充分调动人民积极性，始终是我们党立于不败之地的强大根基。”坚持人民主体地位是实现中华民族伟大复兴中国梦的强大根基和重要保证。

坚持人民主体地位要把人民利益放在首位。古人云：“治国有常，而利民为本。”坚持人民主体地位是一个以实现维护和发展人民根本利益为具体内容的实践过程。在实现中华民族伟大复兴的中国梦的过程中，只有使人民的根本利益得到实现和维护，人民的主体地位才会有可靠的保障。习近平总书记指出：“党的一切工作，必须以最广大人民根本利益为最高标准。检验我们一切工作的成效，最终都要看人民是否真正得到了实惠，人民生活是否真正得到了改善，人民权益是否真正得到了保障。”民生连着民心，民心凝聚民力。我们今天强调坚持人民主体地位，关键就要始终坚持人民利益至上，实现好维护好发展好最广大人民的根本利益。

坚持人民主体地位必须更好地保证人民当家做主。“民者，国之根也。”人民是国家的根基，更是国家的主人。人民民主是社会主义的生命，没有民主就没有社会主义，更没有社会主义现代化。人民当家做主是社会主义民主政治的本质和核心，也是社会主义民主与资本主义民主的本质区别。社会主义经济和政治制度的优越性决定了社会主义民主的真实性和广泛性。社会主义越发展，民主也越发展、越成熟。今天我们走中国特色社会主义政治发展道路，关键就是要坚持党的领导、人民当家做主和依法治国的有机统一。

坚持人民主体地位必须始终坚持以人民为中心的发展思想。相信谁、依靠谁、为了谁，是否坚持以人民为中心、始终站在最广大人民的立场上，是唯物史观和唯心史观的分水岭，也是判断马克思主义政党的试金石。坚持人民主体地位是实现全面建成小康社会奋斗目标、推动我国经济社会持续健康发展必须遵循的基本原则，而确立人民主体地位就必须坚持以人民为中心的发展思想，把增进人民福祉、促进人的全面发展作为发展的出发点和落脚点，深怀爱民之心，善谋富民之策，恪守为民之责，真正做到发展为了人民，发展依靠人民，发展的成果由人民共享。

总之，实现中华民族伟大复兴的中国梦体现了中华民族和中国人民的整体利益，是每个中华儿女的共同期盼，也是历史赋予当代中华儿女的重大历史使命。要完成这一历史使命，必须牢固确立人民主体地位，尊重人民首创精神，始终坚持以人民为中心的发展思想，不断增进人民福祉，促进人的全面发展，不断满足人民日益增长的物质文化需要，使全体人民朝着共同目标稳步前进。

（原载于《光明日报》2016 年 6 月 13 日）

差异性和同一性:中国梦认同问题探析的二维视角*

一、认同的含义

何谓“认同”,在现今的理论界并不能取得较为一致的结论,但学者对其含义进行解读时,即使是分属不同学科,也都是从认同主体的角度对认同主体与客体之间的内在关系进行解读,并把主客体间的差异性作为认同发生和发展的必要性之所在,把主客体间的同一性作为认同发生和发展的可能性之所在。

第一,认同表征着认同主体(自我)与认同客体(他者)的内在关系。马克思指出:“人的本质不是单个人所固有的抽象物,在其现实性上,它是一切社会关系的总和。”①所以,一个现实社会中的人的社会化过程就是他的成熟成长过程,而且,“人对自身的任何关系,只有通过人对其他人的关系才得到实现和表现”,②即人的社会化只能在不断与他者(他人和各类共同体)建立起各种不同关系的过程才能实现。当然,“凡是有某种关系存在的地方,这种关系都是为我而存在的”,③一个人要与他者建立关系,就须先确立自我意识,再从自我的角度出发,在思考自己与他者“会有什么样关系,为什么会有关系,怎样才能建立或融入这些关系中”等问题的同时,按自我标准对自我与他者的“同”或“异”进行审视,并依据与他者“同”或“异”来确认的自己社会身份。其中,作为主体的自我在区分了与他者的“异”的同时,也承认了与他者的“同”,再依据与他者的“同”进行“自我类化”,建立对所属群体的归属感,从而形成“关系我”“社会我”“角色我”“身份我”的过程,就是认同。

第二,认同的必要性在于认同主体(自我)与认同客体(他者)之间的差异性。

---

* 本文作者:洪跃雄,华侨大学马克思主义学院副教授。

① [德]马克思、恩格斯:《马克思恩格斯选集》第1卷,人民出版社1995年版,第56页。

② [德]马克思、恩格斯:《马克思恩格斯选集》第1卷,人民出版社1995年版,第48页。

③ [德]马克思、恩格斯:《马克思恩格斯选集》第1卷,人民出版社1995年版,第81页。

莱布尼茨认为"凡物莫不相异",并形象表述为"世界上没有两片完全相同的叶子"。① 自我与他者肯定是不能相同或相等同的。自我与个体的"他者",如人与人,不仅存在生物学意义上诸如性别等的差别,也存在社会学意义上诸如财富、价值观、信仰等差异。特别在多元化社会的背景下,人们的价值选择、思维方式、生活方式呈现更趋个体性和多样性,即使个体隶属于一个组织或分属于一类人或构成一个群体,也不能抹杀个体之间的差异性。换言之,多元化社会就是由相互差异的社会个体(人)组成的社会,即人与人之间在社会学意义的差异性更加明显。毫无疑问,自我与集体性的"他者"之间的差异性就更加明显了。威廉·康纳利指出:"差异需要认同,认同需要差异。"②正是自我与他者存在客观、不可抹平的差异性,在认同的基本词义解释中才有这样逻辑:主体与客体"本来"就是"无关系的",需要经过主体"认"即"分辨,识别"并"表示同意",才能达到主体与客体"同"即"一样,没有差异"的结果。

第三,认同的可能性在于认同主体(自我)与认同客体(他者)之间的同一性。莱布尼茨在提出"凡物莫不相异"的同时,还提出"任何事物都有共性"。也就是,组成物质世界的丰富多彩的不同个体虽各有其特殊性,但事物与事物之间又有着普遍的联系,存在着许多共性,人与人之间关系也是如此。在生物学层面上,人们有着相同的体貌体征,并因这些体貌特征而与其他动物区别开来,也因一部分人具有相同的体貌体征而细化分类为女人、男人,老人、小孩等。在社会学层面上,我们可根据人们之间的共同性进行诸如知识分子、中产阶级、中国人等类的划分。更关键的是,"世界向来已经总是我和他人共同分有的世界。此在的世界是共同世界。'在之中'就是与他人共同存在。他人的世界之内的自在存在就是共同此在"。③ 人作为一种最为社会化的动物,一出生就处于一个既定的社会关系中,即在现实性上总要归依于一定的群体、阶级、民族、国家,并依托这种社会形式来确认自我、实现自我、满足自身。也就是说,人与他人、群体乃至更加宏大的国家、民族、社会和整个人类存在着相互影响和依存的关系,这样的关系不仅表现为自我与他者具有共同的利益,还表现为自我要受到他者在思想文化等方面的影响并因此在思想文化等方面形成相同性。也因为自我与他者存在同一性,认同发生和进行才成为可能,并最后达到"同"即"一样,没有差异"的结果。

---

① [德]黑格尔:《小逻辑》,贺麟译,上海人民出版社 2009 年版,第 240 页。

② [德]马克思、恩格斯:《马克思恩格斯选集》第 1 卷,人民出版社 1995 年版,第 56 页。

③ [德]马克思、恩格斯:《马克思恩格斯选集》第 1 卷,人民出版社 1995 年版,第 48 页。

二、在中国梦构建和实现过程中存在的差异性

(一)国家、民族、政党、人民与个体之间存在着主体性的差异

一方面,国家、民族、政党都是具有独立主体性的共同体。德国社会学家滕尼斯认为:共同体是人与人通过相互结合所形成的"现实的和有机的生命"。① 以"社会关系的总和"为本质的"现实的人"需要生活在具有一定的社会关系的共同体中,而共同体确实也可以给人带来确定性、安全感和归宿感。因此,不管是国家、民族还是政党,都属于人因本质需要而通过某种普遍承认和一致接受的方式相结合的共同体。但共同体一经形成就会独立于它的组成人员,具有明显的主体性和独立性,就如马克思对国家的独立性就有这样的表述:"社会创立一个机关来保护自己的共同利益,免遭内部和外部的侵犯。这种机关就是国家政权。它刚一产生,对社会来说就是独立的。"②因此,在现实的社会中,单个个体显然已经不能代表他所属的共同体,反之,一个共同体的利益和意志也不是它所属全体成员的利益和意志的简单相加。另一方面,"人民"作为一个集合性的政治范畴,它具有高度抽象性,并不指向任何具体的个人,也正因如此,在现实的语境中才没有"我是人民或人民是某某人"的表述方式。基于以上两点,中国梦作为一个由我党提出的,关于国家、民族与人民的梦想规定的宏大历史叙事,对于微观、具体的个人而言,它仍是"他者"所提出的、为了"他者"的理想。

(二)利益和需求在主体内部和不同主体之间的差异性存在于中国梦构建和实现过程中

"人们奋斗所争取的一切,都同他们的利益有关。"③需求是人的主体性的重要表现,人们产生需要并为满足需求、实现自身的利益而努力奋斗,是人类社会不断持续发展的原始动力。与此相适应的是,一定的社会理想正是基于社会所面临的问题以及人们的需要才确立和形成的,即人们把自己需要的满足和利益的实现寄希望于社会理想的构建并最终实现,并把自己需要能否满足和利益能否实现作为对这一社会理想是否认同的基本条件。但问题是,仅对一个个体而言,此时的利益和需求与彼时的利益和需求就有差异性,正如马斯洛需求层次理论所揭示的:一个人在不同的时期、人生阶段和现实条件下会产生不同的需求。也就是说,一个社会理想在逐步实现的过程中,既是满足人的需求的过程,却也是让人产生新的、更高级需求的过程,使得一个人的需求又在现实社会中处于一个不满足的

---

① [德]马克思、恩格斯:《马克思恩格斯选集》第1卷,人民出版社1995年版,第81页。

② [德]马克思、恩格斯:《马克思恩格斯选集》第4卷,人民出版社1995年版,第253页。

③ [德]马克思、恩格斯:《马克思恩格斯选集》第1卷,人民出版社1995年版,第82页。

状态。如果把主体扩大到整个社会层面,不同的个体、群体、阶层对各自具体、切实、基本的利益和需求的诉求并不可能完全一致,甚至会存在大相径庭乃至针锋相对的情况。当下,在中国社会因改革开放而导致大转型的现实中,利益主体已明显呈现多元、多层和多向交错性,以至于在中国梦构建和实现过程中,不仅单个主体的自我利益和需求会有差异,不同主体之间的利益和需求的差异就更为明显和复杂了。

(三)个体与共同体之间的价值观差异性存在于中国梦构建和实现过程中

利益的差异性不仅存在于不同的个体和群体之间,也存在于个体与其所属的共同体之间。正如马克思恩格斯所说,"随着分工的发展也产生了个人利益或某个家庭的利益与所有相互交往的人们的共同利益之间的矛盾"。① 个体与共同体之间在利益的差异性,在现实性上就表现为个体具体、切身、基本的利益与共同体利益的不一致甚至是矛盾和冲突的。对个人而言,共同体利益的实现并不意味着个人利益的满足,个人利益的满足同样也不意味着共同体利益同时能够得到实现;在观念形态上,则表现为个人的价值观与共同体的普遍的价值观念的不一致、不协同,并最终体现为人作为个体的社会理想与人作为类的社会理想之间的差异性。究其原因是,价值观念的社会化与个性化这同一过程的两个方面在时间和空间上的分离所造成的,而就其根源来说,则是分工和交往的扩大化过程中,个体活动与社会活动的矛盾运动的必然结果。"中国梦"作为一个以国家富强、民族复兴为目标的国家战略规划,在其构建和实现过程中,民族、国家的利益被摆在突显位置,"集体主义"作为一个基本价值指向被彰显。但"个人总是并且也不可能不是从自己本身出发的",②以"集体主义"为价值指向的中国梦,也因此与现实社会中在市场经济条件下呈现原子化的"理性经济人"的价值追求具有明显的差异性。

(四)社会的现实与未来之间的时空差异性存在于中国梦构建和实现过程中

社会理想绝不是对现实社会"已然状态"的复制和摹写,它包含着人们对未来社会"应然状态"的价值企盼和追求。但社会的现实与未来是不可能共时的,必然存在着一个"绝对时差"。因此,当理想仅处在构建和实现的过程中尚无结果时,人们是无法使理想在现实性和功利性的统一上得到充分验证的,也就是说,社会理想作为人们对社会未来状态的建构,在其可能转化为现实性之前,它永远是一种存留于主体头脑中的一种观念的东西。更关键的是,社会理想的实现在理论上只能说具备了可能性而不能说是具有必然性,这样的可能性就体现为社会理想的

---

① [德]马克思、恩格斯:《马克思恩格斯选集》第1卷,人民出版社1995年版,第84页。

② [德]马克思、恩格斯:《马克思恩格斯全集》第3卷,人民出版社1979年版,第274页。

实现本身是有条件的，而在充满曲折性和复杂性的社会发展过程中，实现社会理想所需的条件就有能否成就的问题。正如习近平总书记所说："幸福不会从天而降，梦想不会自动成真。"①不管中国梦的构建多么具有实践性、科学性和合理性，就其实现而言，仍是有条件的。因此，在真正实现之前，中国梦都会在一定程度上受到"会不会是空想、幻想、乌托邦"的质疑。

（五）社会发展的实然性与应然性之间的差异性存在于中国梦构建和实现过程中

布罗日克指出："理想作为关于社会、社会群体或个人客观任务的一个现实观念，它始终是作为一个关于完善的价值的观念而出现。"②不管是怎样的社会理想，它都是对现实社会的否定和超越，相对社会现实而言，社会理想或理想的社会总是完美的，这种"完美"当然包括了满足社会需要的"完美"，也包括满足个人需要的"完美"。如果抛开其他因素，社会理想越完美当然就越有吸引力，但问题是，社会理想越完美与现实社会的差距就越大，实现的难度就越大，实现过程就越漫长，人们对该社会理想能否实现及其实现后价值估计的把握度就越低。但如果社会理想为了增加可预见性和可行性而减低完美程度，又与人们在心目中对社会未来"应是什么"的设想和想象存在差异。按经典著作的描述，共产主义社会是作为一个完美的社会而存在的，即使是社会主义社会也不够完美，还需向共产主义社会发展。而中国梦作为社会主义理想的一个阶段性奋斗目标，肯定与社会主义理想存在一定差距，而与共产主义理想的差别就更大了。正因如此，在中国梦构建和实现过程中，就会产生如何认知和理解中国梦与社会主义理想、共产主义理想关系的问题。

三、在中国梦构建和实现过程中存在的同一性

（一）社会发展的必然性与主体选择性的同一性存在于中国梦的构建和实现过程中

马克思主义唯物史观认为："历史进程是受内在的一般规律支配的。"③社会发展的规律性表现为社会发展进程中的一种必然性和趋势，但正如恩格斯所说："在自然界中，这些规律是不自觉地，以外部必然性的形式，在无穷无尽的表面的

① 中共中央文献研究室：《习近平关于实现中华民族伟大复兴的中国梦论述摘编》，中央文献出版社 2013 年版，第 81 页。

② ［捷］布罗日克：《价值与评价》，李志林、盛宗范译，知识出版社 1988 年版，第 100 页。

③ ［德］马克思、恩格斯：《马克思恩格斯文集》第 4 卷，人民出版社 2009 年版，第 302 页。

偶然性中为自己开辟道路的。"①也就是说,社会发展的必然性不是完全显性的,它隐藏于社会发展的各种偶然性和可能性之中,要经过较长的历史发展阶段才能显示出来,因此,"在社会发展的每个具体阶段上,都存在着各种不同的客观趋势和可能性,而人则需要确定自己对待它们的态度,他应该做出选择"。② 而任何一个社会理想的构建,都隐含着社会发展的必然性和主体选择性的同一性,都体现为主体对社会规律的能动反应,都是人们从自身的利益、需要和价值观出发,结合自身对现实社会客观条件的判断,根据自身对社会发展的必然性和趋势把握,进而对未来社会发展的目标做出主体性选择的结果。当然,不同主体会对社会发展目标有不同的主体选择,但在实践层面上,主体性选择只能体现为集合了个体意志的国家意志的选择。中国梦的构建,正是作为执政党的中国共产党在"牢牢立足社会主义初级阶段这个最大实际"③的基础上,依据"以全新的视野深化了对共产党执政规律、社会主义建设规律、人类社会发展规律的认识",④为实现社会主义现代化和中华民族伟大复兴而做出的主动选择的结果。

(二)个体与共同体在利益上的同一性存在于中国梦的构建和实现过程中

马克思曾说:"只有在共同体中,个人才能获得全面发展其才能的手段,也就是说,只有在共同体中才可能有个人自由。"⑤不管在任何时代,人的社会本性决定了个体的人只能归属于、依赖于共同体,并且需要和具备共同利益。在现实的社会生活中,个体可以不归属于某个具体、特定的共同体,但不可能不归属、依附于任何一个共同体而生存和发展。因此,共同体的利益本身就包含和体现了个体的共同利益,而个体的共同利益与个人利益也具有一致性的一面。马克思在指出"个人利益或单个家庭的利益"与"共同利益"之间有矛盾的同时,也指出:"这种共同的利益不是仅仅作为一种'普遍的东西'存在于观念之中,而且首先是作为彼此分工的个人之间的相互依存关系存在于现实之中。"⑥这是因为,共同利益并不是凭空想象而产生的,它的产生和形成正是来源于个体的个人利益,个人利益和共同利益只是"个人发展的两个方面,这两个方面同样是个人生活的经验条件所产生的,它们不过是人们的同一种个人发展的表现",⑦共同利益"总是不断地由

① [德]马克思、恩格斯:《马克思恩格斯全集》第21卷,人民出版社1973年版,第347页。
② [德]马克思、恩格斯:《马克思恩格斯全集》第2卷,人民出版社1973年版,第119页。
③ 《中国共产党第十八次全国代表大会文件汇编》,人民出版社2012年版,第14页。
④ 《中国共产党第十八次全国代表大会文件汇编》,人民出版社2012年版,第12页。
⑤ [德]马克思、恩格斯:《马克思恩格斯选集》第1卷,人民出版社1995年版,第119页。
⑥ [德]马克思、恩格斯:《马克思恩格斯全集》第3卷,人民出版社1979年版,第37页。
⑦ [德]马克思、恩格斯:《马克思恩格斯全集》第3卷,人民出版社1979年版,第274页。

另一面即私人利益的一面产生的”。[①] 同样,中国梦的构建也不是凭空想象,而是“凝聚了几代中国人的夙愿,体现了中华民族和中国人民的整体利益,是每一个中华儿女的共同期盼”,[②]是不同阶层、不同群体五彩缤纷的梦想的汇聚。正如习近平总书记所说:“国家好、民族好,大家才会好。”[③]中国梦的实现过程既是国家富强、民族复兴的过程,也是不同个体、阶层和群体实现利益、满足需求并产生幸福感的过程。

(三)不同主体在社会发展价值目标选择上的同一性存在于中国梦的构建和实现过程中

社会发展并不仅仅是一个“自然历史过程”,同时也是一个价值创造和价值目标选择和确认的过程。只有选择和确认了社会发展的价值目标,人们才可以明白“社会为什么而发展”“什么是我们这个社会最想要得到的”,也才能对“社会是否发展”进行最终的评价。不同的主体基于自己的需要和认知水平,会对未来的理想社会做出不同的描述,对理想社会给出不同的衡量指标,会形成不同的社会发展价值目标,也就是说,人们选择和确定的社会发展价值目标肯定是多元的。但多元化中蕴含着同质化、普适性、共识性,在现代化的进程中,一些社会发展的价值目标逐渐被人们所认知并共同认可、推崇和选择,进而凝聚成一种社会价值共识,正如杜维明所说:“在从西化到现代化的理论中,有两个非常强的预设:一个是同质化,另一个是趋同。这两个观念非常强,意思就是说,在17、18世纪的欧洲所出现的启蒙,代表理性主义的启蒙,以后在美国的发展,在东亚的发展,是一个同质化的过程,其中有一些普世的价值,比如自由、平等、法治、人权等等。”[④]中国梦以社会主义核心价值观作为未来社会发展的价值目标,从国家、社会、个人三个层面上对美好的未来做出了生动表述,既顺应了当今世界的发展潮流,又反映了中国特色社会主义的基本属性;既切合了人们的普遍、共同的价值追求,也为人们评价“中国梦是否真正实现”提供了明确的价值评判标准。

(四)对现实社会的否定与肯定的同一性存在于中国梦的构建和实现过程中

首先,社会理想都是来源于人们对现实社会否定性评价。人们所提出的社会理想,无论出于何种动机,价值取向如何,其基本特征都表现为对于社会现实的批

---

① [德]马克思、恩格斯:《马克思恩格斯全集》第3卷,人民出版社1979年版,第276页。

② 中共中央文献研究室:《习近平关于实现中华民族伟大复兴的中国梦论选摘编》,中央文献出版社2013年版,第3页。

③ 中共中央文献研究室:《习近平关于实现中华民族伟大复兴的中国梦论选摘编》,中央文献出版社2013年版,第51页。

④ 杨学功:《当前中国价值观冲突及其前景》,《天津社会科学》2013年第4期。

判和否定态度。相对于人们自认为正当、合理的需要和利益而言,因为客观的社会现实处在一种不完善、不理想的状态下,于是,人们把自己需要的满足和利益的实现,寄希望于现实的改造、发展和未来。但理想并不是人们天马行空的幻想,理想可以高于现实,却只能源于现实,社会理想之所以谓之"理想"就在于它是建立在对现实社会肯定的基础上。这样的肯定,既包括对现实社会的生产力和发展水平的肯定,也包括对现有的社会发展理论、道路、国家基本制度的正确性和科学性的肯定;既包括对人们在现实生活中不能得到满足的需求和利益的正当性和合理性的肯定,也包括社会理想自身与社会绝大多数人的利益、需求和价值观切合的自我肯定。而中国梦的构建,既源于中国共产党在"把贫穷落后的旧中国变成日益走向繁荣富强的新中国"①过程形成的道路自信、理论自信、制度自信和文化自信,也源于中国共产党对"人民日益增长的物质文化需要同落后的社会生产之间的矛盾这一社会主要矛盾没有变"②的清醒认识,更是共产党为"继续改善人民生活、增进人民福祉,完成时代赋予的光荣而艰巨的任务"③而做出的设想和展望。

(五)社会发展目标的阶段性与长远性的同一性存在于中国梦的构建和实现过程中

设想和创造一个更加美好的未来世界,是人的主体性和主观能动性的生动体现。在追求至真、至善、至美意向的指引下,人们会在不同历史时期和历史阶段提出各种近乎完美的终极社会理想。但实际上,正如恩格斯所说:"历史同认识一样,永远不会在人类的一种完美的理想状态中最终结束;完善的社会、完善的'国家'是只有在幻想中才能存在的东西",④也就是说,社会理想的建构永远是一个过程。这是因为,"一切依次更替的历史状态都只是人类社会由低级到高级的无穷发展进程中的暂时阶段。每一个阶段都是必然的,因此,对它所发生的那个时代和那些条件来说,都有它存在的理由"。⑤ 任何一个特定的历史发展阶段都是一个相对完整的、有始有终的发展过程,这一过程又会因其时代主题、历史任务以及人们的需要、能力发展程度等方面的差异性而区分为若干层次不一、依次递进的必经环节或发展阶段。相应地,社会理想的建构就有近期与长远之分,而且,长远的社会理想只能存在并实现于人们对具体、近期理想的不懈追求过程之中。同样,中国梦的构建,正是源于中国特色社会主义的长期实践,在保持了中国特色社

① 《中国共产党第十八次全国代表大会文件汇编》,人民出版社 2012 年版,第 2 页。
② 《中国共产党第十八次全国代表大会文件汇编》,人民出版社 2012 年版,第 14 页。
③ 《中国共产党第十八次全国代表大会文件汇编》,人民出版社 2012 年版,第 2 页。
④ [德]马克思、恩格斯:《马克思恩格斯文集》第 4 卷,人民出版社 2009 年版,第 270 页。
⑤ [德]马克思、恩格斯:《马克思恩格斯文集》第 4 卷,人民出版社 2009 年版,第 270 页。

会主义精神实质与科学价值的同时,既给中国的社会发展设定了一个有憧憬有超越又能看得见摸得着的阶段性目标,又把最终实现共产主义作为其不断发展和完善的远期目标导向。因此,"实现民族复兴是我们的梦,建设社会主义最终实现共产主义也是我们的梦。这二者是不可分割的,实际上是一个梦"。① 中国梦与中国特色社会主义理想、社会主义理想、共产主义理想四者是辩证统一的,它们共同构成了中国社会近期、中期、远期和未来发展的宏伟蓝图。

四、余论

在逻辑上,中国梦的"认同""共识""实现"三者之间是相互制约又相互促进的关系。首先,中国梦的构建在精神和意识形态上的现实意义,在于形成社会发展方向的社会共识,进而凝聚社会力量,从而更好地促进社会发展;其次,形成社会共识、凝聚社会力量本身就是实现中国梦的基本条件;再次,中国梦能否实现、实现的程度又是影响人们对中国梦认同程度的最关键因素;最后,中国梦能否得到普通大众的认同是决定社会共识能否形成、共识程度高低的关键点。因此,认同问题研究应是中国梦理论研究的基本问题和价值之所在,其实际的理论运用价值应高于关于中国梦本体论范畴内诸如内涵、特征、意义、实现路径等问题的研究,因为本体论范畴内的研究基本上都是围绕着中国梦的合理性展开的考究和论证,其结论或显示或暗含着中国梦应该或可以获得人们的认同。

但很遗憾,中国梦的认同问题并没有引起国内学者的高度关注。究其原因,一方面受基于特定意识形态的考量而产生自主性规避问题意识的影响,否认了在中国梦构建和实现过程中存在的各种差异性,把"中国梦被认同"看成是一种应然的事实;另一方面,即使有学者把"中国梦被认同"看作实然的问题,也是仅仅从中国梦构建和实现过程中存在的同一性的角度入手,来论证"中国梦被认同"的可能性,这看似论证充分,但实际上是以偏概全,并没有很强的现实说服力。此类论证最典型的套路莫过于把人民、国家和民族与个体的利益和需求直接等同,却忽略或否认二者间的差异性。最终的结果就是,这种"试图统摄原子化'个体'与交叉式'群体'不同的意见诉求进而形成国家民族思想合力的尝试,注定只会成为缺乏鲜活主体与具体现实支撑的精神抽象物"。②

马克思曾说:"理论在一个国家实现的程度,总是决定于理论满足于这个国家

---

① 冷溶:《什么是中国梦,怎样理解中国梦》,《福建党史月刊》2013 年第 14 期。

② 李涛:《"中国梦"的真正形塑:转向"底层"关怀的思想逻辑与理论表达》,《人文杂志》2013 年第 9 期。

的需要的程度。"①实际上,30 多年的改革开放引发社会结构和利益格局发生深刻改变,当下中国社会已呈现出利益主体、价值观及思想文化等方面的多元化并有日趋加剧之势,这一时代大背景本身就是构建并提出中国梦的外在动因。毕竟,社会太过于多元化以致对未来社会的发展方向缺乏基本的社会共识,肯定不能凝聚社会力量去面对和解决在社会发展过程出现的各种困难和问题。与此同时,多元化的社会本身也是中国梦存在认同问题的主要客观原因。当然,认同中国梦,并不是否定和消除社会的"多元",而是从"多元"中取得"主导性一元"的"同一",即全社会的各类主体能在求同存异基础上获得一致的思想观念、信念持有、价值取向、情感投射、理想追求。要强调的是,在中国梦的实现过程中会一直伴随着认同问题,因为在中国梦实现过程中存在的有些差异性,如社会的现实与未来之间的时空差异性只有中国梦真正实现了才可以消除,而有些差异性如个体与共同体之间利益的差异性,即使到 2049 年真正实现中国梦也是不能完全消除的。

(原载于《东南学术》2016 年第 5 期)

① [德]马克思、恩格斯:《马克思恩格斯选集》第 1 卷,人民出版社 1995 年版,第 11 页。

人类命运共同体视阈下的世界梦概念辨析*

——兼论中国梦与世界梦的关系

同一个世界,同一个梦想。虽然人类生活在不同文化、种族、肤色、宗教和不同社会制度所组成的世界里,但是都有对幸福生活和理想社会的美好向往和执着追求。随着人类命运共同体的形成,人类社会的价值共同点和利益交汇点逐渐增多,追求长久和平和共同繁荣已成为各国人民的共同梦想。本文拟从人类命运共同体的视角,分析世界梦提出的背景,辨析其深刻内涵,探讨中国梦与世界梦的关系,以深入领会习近平同志治国理政的新思想和新理念。

一、世界梦提出的背景

从词源学意义上来讲,世界梦实际上是中国梦在国际传播过程中衍生出来的一个新话语。2012 年习近平同志在参观《复兴之路》展览时首次提出中国梦。中国梦一经提出,便在世界各国引起热议,其中既有正确的理解,也有误读和妄议。① 于是,习近平同志利用出访俄罗斯、非洲、拉美和美国等地的机会,联系世界各国和各地区人民的梦想,向国际社会诠释中国梦的内涵与目标,强调指出中国梦的实现带给世界各国人民的将是机遇而非威胁,是和平而非战争,是共赢而非独赢。② 在这一过程中,为了让国际社会能够感同身受,更为快速、更为准确地理解、接受和认同中国梦,习近平同志提出它的姊妹概念——世界梦。此外,习近平同志之所以提出世界梦的新概念,一方面还基于国际社会构建合作共赢新伙

---

* 本文作者:胡子祥(1974—),男,安徽庐江人,西南交通大学马克思主义学院副院长、教授、博士生导师,研究方向为思想政治教育、高等教育管理;郑永廷(1944—),湖北仙桃人,西南交通大学马克思主义学院兼职教授,中山大学教授,博士生导师,研究方向为思想政治教育。
基金项目:本文受四川省教育厅 2014 年全省高校优秀中青年思想政治理论课教师择优资助计划“以习总书记‘三个独特’论断为着力点,增强大学生‘道路自信’研究”资助。

① 刘爱武:《国外学术界对中国梦的研究:主要观点、偏见及启示》,《社会主义研究》2014 年第 4 期,第 160 - 166 页。

② 《习近平谈治国理政》,外文出版社 2014 年版,第 273 页。

伴,打造人类命运共同体的利益诉求,另一方面也是出于为中国的开放发展拓展更大国际空间,营造更好国际环境的客观需要。

(一)打造人类命运共同体的战略需要

随着经济全球化和社会信息化的深入,世界格局进一步朝着多极化方向发展,人类将面临前所未有的发展机遇,但是同时也带来了需要认真对待的新威胁新挑战。一方面,不同社会制度、不同历史传统、不同发展水平和不同基本国情的国家之间相互依存度和利益交融度显著加深,在这种情况下除了国家利益之外,政治、经济、文化、生态、安全、国际机制等方面的区域性和世界性价值共同点和利益交汇点明显增多。另一方面,全球性问题,譬如恐怖主义问题、民族主义问题、生态环境问题、人口问题、贫困问题、毒品问题等,也愈加突出,此类问题的协同解决将直接关系到人类生存与发展的安全,体现了全人类的共同利益。由此可见,当代人类的命运已被史无前例地紧密联系在一起,你中有我、我中有你的人类命运共同体应运而生。持久和平与共同繁荣的世界梦,既反映了世界各国人民的共同愿望和普遍追求,也将是国际社会打造人类命运共同体的战略需要。

(二)构建新型国际关系的目标诉求

当今世界格局正处在一个加快演变的历史性进程之中,让和平、发展、进步的阳光穿透战争、贫穷、落后的阴霾,让世界各国共享持久和平、永续发展,新的形势与新的梦想迫切需要树立新的理念和新的思维。那就是,各国应当积极树立"双赢、多赢、共赢"的国际合作新理念,坚决摒弃"我赢你输、赢者通吃"的冷战热战旧思维,共同推动建立以合作共赢为核心的新型国际关系。其具体内容包括五点:一是建立平等相待、互商互谅的伙伴关系;二是营造公道正义、共建共享的安全格局;三是谋求开放创新、包容互惠的发展前景;四是促进和而不同、兼收并蓄的文明交流;五是构筑尊崇自然、绿色发展的生态体系。① 鉴于此,习近平同志在国际社会重要场合屡次呼吁,世界各国人民一起来维护世界和平,促进共同发展,以共圆世界梦。

(三)推进高层次开放发展的战略支点

对外开放是中国一项长期的基本国策。未来几年,为了顺应我国经济深度融入世界经济的趋势,我国将坚持内外需协调、进出口平衡、引进来和走出去并重、引资和引技引智并举的原则,发展更高层次的开放型经济,积极参与全球经济治理和公共产品供给,进一步提高我国在全球经济治理中的制度性话语权,构建广

---

① 习近平:《携手构建合作共赢新伙伴同心打造人类命运共同体——在第七十届联合国大会一般性辩论时的讲话》,《人民日报》2015年09月29日。

泛的利益共同体。① 尤其值得一提的是,2013 年习近平同志在出访中亚和东南亚国家期间,先后提出共建"丝绸之路经济带"与"21 世纪海上丝绸之路"两项重大倡议。据此,2015 年中国政府制定并发布《推动共建丝绸之路经济带和21 世纪海上丝绸之路的愿景与行动》。"一带一路"战略构想的提出与实施,既是我国高层次开放发展的重要战略举措,也是对国际合作以及全球治理新模式的有益探索,它符合世界各国人民的共同利益和价值诉求,也彰显了人类社会对共同理想和美好生活的向往和追求。

二、世界梦的界定及其内涵

(一)学界对世界梦的界定

虽然世界梦概念的提出已近三年,但是理论界对此研究仍较薄弱。学者们甚至对世界梦的界定也各执己见,远未像中国梦那样能够达成共识。归纳起来,主要有以下不同观点。

1. 中国主体说。该观点认为,世界梦是中国或中国人对于世界的梦想。它可以细分为两个小类:其一,包含说。有学者认为,世界梦是中国梦的组成部分,即世界梦不是别的国家的梦想,而是中国人关于世界秩序和人类文明发展的理想状态。中国梦的外延不仅包括中国对于自强的要求,还包含中国人对于世界的秩序安排与发展理想。② 美国华盛顿大学沈大伟教授也认为,中国梦的要素之一即国际关系,在中国的出版物中经常被称为"中国的世界梦",具体地说,它包含四个要素——和平、发展、合作、共赢。③ 相比较而言,沈教授对于"世界秩序安排"的描述更为具体。其二,并列说。有学者认为,中国有两个梦想:一是实现中华民族伟大复兴的中国梦,一是构建人类命运共同体的世界梦,二者相辅相成,相互促进,互为机遇。④ 显然,这一观点认为中国梦与世界梦都是中国人的梦想,且认为世界梦所回答的是"中国到底想要一个什么样的世界"的问题。总之,持"中国主体说"观点的学者是从中国看世界的角度,审视和反思世界梦这一课题,这对于中国处理外交事务以及制定国际关系政策不无启示和借鉴,但是这一观点只是纯粹从

① 《中共中央关于制定国民经济和社会发展第十三个五年规划的建议》,《人民日报》2015 年 11 月 04 日。

② 郭树勇:《中国梦、世界梦与新国际主义——关于中国梦的几个理论问题的探讨》,《国际观察》2014 年第 3 期,第 1 - 16 页。

③ 沈大伟,狄飞:《中国的世界梦——新型大国关系以及美中关系的未来》,《当代中国史研究》2014 年第 4 期,第 105 - 108 页。

④ 阮宗泽:《人类命运共同体:中国的"世界梦"》,《国际问题研究》2016 年第 1 期,第 9 - 21 页。

学理角度进行阐发,却忽略了习近平同志关于世界梦系列讲话的语境和精神,并不符合习近平同志关于世界梦思想的精神实质。

2. 世界主体说。该观点认为,世界梦是世界对于自身发展的愿景和追求。这一观点也可以细分为两个小类:其一,人类命运共同体的共同梦想说。有学者认为,历史悠久的战争与屠杀,刻骨铭心的饥饿与贫穷,日益污染的环境,让这个世界的每一个人都梦想有一个适宜人类居住的地球,全世界的人都梦想着人类有一天能够远离战争与杀戮、没有饥饿与贫穷,环境适宜居住,这就需要基本实现全球正义。① 显然,这一观点实际上是基于人类命运共同体的共同价值和共同利益,从和平、发展以及绿色等视角来界定全人类的共同梦想。其二,世界各国梦想集合说。有学者认为,习近平同志先后提出了中国梦、世界梦和亚太梦,构建了以中国梦为中心的三梦一体的同心圆,彰显了"三位一体"的战略关联性。② 这一观点实际上将中国梦作为核心,寓于或包含于世界梦之中,认为世界梦就是包括中国在内的世界各国对于自身发展的梦想的集合。虽然这两种观点比较契合习近平同志关于世界梦系列讲话的语境,但是他们的界定也是不完整的,甚至是片面的。尤其是,后一种观点将中国梦置于所谓"圆心"的位置,形成了两个层次的所谓包含关系,实际上也有悖于逻辑。

(二)世界梦的内涵辨证

要正确理解世界梦的内涵,必须要深入研读习近平同志系列重要讲话精神。他在不同的国际社会场合所阐释的世界梦,虽然都是相对于中国梦而言的,但是却具有不尽相同的意蕴。归结起来,主要有三层含义。

1. 国家梦,即世界各国人民的梦想。每个国家都有自己独特的历史脉络、文化传统和基本国情,因此各国人民都有自己独特的梦想和追求。其中主要有:第一,俄罗斯梦。2013 年 3 月 22 日习近平同志对俄罗斯进行国事访问,敦促中国梦与俄罗斯梦的相向对接。习近平同志在莫斯科国际关系学院的演讲中强调指出:"我们要实现的中国梦,不仅造福中国人民,而且造福各国人民。"③可见,习近平同志藉阐释中国梦,向世界传递和展示中国的责任和担当。第二,美国梦。2013 年 6 月 7 日习近平同志同美国总统奥巴马共同会见记者时,从三个层面阐释了中国梦、美国梦以及世界梦的关系:(1)中国梦是实现国家富强、民族振兴、人民幸福

---

① 石永之:《中国梦与世界梦——从天下正义到全球正义》,《管子学刊》2014 年第 2 期,第 73 – 76 页。

② 周显信,阚亚薇:《论中国梦、亚太梦与世界梦的逻辑关系及其建构》,《探索》2015 年第 1 期,第 17 – 21 页。

③ 《习近平谈治国理政》,外文出版社 2014 年版,第 275 页。

的梦,是和平、发展、合作、共赢的梦;(2)世界梦是指包括美国在内的世界各国人民各自所拥有的美好梦想;(3)中国梦与世界梦息息相通。① 这是习近平同志首次联系美国梦,阐释世界梦,宣传中国梦。第三,法国梦。2014 年 3 月 27 日习近平同志在中法建交 50 周年纪念大会上的讲话中深入剖析了中国梦与法国梦之间的合作共赢关系:(1)中国人民和法国人民都在努力实现各自的美好梦想;(2)中国梦将是法国的机遇,法国梦也将是中国的机遇;(3)中法两国人民将相互理解,相互帮助,在实现各自梦想的基础上,努力实现"中法梦"②。总之,从国家层面上来讲,世界梦是指世界各国人民对幸福生活和理想社会的美好向往和执着追求。

2. 区域梦,即世界区域共同体的梦想。因为毗邻的地缘关系、悠久的传统友谊和紧密的利益纽带,世界各区域的国家及其人民之间基于共同价值而建立区域命运共同体,因此就产生了区域梦。其中主要有:第一,非洲梦。2013 年 3 月 25 日习近平同志在坦桑尼亚尼雷尔国际会议中心发表演讲,联系非洲梦以及世界梦,向国际社会隆重推出中国梦。主要有:(1)中国人民要实现中华民族伟大复兴的中国梦,同样非洲人民也要实现联合自强、发展振兴的非洲梦;(2)中非人民要加强团结合作,加强相互支持和帮助,努力实现各自的梦想;(3)中非人民要同国际社会一道,推动实现持久和平、共同繁荣的世界梦。③ 第二,拉美梦。2013 年 5 月 31 日习近平同志接受特立尼达和多巴哥《快报》、哥斯达黎加《共和国报》和墨西哥《至上报》联合书面采访时指出,拉美和加勒比国家共同体正在积极推进实现团结协作、共同发展的梦想,"中国愿同拉美和加勒比各国紧密团结、相互支持、真诚合作,在通往发展繁荣的美好梦想的道路上携手共进"④。这是习近平同志首次阐释中国梦和拉美梦之间的合作共赢关系。第三,亚太梦。2014 年 11 月 9 日习近平同志在亚太经合组织工商领导人峰会上发表主旨演讲,首次系统阐明亚太梦概念。主要有:(1)亚太梦的内涵。亚太梦就是坚持亚太大家庭精神和命运共同体意识,顺应和平、发展、合作、共赢的时代潮流,共同致力于亚太繁荣进步的梦想;(2)与世界梦的关系。亚太命运共同体继续引领世界发展大势,为人类福祉做出更大贡献;(3)建设路径。亚太梦能否实现,将取决于经济是否更有活力,贸易是否更加自由,投资是否更加便利,道路是否更加通畅,人与人交往是否更加密切;(4)根本目标,就是让人民过上更加安宁富足的生活,让孩子们成长得更好、工

---

① 《习近平谈治国理政》,外文出版社 2014 年版,第 279 页。

② 习近平:《出席第三届核安全峰会并访问欧洲四国和联合国教科文组织总部、欧盟总部时的演讲》,人民出版社 2014 年版,第 27 页。

③ 《习近平谈治国理政》,外文出版社 2014 年版,第 310 页。

④ 《习近平谈治国理政》,外文出版社 2014 年版,第 57 页。

作得更好、生活得更好。① 由此可见,从区域层面来看,世界梦就是世界各区域命运共同体的人民基于共同价值和利益而加强区域合作,相互支持,互利共赢的美好梦想。

3. 人类命运共同体的梦想。首先,从国际社会来看,随着经济全球化、政治多极化和社会信息化的发展,维护世界和平和保持国际形势总体稳定,已具备更多有利条件。但是,当今世界并不安宁,国际金融危机、霸权主义、新干涉主义、粮食安全、能源资源安全、网络安全等全球性问题非常突出。因此,和平与发展仍然是当今时代的主题与追求。其次,从中国的角度来看,天下大同是中华民族数千年来的古老梦想,近代以来中国历经屈辱、磨难而迈步走向辉煌。因此,相比较而言,中国人民倍加珍惜和平。无论是 1953 年周恩来所提出的"和平共处五项基本原则",1985 年邓小平所提出的"和平与发展是当今时代的两大主题",还是 2015 年习近平同志所提出的"同心打造人类命运共同体",都无可辩驳地证明:中国坚定不移地走和平发展道路,倡导国际社会共谋和平、共护和平、共享和平。此外,中国还将长期坚持开放、共享的发展理念,一方面在平等互利的基础上协同推进战略互信、经贸合作和人文交流,通过合作促进自身的发展;另一方面欢迎世界各国搭乘中国发展的顺风车,分享中国发展的经验与机遇,实现共同发展。可以说,实现持久和平和共同繁荣的世界梦,是包括中国在内的人类命运共同体的长期追求和美好愿景。

三、正确处理中国梦与世界梦的关系

"中国人民的梦想同各国人民的梦想息息相通。实现中国梦,离不开和平的国际环境和稳定的国际秩序,离不开各国人民的理解、支持、帮助。中国人民圆梦必将给各国创造更多机遇,必将更好促进世界和平与发展。"②中国人民在实现自己美好梦想的同时,愿意同世界各国人民一道,携手共圆世界梦。为此,我们要注意以下几点。

(一)既增强国家意识,又树立人类命运共同体意识

增强国家意识有两层含义:其一,从微观视角来看,是增进公民对于自己所属国家历史、地理、制度、生产力水平、国际关系等方面的认知以及对于国家身份的

① 《习近平出席亚太经合组织工商领导人峰会开幕式并发表主旨演讲》,《人民日报》2014 年 11 月 10 日。

② 习近平:《携手构建合作共赢新伙伴同心打造人类命运共同体——在第七十届联合国大会一般性辩论时的讲话》,《人民日报》2015 年 09 月 29 日。

认同。从这一点来讲,增强国家意识,往往能够激发人们强烈的历史责任感,增强爱国主义情感,进而加深对"国家好,民族好,大家才会好"的理解和认同。其二,从宏观视角来看,是增强国家在国际社会中的身份意识,包括国家主权意识、国家利益意识和国家安全意识等。习近平同志指出,中国人是讲爱国主义的,同时我们也是具有国际视野和国际胸怀的。随着国力的不断增强,中国将在力所能及的范围内承担更多国际责任和义务。① 人类共有一个地球,各国同处一个世界。要和平不要战争,要发展不要贫穷,要合作不要对抗,要进步不要退步,推动建设持久和平、共同繁荣的和谐世界,已经是各国人民的共同愿望。因此,世界各国人民应当自觉树立人类命运共同体意识,也就是树立"在追求本国利益时兼顾他国合理关切,在谋求本国发展中促进各国共同发展,建立更加平等均衡的新型全球发展伙伴关系,同舟共济,权责共担,增进人类的共同利益"②的意识。世界梦能否实现,在很大程度上将取决于世界各国人民能否将人类命运共同体意识内化至心灵深处,并将责任共担、利益共享、共进共赢等理念自觉外化为实际行动。

(二)既弘扬和践行社会主义核心价值观,又共建全人类的共同价值

社会主义核心价值观是中国梦的价值基础和思想保证,它为中国梦凝练价值内核,构筑价值共识,提供价值准则。面对当今世界思想文化多元多样多变的新态势,面对"互联网+"时代价值观交流交融交锋的新挑战,积极培育和弘扬社会主义核心价值观,对于凝聚实现中华民族伟大复兴中国梦的正能量,对于国家的长治久安和社会的和谐稳定都具有重大现实意义。因此,中国梦的宣传和阐释,一定要与社会主义核心价值观的培育与弘扬紧密结合起来。从另一个角度看,中国梦也集中体现了中国人民和中华民族的价值体认和价值追求,可以说它是中华民族团结奋斗的最大公约数。③ 与此相对应的是,全人类的共同价值是实现世界梦的价值原则和价值理念,它包括和平、发展、公平、正义、民主、自由等基本内容。共同价值是人类命运共同体成员之间共有共享的正当性规范和核心原则,可谓人类命运共同体价值追求的最大公约数。但是,共同价值建设的目标远未完成,路漫漫其修远兮!国际社会应当继承和弘扬联合国宪章的宗旨和原则,共建以合作

---

① 中共中央文献研究室:《习近平关于实现中华民族伟大复兴的中国梦论述摘编》,中央文献出版社2013年版,第67页。

② 胡锦涛:《坚定不移沿着中国特色社会主义道路前进为全面建成小康社会而奋斗——在中国共产党第十八次全国代表大会上的报告》,《人民日报》2012年11月18日。

③ 《习近平在中共中央政治局第十二次集体学习时强调建设社会主义文化强国,着力提高国家文化软实力》,《人民日报》2014年01月01日。

共赢为核心的新型国际关系,同心打造人类命运共同体。① 总而言之,我们在进行价值教育和实践的时候,既要弘扬和践行作为社会主义意识形态集中体现的社会主义核心价值观,与此同时,也要推动国际社会共建体现人类命运共同体价值诉求的共同价值。

(三)既坚持独立自主,自力更生,又坚持合作共赢的开放战略

实现中国梦,必须坚持独立自主,自力更生。它包括三层含义:一是必须走中国道路。换言之,就是走中国特色社会主义道路,而不是走封闭僵化的老路或者改旗易帜的邪路。二是必须弘扬中国精神。也就是弘扬以爱国主义为核心的民族精神和以改革创新为核心的时代精神。三是必须凝聚中国力量。也就是必须紧紧依靠中国共产党领导下的全国各族人民大团结的力量。② 中华民族伟大复兴是亿万中华儿女的共同愿望,它具有强大的凝聚力和向心力,将使海内外中华儿女同心同德,心心相印,共建共享美好梦想。但是,独立自主,自力更生并不是封闭主义,闭关自守;更不是天马行空,孤来独往。中国的发展离不开世界,世界的发展也需要中国。中国人民愿意与世界各国人民携手共进,合作共赢,以实现各自的美好梦想。为此,中国一方面将坚定不移地走和平发展道路,坚持独立自主的和平外交政策;另一方面将坚定不移地推行互利共赢的开放战略,通过全面深化合作,促进世界经济增长。③ 毋庸置疑,中国首先倡导和推进实施的"一带一路"战略构想就将惠及几十个国家、数十亿人口,它既为实现中国梦而开创开放发展的新篇章,也为实现世界梦而注入合作共赢的新动力,使中国梦与世界梦更加紧密地联系在一起。

(原载于《毛泽东思想研究》2016 年 5 月)

---

① 习近平:《携手构建合作共赢新伙伴同心打造人类命运共同体——在第七十届联合国大会一般性辩论时的讲话》,《人民日报》2015 年 09 月 29 日。

② 习近平:《在第十二届全国人民代表大会第一次会议上的讲话》,《人民日报》2013 年 03 月 18 日。

③ 胡锦涛:《坚定不移沿着中国特色社会主义道路前进为全面建成小康社会而奋斗——在中国共产党第十八次全国代表大会上的报告》,《人民日报》2012 年 11 月 18 日。

论中国梦战略构想形成的五重逻辑向度*

中国梦的提出以一种特殊的政治逻辑，系统回答了何为中国梦，为何实现中国梦，如何实现中国梦等重大问题，成为新时期凝聚社会共识，汇聚国人力量，激发社会成员为实现中华民族伟大复兴而持续努力奋斗的重要战略构想。中国梦作为中国特色社会主义在新时期的重要战略构想，是历史逻辑、现实逻辑、理论逻辑、实践逻辑和价值逻辑五位一体逻辑向度的辩证统一体。

一、近代中国革命求强求富曲折发展历程：中国梦提出的历史逻辑

鸦片战争后的近代中国，逐步沦为半殖民地半封建社会。中国人民除了遭受本国封建势力残酷的阶级压迫以外，还遭受着外国帝国主义势力残暴的民族压迫。为了救中国，无数的仁人志士赓续不竭进行了艰苦卓绝的探索。

以洪秀全、杨秀清为代表的太平天国运动曾提出了《天朝田亩制度》和《资政新编》，拒绝承认不平等条约，严禁鸦片贸易，有力地打击了外国侵略势力，但最终在中外势力的联合绞杀下失败了。以奕䜣、李鸿章、曾国藩、左宗棠、张之洞为代表的洋务派官员提出并进行了洋务运动，发展近代工业。但在甲午中日海战中，北洋舰队全军覆没，洋务运动也随之破产。甲午战争失败后，在新的民族危机下，试图模仿西方实行君主立宪进行改良的戊戌变法也以失败告终。以孙中山先生为代表的资产阶级民主主义革命者提出了以“三民主义”为主要内容的革命思想。在他们的不懈斗争下，推翻2000多年皇权专制，但革命成果不久旁落，“三民主义”思想并没有引导中国革命走向最终的成功。

以毛泽东为代表的中国共产党人，将马克思主义基本原理与中国革命实践相结合，在总结经验教训的基础上，带领全国人民英勇奋战，推翻了“三座大山”，取

---

* 本文作者：李宾，北京化工大学经济管理学院；黄少成，中国地质大学马克思主义学院。
基金项目：本文系湖北省人文社科重要基地“大学生发展与创新研究教育中心”重点项目“当代大学生中国特色社会主义认同培育研究”（项目批准号：DXS20150006）和中央高校基本科研业务费2016年度优秀青年基金项目“微时代语境下高校思想政治教育话语体系建构研究”（项目批准号：CUGW160202）的阶段性成果。

得了革命的胜利,在中国建立了社会主义制度。1978 年改革开放以来,邓小平领导中国共产党人汲取发展建设的经验教训,将马克思主义基本原理与中国新时期实际有机结合,开辟了建设中国特色社会主义的新道路。

中国共产党 90 多年来带领全国人民取得了革命、建设的伟大成就,党的十八大以来在以习近平同志为核心的党中央的带领下,比历史上任何时期都更接近实现中华民族伟大复兴的目标,中国梦的提出同样符合历史发展的逻辑。

二、中国改革发展的深化与挑战:中国梦提出的现实逻辑

历史唯物主义视阈下中国梦战略构想,必然贯穿现实社会发展的问题。当前,随着我国社会经济的改革发展进入攻坚期和深水区,各种矛盾和问题集中凸显,如何应对解决各种交织重叠的矛盾,如何聚焦改革发展正能量,及时回应社会成员关注的一系列重大问题,成为中国特色社会主义建设发展到新阶段必须优先解决的问题。

中国梦战略构想为应对解决矛盾、问题、质疑提供了及时、系统、有力的思想理论准备和指导。其一,中国梦战略构想从遵循人类社会基本矛盾运动规律以及按客观规律办事的全新视角,回答了在中国这样人口多底子薄的东方大国建设什么样的社会主义、怎样建设社会主义的根本问题。① 其二,中国梦的战略构想,将"人民幸福"与"国家富强""民族振兴"同年而校,是对全心全意为人民服务这一根本宗旨的深刻理解和具体落实,是从揭示党的执政规律和深化党对根本宗旨认识的视角,对现阶段广大人民群众对社会经济发展出现问题的及时回应。其三,中国梦"两个一百年"奋斗目标的宏伟蓝图,从整体性、系统性和协调性的视角,论证彰显中华民族的共同理想。

中国梦战略构想成为集聚改革创新发展正能量的精神思想动力。习近平指出,"鞋子合不合脚,自己穿了才知道"。② 一个国家走什么样的路,关键要看这条道路能否解决这个国家面临的历史性课题。面对改革开放各类困难的挑战,归纳起来,就是要坚定不移地坚持中国道路、弘扬中国精神、凝聚中国力量。当前,中国已进入社会转型期和改革攻坚期,精神力量的作用愈加凸显,更需要社会成员同心同德、团结一致、共同奋斗,才能汇聚变革中国、改造中国、富强中国的磅礴力量,共铸以爱国主义为核心的民族精神和以改革创新为核心的时代精神。中国梦战略构想的提出,既让全体社会成员憧憬到未来的美好,也让他们了解到现实的

---

① 史文清:《中国梦是中国特色社会主义重大思想理论成果》,《学习时报》2013 年 5 月 20 日。

② 《习近平谈治国理政》,外文出版社 2014 年版,第 308 页。

矛盾和问题,同时给予中国改变现状的动力和勇气,让全社会成员能够继续以改革创新为动力,齐心凝聚正能量共同推动中华民族的伟大复兴。

中国梦战略构想的提出及时回应了个人奋斗与社会发展是否一致的质疑。中国梦"国家富强、民族振兴、人民幸福"简洁生动的内涵表述,将民众每日每夜、每时每刻的奋斗和精神层面的发展提升凝聚成统一的目标和意义。同样是做砌砖的工作,把它仅仅当作一个为砌砖而砌砖的行为和把它当作为一座宏伟大厦添砖加瓦相比,其精神状态截然不同;物质利益是人奋斗的重要动力,但物质利益不是也不能成为人奋斗的目的与归属,"未富先奢""稍富便骄"背后是理想的缺失与价值的迷茫。反过来,为目标而努力,为理想而奋斗,就算再苦再累也会心甘情愿,也会义无反顾。对当前中国社会经济深化改革及其系列矛盾问题的回应,成为中国梦战略思想提出的现实动因和现实逻辑线索。

三、马克思主义理论发展阶段论:中国梦提出的理论逻辑

社会发展的不同历史时期呈现不同的社会形态,同一形态社会在不同历史时期可划分为不同的阶段,共产主义社会在不同时期也分为不同的历史阶段,其中社会主义是共产主义的初级阶段。中国特色社会主义具有鲜明的阶段性特征,这是由生产力这一关键因素所决定,生产关系和上层建筑在各个阶段的形成和发展中起着重要作用。

在中国特色社会主义发展的每一阶段,都有着具体的马克思主义理论的指导思想,并相应解决不同的、重大的实际问题。邓小平理论指导中国共产党以着力解决广大人民群众的温饱问题为目标,首次回答了"什么是社会主义,怎样建设社会主义"的问题;"三个代表"重要思想指导中国共产党带领广大人民群众以建设总体小康社会为目标,创造性地回答了"建设什么样的党,怎样建设党的问题"的问题;科学发展观指导中国共产党带领广大人民群众以全面建成小康社会为目标("两个一百年"目标之一),进一步回答了"实现什么样的发展,怎样发展"等重大问题。

从2012年党的十八大到2021年之间10年,是中国共产党成立100周年前的最后10年。这一阶段,之所以能够成为一个新的最关键的历史阶段,关键在于这一阶段社会经济发展呈现出鲜明的阶段性特征:中国进出口贸易总额世界第一;国内生产总值排名世界第二位,成为名副其实的世界第二大经济体;中国先后倡导建立金砖国家开发银行、亚洲基础设施建设投资银行,以及服务于"一带一路"的国家战略的丝路基金,中国经济发展对世界经济的拉动作用举足轻重。可见,随着中国经济的快速发展,中国在世界政治经济舞台上正扮演着越来越重要的角色,发挥着越来越重要的作用。同时,世界对中国经济的发展、对中国和平繁荣带

给世界的贡献有着越来越高的期待。

实践是理论的先导,而新的实践往往又需要科学理论的指导。这些矛盾和挑战,使得中国共产党在新时期新阶段领导中国特色社会主义建设对理论指导提出迫切需求。以习近平同志为核心的党中央坚持辩证唯物主义和历史唯物主义的立场、观点和方法,研究思考党和国家的重大理论和现实问题,把马克思主义基本原理与中国实践相结合,适时提出中国梦的战略构想,并对中国梦的内涵实质、实现道路、依靠力量、宏伟目标、历史意义等进行了全面深入阐述,提出治国理政新理念新思想新战略,成为当今中国发展进步的思想引领和精神旗帜。

一定意义上,中国共产党始终坚持的马克思主义理论及其阶段论思想,为新阶段新时期中国特色社会主义发展的理论需求提供了理论逻辑线索。

四、中国特色社会主义建设发展与成效:中国梦提出的实践逻辑

中国梦内涵表述,实现中华民族伟大复兴的中国梦,就是要实现国家富强、民族振兴、人民幸福。中国梦归根到底是人民的梦,必须紧紧依靠人民来实现,必须不断为人民造福。① 推进社会经济持续、健康、快速发展,成为实现“国家富强、民族振兴、人民幸福”的实施方式和具体措施。

改革开放 30 多年,中国始终坚持以经济建设为中心,综合国力不断增强。经济总量跃升为世界第二位。改革开放 30 多年也是我国城乡居民得到实惠最多的时期。城乡居民家庭财产普遍增多,吃穿住行用水平明显提高,居民工作生活相关设施条件日益完善,居民生活舒适度、生活质量大幅提升。广大城乡居民日常出行、无线沟通更加方便快捷。其中,高铁已成为广大居民出行的最重要的交通工具。我国成为世界上高速铁路投产运营里程最长、在建规模最大的国家。广大城乡居民生活品质、生活便利程度越来越高,更反映出社会经济发展欣欣向荣,广大人民群众共创社会财富,并从中获益的良好态势。

改革开放 30 多年至今,中国不仅依靠自己力量解决了 13 亿人口吃饭问题,而且主要农产品和工业品产量跃居世界第一。中国不断扩大对外开放,国际竞争力不断增强。2013 - 2014 年连续两年世界第一,外汇储备跃居世界第一,对外投资大幅增长。广泛深入的国际合作加快了我国经济发展,也为世界经济发展做出了重大贡献。

30 多年来,国家的综合实力不断增强,中华民族在世界民族大家庭中影响力

---

① 《习近平在参观〈复兴之路〉展览时强调:承前启后 继往开来 继续朝着中华民族伟大复兴目标奋勇前进》,《人民日报》2012 年 11 月 30 日。

的不断提升,人民群众生活质量的大幅提高,成为"国家富强、民族振兴、人民幸福"的深刻体现。中国特色社会主义30余年快速发展及其显著成效的实践,为中国梦战略构想的提出,奠定了坚定的物质基础,同时也为中国梦战略构想提供了实践的逻辑线索。

五、中华民族对人类社会发展价值体认:中国梦提出的价值逻辑

中华民族从来都不缺少大国担当和对世界做出重大贡献的价值选择和大国理想。中华民族的伟大复兴是一个具有世界历史意义的事件,中国共产党人在社会主义现代化建设和实现中华民族的伟大复兴的道路上,始终带领全国人民坚持和平发展、合作共赢,传承中华民族对人类社会发展的基本价值体认。

新中国成立初期,尽管社会经济发展十分落后,以毛泽东为核心的第一代中央领导集体,仍然能够深刻认识到中国是作为世界新生的重要力量,"中国将变为一个强大的社会主义工业国。中国应当这样。因为中国是一个具有九百六十万平方公里土地和六万万人口的国家,中国应当对人类有较大的贡献。"①毛泽东把中国要对人类有较大的贡献作为中华民族应当自觉承担的责任。他认为,对人类的贡献,既是崇高的价值追求,又是复兴中华民族曾经的光荣的梦想,还是中华民族作为世界民族大家庭一员自觉担当的责任。

改革开放以后,以邓小平为核心的中央领导集体认为,社会主义初级阶段,是全民奋起,艰苦创业,实现中华民族伟大复兴的阶段。邓小平曾指出:"我们在国际事务中起的作用的大小,要看我们自己经济建设成就的大小。如果我们国家发展了,更加兴旺发达了,我们在国际事务中的作用就会大。现在我们在国际事务中起的作用并不小,但是,如果我们的物质基础、物质力量强大起来,起的作用就会更大。"②邓小平很多场合提到或者使用"振兴中国""振兴中华""民族振兴"和"中华民族的振兴"等提法。他认为,只有把自己的事办好了,我们才会赢得一个和平的国际环境;只有把自己的事办好,我们才会建成一个强大的中国;只有把自己的事办好,我们才会在国际上有真正的地位。江泽民在联合国千年首脑会议的发言中明确指出,中国作为联合国安理会常任理事国,一贯恪守联合国宪章的宗旨和原则,支持联合国在维护世界和平与国际安全以及解决各种全球性问题中发挥不可替代的重要作用,中国将一如既往地履行自己的义务和职责。③ 胡锦涛在

① 《毛泽东文集》第7卷,人民出版社1999年版,第311页。

② 《邓小平文选》第2卷,人民出版社1994年版,第250页。

③ 江泽民:《在联合国千年首脑会议上的讲话》,《人民日报》2000年09月07日。

联合国60周年首脑会议上系统阐述了中国的和谐世界理念,其核心观点即"通过互利合作,共建和谐世界"。中华民族是热爱和平的民族,中国始终是维护世界和平的坚定力量。我们坚持把中国人民的利益同各国人民的共同利益结合起来,秉持公道,伸张正义。①

党的十八大以来,以习近平同志为核心的党中央在国内外多个场合明确阐释中国梦的世界意义。2013年6月,习近平在美国与时任美国总统会晤时说,中国梦要实现国家富强、民族复兴、人民幸福,是和平、发展、合作、共赢的梦,与包括美国梦在内的世界各国人民的美好梦想相通……中美两国合作好了,就可以做世界稳定的压舱石、世界和平的助推器……中国是联合国安理会常任理事国,这不仅是权力,更是一份沉甸甸的责任。中国有这个担当。② 在2015年3月召开的博鳌亚洲论坛上,习近平强调作为大国要承担更大的责任,以"共商、共建、共享、共赢"为原则,秉持正确义利观,维护世界和平,促进共同发展,建立以互利共赢为核心的新型国际关系。这些都深刻反映出中国作为新型大国的务实态度和为世界和平与发展做贡献的真诚愿望。③

习近平明确指出,中国梦的宣传和阐释,要与当代中国价值观念紧密结合起来。他用"5个意味着"再次全面阐释了中国梦的内涵,其中包括:"中国梦意味着中国人民和中华民族的价值体认和价值追求……意味着中华民族为人类和平与发展作出更大贡献的真诚意愿。"④

可见,实现中华民族伟大复兴的中国梦,是中国共产党几代中央领导集体带领全国人民的共同追求和目标。这一追求和目标在更深层次蕴含着中华民族为人类文明、和平与发展做出更大贡献的理想,体现出中国作为大国的世界意义,以及为世界作出更大贡献的价值体认。这种5000年来一脉相承的价值选择和价值追求,成为中国梦战略构想提出的重要价值逻辑线索。

(原载于《思想理论教育导刊》2017年第6期)

---

① 胡锦涛:《高举中国特色社会主义伟大旗帜为夺取全面建设小康社会新胜利而奋斗——在中国共产党第十七次全国代表大会上的报告》,《人民日报》2007年10月25日。

② 林伟:《习近平奥巴马会晤"对接"中国梦与美国梦》,http://opinion.people.com.cn/n/2013/0609/c1003-21799605.html,2013年6月9日。

③ 《习近平主席在博鳌亚洲论坛2015年年会上的主旨演讲》,http://news.xinhuanet.com/politics/2015-03/29/c_12762707.htm,2015年3月29日。

④ 《习近平在中共中央政治局第十二次集体学习时强调:建设社会主义文化强国着力提高国家文化软实力》,《人民日报》2014年01月01日。

“中国梦”的梦想体系和价值彰显*

“中国梦”是三位一体的构成模式，是蕴含着中国特色社会主义发展道路的现代化之梦、社会主义之梦和民族复兴之梦的全方位造梦系统。进一步深入理解和全面把握“中国梦”的科学内涵和价值意蕴，是坚定不移推进改革开放、全面建成小康社会和实现社会主义现代化的关键所在。习近平指出：“实现全面建成小康社会、建成富强民主文明和谐的社会主义现代化国家的奋斗目标，实现中华民族伟大复兴的中国梦，就是要实现国家富强、民族振兴、人民幸福。”①“中国梦”既是历史发展的积淀，又是时代呼唤的产物，既是理论创新的结晶，又是深化改革的号角，既是民族复兴的宣言，更是核心价值观的彰显。“中国梦”从国家、民族和个人三个层次系统建构了以经济发展、文明复兴和价值彰显为主要内容的中华民族伟大复兴的梦想体系，是社会主义核心价值观在国家、社会和个人层面的生动展现。同时，“中国梦”还有着明确清晰的梦想定位，它突出凝练为中华民族的共同理想、科学上升为华夏儿女的主流信仰、具体形化为全国人民的实干创业，体现着中国特色社会主义的道路自信、理论自信和制度自信，从坚定共同理想、强化价值体认、诠释价值目标、捍卫主流意识形态等方面彰显着社会主义核心价值观的核心要义。

---

* 本文作者：李东坡（1986—），男，江苏徐州人，法学博士，兰州大学马克思主义学院讲师，主要研究方向为马克思主义理论，青年信仰教育，思想政治教育理论与实践，科学社会主义。
基金项目：2015 年中央高校基本科研业务费项目（人文社科类）资助项目“社会转型期西北民族地区社会心态问题研究”（15LZUJBWZY134）；2012 年国家社科基金重点项目“社会主义价值与社会主义核心价值体系的内在关联研究”（12AKS005）。

① 习近平：《在第十二届全国人民代表大会第一次会议上的讲话》，《人民日报》2013 年 3 月 18 日。

一、“中国梦”的梦想体系

“人类对文明的要求是最终落实为社会理想和文化理想”①,“中国梦”的提出是对社会主义文明进程的总结和概括,有其深刻的历史背景和理论背景。“中国梦”是五千年华夏文明的传承,是上百年屈辱历史的呐喊,更是新中国奋发图强的憧憬;“中国梦”是全球化进程中中华民族形象的集体展示,是现代化征程中社会主义建设的价值追求,是改革开放以来人民渴望幸福生活的内心祈盼。“中国梦”是一个自成科学体系而又内涵价值意蕴的梦想系统。

(一)“中国梦”是国家富强梦、民族振兴梦和个人幸福梦

“中国梦”由来已久,是近代中国积贫积弱的现状下无数仁人志士救国图存的精神呐喊,是几代中国人历经千辛万苦、上下求索的美好夙愿。虽然不同理想目标和政治抱负的爱国先驱赋予中国梦不同的内涵和解读,但却都指向一个共同的愿景:实现民族解放独立、国家富强繁荣、人民幸福安康。“中国梦”延续着中华民族的历史命运,沿袭着当代中国的发展走向,不断指明全体华夏儿女的共同奋斗目标,就是要实现国家富强、民族振兴、人民幸福。

1. 国家富强梦

国家富强梦是指以科学发展观为指导,坚持解放思想、坚持把以经济建设为中心同四项基本原则、改革开放这两个基本点统一于中国特色社会主义伟大实践,凝聚力量、攻坚克难,建成富强民主文明和谐的社会主义现代化国家。“国家力量是一个国家生存发展所拥有的全部实力的总和。”②国家繁荣富强既是实现“中国梦”的主要内容,又是践行“中国梦”的主导力量。正如习近平指出:“建设富强民主文明和谐的社会主义现代化国家,实现中华民族伟大复兴,是鸦片战争以来中国人民最伟大的梦想,是中华民族的最高利益和根本利益。”③提出、追求和实现“中国梦”,就是要破解近代以来中国积贫积弱、遭受欺凌之格局,在民族复兴伟大梦想的激发下,坚持走中国道路,不断深化对共产党执政规律、社会主义建设规律、人类社会发展规律的科学认识,促进社会主义与现代化建设协同发展,推进国家治理体系和治理能力现代化,科学统筹经济建设、文化建设、政治建设、社会建设、生态文明建设以及党的建设,实现全面建成小康社会的既定目标,为实现中华民族伟大复兴奠定坚实基础,进一步将社会主义中国由世界大国发展成为世

---

① 赵汀阳:《论可能生活—— 一种关于幸福和公正的理论》,中国人民大学出版社 2005 年版,第 209 页。

② 喻文德:《论社会主义核心价值观对实现中国梦的伦理支撑》,《中南大学学报》社会科学版 2014 年第 6 期,第 40 – 44 页。

③ 习近平:《习近平谈治国理政》,外文出版社 2014 年版,第 169 页。

界强国。

2. 民族振兴梦

民族振兴梦是指中华儿女在历史地选择了中国共产党,实现民族解放和民族独立之后,不断促进民族发展,在推进中华民族从传统向现代转型实践过程中,实现中华民族伟大复兴、雄踞于世界民族之林的历史性目标。民族复兴作为中华儿女共同的美好愿景,始终贯通着近代以来中华民族的历史脉络、承载着近代以来中国人民的整体诉求、寄托着近代以来全体国人的民族情怀。中华民族作为历史悠久、文化灿烂的民族实体,是在漫长的历史长河中形成的既血肉相连、密不可分,又团结一致、奋发有为的多民族共同体。中华民族在融合发展和整合前进的过程中,创造了辉煌历史,引领着世界潮流,激发并生成了全体国人深深的民族自豪感和民族自信心。虽然灰暗惨痛的近代史让中华民族饱受欺凌侮辱、几乎丧失信心,但"我们民族有一脉相承的精神追求、精神特质、精神脉络"①,指引着中国人民不断为寻求民族复兴之路而团结奋斗。中华民族的民族自豪感、文化自信心乃至发展自觉性来自优秀传统文化的积淀浸染和传承创新。习近平指出:"博大精深的中华优秀传统文化是我们在世界文化激荡中站稳脚跟的根基。中华文化源远流长,积淀着中华民族最深层的精神追求,代表着中华民族独特的精神标识,为中华民族生生不息、发展壮大提供了丰厚滋养。"②实现中华民族伟大复兴,"要注重塑造我国的国家形象,重点展示中国历史底蕴深厚、各民族多元一体、文化多样和谐的文明大国形象。"③因此,要创造性发展和创新性转化中华优秀传统文化,通过文化强国建设坚定文化自信,实现中华文化影响力持续扩大;通过培育践行社会主义核心价值观增强文化自觉,建构现代性中华民族;通过爱国主义教育培育弘扬民族精神,推进中华民族伟大崛起。

3. 人民幸福梦

人民幸福梦是指在社会主义现代化建设过程中,从维护最广大人民根本利益的高度,加快健全基本公共服务体系,加强和创新社会管理,让全体人民共同享有人生出彩的机会,共同享有梦想成真的机会,共同享有同祖国和时代一起成长与进步的机会,实现好、维护好、发展好最广大人民的根本利益,提升全社会的幸福指数。幸福是人类孜孜以求的理想愿景和美好体验,是人们在社会生活中对人的生命价值的执着追求和永恒期盼。实现人民幸福既是马克思主义政党的核心议

---

① 习近平:《习近平谈治国理政》,外文出版社 2014 年版,第 181 页。

② 习近平:《习近平谈治国理政》,外文出版社 2014 年版,第 164 页。

③ 习近平:《习近平谈治国理政》,外文出版社 2014 年版,第 162 页。

题,更是中国共产党的历史使命和根本宗旨。马克思指出,“如果我们选择了最能为人类而工作的职业,我们的幸福将属于千百万人,我们的事业将悄然无声地存在下去,但是它会永远发挥作用”①,点明了实现人类解放、促进人民幸福是伟大崇高的事业。恩格斯更是明确指出,“每个人都追求幸福”是“颠扑不破的原则,是整个历史发展的结果,是无须加以论证的”。② 马克思主义与中华民族伟大复兴的历史进程相结合而产生的“中国梦”,将马克思主义幸福观融入中国梦想之中,将个人幸福与国家富强、民族复兴紧密联系起来,提出“中国梦”的根本价值目标就是实现13亿多人民群众的美好幸福生活。习近平指出:“中国梦是民族的梦,也是每个中国人的梦。”③“这个梦想,凝聚了几代中国人的夙愿,体现了中华民族和中国人民的整体利益,是每一个中华儿女的共同期盼。”④因此,实现人民幸福就是坚持人民主体地位,坚持共享发展理念,把增进人民福祉、促进人的全面发展作为社会主义现代化建设的出发点和落脚点,不断健全就业、教育、文化、社保、医疗、住房等公共服务体系,在实现社会安定有序、人民安居乐业的过程中,引领全体人民共同迈入全面小康社会。

(二)“中国梦”是经济发展梦、文明复兴梦和价值彰显梦

“中国梦”的实现过程是国家社会各领域、全方政治位的综合发展和进步过程,是经济持续健康发展、中华文明走向世界和社会主义价值得以彰显的系统工程。“中国梦”的梦想体系涵括追求经济发展梦、文明复兴梦和价值彰显梦。三个层次的“中国梦”体系,更加清晰地明确了党的十八大提出的“两个一百年”的奋斗目标,是对坚定不移沿着中国特色社会主义道路奋勇前进的总体性目标的系统化解读和形象化描述。

1. 经济发展梦

经济发展进而国家繁荣富强是实现“中国梦”的现实基础。马克思曾经指出:“我们判断一个人不能以他对自己的看法为根据,同样,我们判断这样一个变革时代也不能以它的意识为根据;相反,这个意识必须从物质生活的矛盾中,从社会生产力和生产关系之间的现存冲突中去解释。”⑤“中国梦”的提出、追求和实现过程,同样也要放置于社会主义现代化建设过程中,通过经济持续稳定健康发展,着

---

① 马克思,恩格斯:《马克思恩格斯全集》第1卷,人民出版社1995年版,第459页。
② 马克思,恩格斯:《马克思恩格斯全集》第42卷,人民出版社1979年版,第373页。
③ 习近平:《在第十二届全国人民代表大会第一次会议上的讲话》,《人民日报》2013年3月18日。
④ 习近平:《习近平谈治国理政》,外文出版社2014年版,第36页。
⑤ 马克思,恩格斯:《马克思恩格斯文集》第2卷,人民出版社2009年版,第592页。

力解决当前影响我国实现中华民族伟大复兴的社会主要矛盾。因此,生产力的发展、生产力与生产关系的合理互动,以及建构在此基础上的经济基础的发展,既是"中国梦"的现实基础,也是"中国梦"的应有之义。"中国梦"如果脱离了生产力的发展、忽视了经济领域发展新常态,就会因为丧失基础而成为空中楼阁。这就是马克思所强调的:"物质生活的生产方式制约着整个社会生活、政治生活和精神生活的过程。"①从这个意义上讲,"中国梦"首先是而且必须是经济发展梦,是坚持以经济建设为中心,以科学发展为主题,在发展平衡性、协调性、可持续性明显增强的基础上,在坚持全面推进经济建设、政治建设、文化建设、社会建设、生态文明建设,实现以人为本、全面协调可持续的科学发展过程中,引领经济发展新常态,把握经济发展新特征,激发各类市场主体发展新活力,增强创新驱动发展新动力,构建现代产业发展新体系,培育开放型经济发展新优势,确保到2020年实现国内生产总值和城乡居民人均收入比2010年翻一番。

2. 文明复兴梦

文明复兴进而中华民族伟大崛起是实现"中国梦"的时代主题。克劳塞维茨认为:"历史最能证明精神因素的价值和它们的惊人的作用。"②中华民族近代以来追求民族解放、民族独立、民族复兴的历史征程充分表明,"一个民族的觉醒,首先是文化上的觉醒;一个政党的力量,很大程度上取决于文化自觉的程度。可以说,是否具有高度的文化自觉,不仅关系到文化自身的振兴和繁荣,而且决定着一个民族、一个政党的前途命运。"③从文明发展角度讲,"中国梦"鲜明的时代主题就是文明复兴——中华文明的现代性发展和崛起,就是建构起一整套能够适应并引领现代中国社会生活的文明体系,在促进国人文化自觉的过程中,达致文化自信,实现文化自强。马克思曾经指出:"理论一经掌握群众,也会变成物质力量。理论只要说服人,就能掌握群众;而理论只要彻底,就能说服人。所谓彻底,就是抓住事物的根本。"④物质生产与精神生产协调同步发展,是一个社会的最佳运行状态,而没有先进的能够抓住事物根本的精神文明作指导和引领的民族,往往容易在现代化浪潮中丧失自身。辉煌灿烂的中华文明催生国人高度的文化自觉和文化自信,但在近代以来却几乎遭遇到毁灭性打击。历经文化自卑、文化迷茫和艰苦的文化探索,中国人民在中国共产党的领导下,以社会主义先进文化引领中

---

① 马克思,恩格斯:《马克思恩格斯文集》第2卷,人民出版社2009年版,第591页。

② 克劳塞维茨:《战争论》第1卷,商务印书馆1978年版,第188页。

③ 云杉:《文化自觉·文化自信·文化自强——对繁荣发展中国特色社会主义文化的思考(上)》,《红旗文稿》2010年第15期,第4-8页。

④ 马克思,恩格斯:《马克思恩格斯选集》第1卷,人民出版社1995年版,第9页。

国文化建设,增强文化软实力,打造具有独特精神文明标识的“中国梦”。因此,“中国梦”在全球化席卷世界的时代大潮中,应该是而且必须是文明复兴梦,是在建设社会主义文化强国的总体目标下,在培育、践行和弘扬社会主义核心价值观的过程中,公民文明素质和社会文明程度明显提高,文化产品更加丰富多元,公共文化服务体系基本建成,中国传统文化在体现现代文明色彩中实现价值性回归,中华文化走出去迈出更大步伐,中华文明重新走向世界,文化软实力显著增强,用中华文明的全面复兴凝聚人心、整合社会、引领时代。

3. 价值彰显梦

马克思在《评阿·瓦格纳的“政治经济学教科书”》中指出,“‘价值’这个普遍的概念是从人们对待满足他们需要的外界物的关系中产生的”,价值“是人们所利用的并表现了对人的需要的关系的物的属性”。① 马克思指出了价值作为关系范畴,是一种客体属性对于主体需要的特定关系。梦想同样也要具备一定的价值属性,才能满足主体的需要,成为引领主体积极付诸实践的精神力量。“共同梦想内蕴着基本价值追求,基本价值追求承载着伟大梦想的种子。”②“中国梦”是党和国家根据世情、国情、党情新变化而提出社会主义现代化建设的美好梦想,全面阐述了近代以来中华民族跌宕起伏的历史脉络,激情描绘了中华儿女不懈奋斗的艰辛历程,深刻展示了现代化进程中华夏儿女的共同愿景,积极彰显了社会主义新中国的宏伟目标,符合时代发展要求、契合历史发展规律、迎合全体人民期盼,具有深远的价值意蕴。“中国梦”的提出,既是凝神聚魂的战略考量,又是在西方一些国家推行文化霸权、宣扬“普世价值”的背景下,展示中国特色社会主义价值目标的战略部署,是在全球金融危机之后西方国家经济萎靡不振的大环境下,积极展现中国道路发展优势、系统呈现中国梦想独特魅力的战略工程。因此,“中国梦”从长远角度来看就是价值彰显梦,是在实现国家富强、民族振兴和个人幸福的历程中,坚定不移地沿着中国特色社会主义道路前进,既不走封闭僵化的老路、也不走改旗易帜的邪路,而是在继承、坚持和弘扬人的全面自由发展这一社会主义核心价值理念的原则基础上,实现坚持人民主体地位、坚持解放发展生产力、坚持推进改革开放、坚持维护公平正义、坚持共同富裕道路、坚持促进社会和谐、坚持世界和平发展和坚持共产党的领导的有机统一,不断赋予中国特色社会主义以实践特色、理论特色、民族特色、时代特色,积极彰显中国特色社会主义的价值自觉和

① 马克思,恩格斯:《马克思恩格斯全集》第19卷,人民出版社1963年版,第406页。

② 张志云,杨章钦:《论社会主义核心价值观与实现中国梦的逻辑价值》,《东南学术》2014年第3期,第24－28页。

价值自信。因此,“中国梦”的战略目标就是在后金融危机时代,在与资本主义发展道路的比较中,甄辨与“美国梦”“欧洲梦”等的本质区别,展现中国特色社会主义发展道路的本质属性、独特优势和价值意蕴。

综上所述,“中国梦”是一个由国家梦、民族梦和个人梦构建而成的梦想体系,同时也是一个由经济社会发展、中华文明复兴、社会主义价值彰显全方位迈进的造梦工程。“中国梦”既内含着国家、社会、个人的三维指向,更彰显着中国特色社会主义发展道路的价值言说。因此,坚持三位一体的“中国梦”,就是要坚持和发展中国特色社会主义,就是要在社会主义核心价值观的引领下,全面建成小康社会、建成富强民主文明和谐的社会主义现代化国家、实现中华民族伟大复兴。

二、“中国梦”的梦想定位与价值彰显

实现中华民族伟大复兴,价值问题具有终极意义。一个民族若是没有清晰的价值坐标,没有坚定的理想信仰,没有先进的伦理规范,即使经济基础再坚固、物质财富再雄厚,也因为缺少文化形象和价值观念而难以获得世界认同。实现中华民族伟大复兴的“中国梦”,必须强体固本、凝心聚力、传神塑魂,奠定造梦、筑梦、追梦和圆梦的强大思想基础和精神动力。而“中国梦”在传达价值意蕴的过程中清晰地勾勒出梦想定位,就是以弘扬社会主义核心价值观为基本价值定位,在坚持中国道路、弘扬中国精神、凝聚中国力量的过程中,不断坚定全体人民理想追求、捍卫国家主流信仰、推动全民实干创业,并通过实现“中国梦”,筑建中国特色社会主义梦想,汇聚全体人民最大共识,从坚定共同理想、强化价值体认、诠释价值目标、捍卫主流意识形态等方面彰显着社会主义核心价值观的核心要义。

(一)“中国梦”价值定位:追求理想、捍卫信仰和创业实干

作为包含着中华民族传统文化复归的历史重任、社会主义中国现代化转型发展的现实要求和中国特色社会主义长远建设的奋斗目标的综合性价值观念体系,社会主义核心价值观蕴含并彰显着对国家富强的目标期待、对民族复兴的进步要求以及对人民幸福的价值旨归,为追求“中国梦”提供着价值导向,为实现“中国梦”编织着精神纽带。以“三个倡导”为基本内容的社会主义核心价值观就是我们追求和实现“中国梦”的价值定位和精神引领,是打造和锻造“中国梦”的力量源泉和价值依托。从“中国梦”的三个维度考量,实现繁荣昌盛、富国强民的“强国梦”,就是要在价值层面实现“富强、民主、文明、和谐”,突出弘扬中国特色社会主义的共同理想,彰显“中国梦”在国家建设层次的价值目标;追求民族复兴、社会进步的“文明梦”,就是要在价值层面实现“自由、平等、公正、法治”,着重凝聚中华民族伟大复兴的价值共识,凸显“中国梦”在社会发展层次的价值取向;凸显生活

美好、安居乐业的“幸福梦”，就是要在价值层面实现“爱国、敬业、诚信、友善”，科学维系人民追求幸福安康美好生活的道德风尚，传达“中国梦”在个人追求层次的价值准则。通过国家层面的价值目标、社会层面的价值共识、个人层面的价值取向的培育和践行，以“三个倡导”为基本内容的社会主义核心价值观整体匹配地嵌入“中国梦”的三个具体维度之中，为中华民族阔步复兴大道提供正确的价值坐标、科学的信仰支撑和强大的灵魂指引。因此，从梦想定位的角度上讲，“中国梦”的提出、追求和实现，突出凝练为中华民族的共同理想、科学上升为华夏儿女的主流信仰、具体形化为全国人民的实干创业。

1. 追求理想

梦想来源于现实世界，而又超越于现实世界，梦想是基于现实生活的更高层次的一种理想追求。“中国梦”本质上是一种社会意识，是社会存在发展的映射化，是在中国特色社会主义现代化建设过程中形成的更高层次的理想愿景和社会心理。马克思在一定程度上认可社会意识的主观能动性，揭示了不同的社会心理在社会斗争、政治斗争和经济斗争中的突出作用。他认为在“在市民社会，任何一个阶级要想扮演这个角色，就必须在一瞬间激起自己和群众的热情”①。因此，“中国梦”作为一种理想追求，体现了全体人民对中华民族的美好发展憧憬、共同利益关切和参与建设热情，更加容易激发全体国人对实现民族伟大复兴的心理认同，汇聚共同建设社会主义新中国的精神力量。正如习近平指出的：“中国梦意味着中国人民和中华民族的价值体认和价值追求，意味着全面建成小康社会、实现中华民族伟大复兴，意味着每一个人都能在为中国梦的奋斗中实现自己的梦想，意味着中华民族团结奋斗的最大公约数，意味着中华民族为人类和平与发展做出更大贡献的真诚意愿。”②

2. 捍卫信仰

信仰是人的本质的对象化，是人对社会实践活动的最高价值认定和理念确信，并形成的最高价值理想和终极追求目标。坚定的信仰能够产生强大的精神动力，促进信仰主体克服具体实践过程中的种种阻碍和挫折，向着既定的信仰蓝图锲而不舍。“中国梦是新时期中国人民的精神诉求和精神信仰。”③“中国梦”的坚持和追求本质上是对中国特色社会主义的坚定和捍卫，是对中国特色社会主义共

---

① 马克思，恩格斯：《马克思恩格斯选集》第1卷，人民出版社1995年版，第12页。

② 习近平：《习近平谈治国理政》，外文出版社2014年版，第161页。

③ 黄建军：《坚定的理想信念是实现中国梦的强大精神支柱》，《思想理论教育导刊》2015年第10期，第37－40页。

同理想和共产主义伟大梦想的坚持和信仰。将“中国梦”作为全体人民的共同信仰，融入人们的日常生活、生产实践和具体工作之中，有利于人们将中国梦信仰与实现共产主义最高信仰结合起来，有利于在当前各种价值观念和社会思潮纷繁复杂，思想意识多元多样多变的局势下，引导人们紧紧围绕中国梦信仰，高扬社会主义现代化建设主旋律，整合意识形态建设最强音，唱响中华民族伟大复兴进行曲，为实现全面建成小康社会提供强大的理论引领和精神支撑。因此，“中国梦是社会主义意识形态的共同理想和终极信仰，处在社会主义意识形态结构‘魂中之魂’的位阶。”①

3. 创业实干

梦想需要付诸行动，否则再美好的梦想终究是场空。毛泽东认为：“如果有了正确的理论，只是把它空谈一阵，束之高阁，并不实行，那么，这种理论再好也是没有意义的。”②提出、倡导和弘扬“中国梦”，最终目标在于通过全体人民的共同努力，实实在在干事业、扎扎实实创新业，共同实现“中国梦”。目前，我国仍处于并将长期处于社会主义初级阶段，我国发展处于大有作为的重要战略机遇期和矛盾叠加、风险增多的严峻挑战期并存阶段，“实现中国梦，创造全体人民更加美好的生活，任重而道远，需要我们每一个人继续付出辛勤劳动和艰苦努力。”③实现“中国梦”，关键在党，基础在人民。正如习近平所强调：“我们面临的挑战和问题依然严峻复杂，应该说，党面临的赶考，远未结束，我们党要带领人民实现全面建成小康社会的奋斗目标，不断坚持和发展中国特色社会主义，就是这场考试的继续。”④“中国梦”因其强大的吸引力、凝聚力和整合力，赋予全体人民崇高的使命感、厚重的紧张感和激昂的参与感，只有不断实干创业，才能实现美好梦想。因此，习近平指出：“只要我们紧密团结，万众一心，为实现共同理想而奋斗，实现梦想的力量就无比强大。我们每个人为实现自己梦想的努力就拥有广阔空间。”⑤

（二）“中国梦”的价值彰显：中国特色的社会主义核心价值观

“中国梦”从国家、民族和人民三个维度具体阐释着中国特色社会主义的奋斗

---

① 李忠军：《中国梦·社会主义核心价值观·中国精神三位一体的铸魂逻辑》，《社会科学战线》2015 年第 6 期，第 9－15 页。

② 毛泽东：《毛泽东选集》第 1 卷，人民出版社 1991 年版，第 292 页。

③ 习近平：《在第十二届全国人民代表大会第一次会议上的讲话》，《人民日报》2013 年 3 月 18 日。

④ 习近平：《习近平关于实现中华民族伟大复兴的中国梦论述摘编》，中央文献出版社 2013 年版，第 85 页。

⑤ 习近平：《在第十二届全国人民代表大会第一次会议上的讲话》，《人民日报》2013 年 3 月 18 日。

目标,综合性地指向中国特色社会主义现代化建设的价值追求,与以“三个倡导”为基本内容的社会主义核心价值观从国家、社会和个体的层次阐发中国特色社会主义道路的价值目标遥相呼应,具有内在契合性。“任何梦想的实现都是梦想者的价值观外化”①,“中国梦”的提出过程、表现形态和追求路向具有内在的统一性和协同性,这种协同的整体性梦想体系,是对当下中国社会主义现代化建设发展目标的科学解读和合理诠释,是对社会主义核心价值观的直观描绘和生动展现。“中国梦”是三位一体的科学结构形态,强调国家富强的“强国梦”从国家层面构想了中国特色社会主义繁荣富强的实践路径和发展图景,奠定造梦工程的主体架构;主张民族振兴的“文明梦”从社会层面设想了中华民族伟大复兴的文明基因和发展理念,彰显造梦工程的精神品质;追求个人幸福的“幸福梦”从个体层面回答了全国各族人民幸福安康的道德要求和依靠主体,凝聚造梦工程的集体力量。国家富强是“中国梦”的有力支撑,同时也是民族振兴和人民幸福的坚实物质基础,没有富裕强大的社会主义新中国,民族振兴和人民幸福就会失去现实依托而成为渺茫的幻想;民族振兴是“中国梦”的文明走向,同时也是国家富强和人民幸福的主要动力源泉,没有走向复兴的中华民族新文明,国家富强和人民幸福就会失去精神依靠而成为无根的游魂;人民幸福是“中国梦”的价值追求,同时也是国家富强和民族振兴的根本价值旨归,没有幸福美好的人民群众新生活,国家富强和民族振兴就会失去存在意义而成为空洞的口号。因此,“中国梦”的三个维度有机构成其对中国特色社会主义的价值彰显,“中国梦”的提出是对中国特色社会主义价值追求的回应,“中国梦”的追求是对中国特色社会主义价值定位的解答,“中国梦”的实现是对中国特色社会主义价值彰显的诠释。“中国梦”书写着人们对社会主义核心价值观的理性表达、美好畅想和合理演绎,“中国梦”传递着人们对中国特色社会主义的崇高信仰、无比信心和坚定信念。

“中国梦”在其更深层次上而言是社会主义核心价值观的表达重构和话语创新,“中国梦用鲜活的大众语言表达了全国各族人民的共同愿望,成为引领当代中国社会发展的精神旗帜。”②“中国梦”的鲜活生命力、强大感召力和深刻阐释力,一方面来自“中国梦”自身的科学体系架构和丰富内涵融合,另一方面也来自其对社会主义核心价值观核心要义的突出彰显。

---

① 傅李琦,周书俊:《社会主义核心价值观与中国梦的关系探究》,《思想理论教育导刊》2015年第7期,第71－73页。

② 喻文德:《论社会主义核心价值观对实现中国梦的伦理支撑》,《中南大学学报》社会科学版2014年第6期,第40－44页。

1.“中国梦”以更加凝练的形式坚定了中国特色社会主义共同理想

习近平强调:“富强、民主、文明、和谐,自由、平等、公正、法治,爱国、诚信、敬业、友善,传承着中国优秀传统文化的基因,寄托着近代以来中国人民上下求索、历经千辛万苦确立的理想和信念,也承载着我们每个人的美好愿景。”①培育和践行社会主义核心价值观,其主要目标之一就是巩固全党全国人民团结奋斗的共同思想基础,引导人们在国家发展新常态中坚定中国特色社会主义共同理想。“中国梦”涵括的国家富强、民族振兴、人民幸福等主要观点,在本质上仍然是中国特色社会主义的主体内容。邓小平早就指出:“社会主义的本质,是解放生产力,发展生产力,消灭剥削,消除两极分化,最终达到共同富裕。”②这构成中国特色社会主义共同理想的理论基础。“中国梦”则从国家、民族和人民三个层次系统组合表述为中国特色社会主义共同理想的核心要义,并以更加凝练的表达打破了人们从经济建设、文化建设、政治建设、社会建设、生态文明建设和党的建设等几大领域予以解读的习惯性思维模式,将国家发展目标、民族复兴重任和人民主体地位鲜明地凸显出来。因此,“中国梦”的新颖表述和科学意蕴,一经公布就立即成为全体中国人普遍认可的价值追求。习近平认为:“把我国 56 个民族,13 亿多人紧紧凝聚在一起的,是我们共同经历的非凡奋斗,是我们共同创造的美好家园,是我们共同培育的民族精神,而贯穿其中的、更重要的是我们共同坚守的理想信念。”③而“中国梦”则以更加贴近人民心声、契合人民愿景、符合时代要求的形式,揭示出坚守共同理想信念的重要性和必要性。因为,“中国梦是国家的、民族的,也是每一个中国人的。国家好、民族好,大家才会好。只有每个人都为美好梦想而奋斗,才能汇聚起实现中国梦的磅礴力量。”④

2.“中国梦”以更加形象的表达强化了国家认同、价值共识和利益诉求

民族复兴“首先要求中国建成现代文明国家,并在此过程中展示中华传统价值、中国模式的世界意义”⑤。因此,实现民族复兴的中国梦想,要在推动经济持续健康发展,打造中国梦想的雄厚物质基础的同时,更要在民主政治改革和文化大发展大繁荣的过程中,形成令人仰慕的价值优势和精神力量。“在改革深水期、攻坚期与实现中华民族伟大复兴的关键节点上,呼吁各个阶层、各种势力、各种利

---

① 习近平:《习近平谈治国理政》,外文出版社 2014 年版,第 169 页。

② 邓小平:《邓小平文选》第 3 卷,人民出版社 1993 年版,第 373 页。

③ 习近平:《习近平谈治国理政》,外文出版社 2014 年版,第 39 页。

④ 习近平:《在同各界优秀青年代表座谈时的讲话》,《人民日报》2013 年 5 月 5 日。

⑤ 王义桅:《海殇? ——欧洲文明启示录》,上海人民出版社 2013 年版,第 256 页。

益同心同德,不仅效验显著,而且意义重大。”①正是在这个意义上,习近平强调指出:“实现我们的发展目标,实现中国梦,必须增强道路自信、理论自信、制度自信?而这‘三个自信’需要我们对核心价值观的认定作支撑。”②没有精神支撑的经济繁荣不会走远,没有精神食粮的民族发展没有未来。社会主义核心价值观既是中国特色社会主义理论的精神内核,又是全体中国人民的价值认同。积极培育和践行社会主义核心价值观,就是要推动解决目前社会存在的“价值缺失”“观念冲突”“道德迷茫”等问题,推动解决目前存在的试图冲击、解构和颠覆主流意识形态的思想斗争问题,以社会主义核心价值观引领社会思潮、凝聚社会共识,增强社会成员的国家认同、文化认同和价值认同。“中国梦”在时间上具有前溯性和后续性,向前追溯“中国梦”是近代以来中国人民追求民族独立解放、国家繁荣富强和人民当家做主梦想的沿承和发展;往后展望“中国梦”是新中国成立以来党团结带领全国人民努力建设中国特色社会主义之梦、科学推进中国现代化转型发展之梦,以及不懈追求实现共产主义之梦。“中国梦”以鲜活的语言将过去之梦、现在之梦和未来之梦有机融合一体,通过强调“中国梦”归根到底是人民的梦这一真实出发点和最终落脚点,最大化整合大多数人的利益诉求和价值诉求,形象化地表达了全体中国人团结奋斗的最大公约数,有效强化了国家认同、文化认同和价值认同。

3.“中国梦”以更加科学的架构诠释了社会主义现代化建设总目标

当今世界正处在金融危机后的深度调整期,我国正处于全面深化改革的关键期,如何更加生动形象而又全面深刻地向人们阐释中国特色社会主义现代化建设的总目标和总规划,团结凝聚起全面建成小康社会的整体力量,是培育和践行社会主义核心价值观的重要任务。因此,如何更好地满足人民物质和精神需求,进而在既让人民过上殷实富足的物质生活,又让人民享有健康丰富的文化生活的过程中,促进人的全面发展,凸显社会主义制度的优越性,展现新中国社会主义实践的科学性,为继续解放思想、全面深化改革、推动科学发展、全面建成小康社会提供坚强思想保证、强大精神动力、有力舆论支持、良好文化条件,是党和国家在重要战略机遇期必须面对和解答的时代性课题。习近平指出:“我们要坚持发展是硬道理的战略思想,坚持以经济建设为中心,全面推进社会主义经济建设、政治建设、文化建设、社会建设、生态文明建设,深化改革开放,推动科学发展,不断夯实

---

① 《人民论坛·学术前沿》编辑部:《中国的上下同心——“中国梦”共识及构筑》,《人民论坛·学术前沿》2013年4月上,第4-5页。

② 习近平:《习近平谈治国理政》,外文出版社2014年版,第171-172页。

实现中国梦的物质文化基础。"①"中国梦"的提出,从国家全局、社会整体和个人角度系统架构了中国特色社会主义现代化建设的总目标,以更加形象和科学的结构诠释着社会主义现代化建设的总目标,体现出了社会主义中国对富强、民主、文明、和谐,自由、平等、公正、法治,爱国、诚信、敬业、友善等价值观念的尊重和追求,彰显了社会主义核心价值观的核心要义。因此,实现"中国梦",就是要在社会主义核心价值观的引领下,以经济持续健康发展为目标推进国家富强进程,以人民民主不断扩大为目标促进政治体制改革,以文化软实力显著增强为目标推动精神文明建设,以人民生活水平全面提高为目标推动和谐社会建设,以资源节约型、环境友好型社会建设为目标推进生态文明,促进创新发展、协调发展、绿色发展、开放发展和共享发展,进一步推进改革开放和社会主义现代化建设,坚定不移地贯彻中国道路,实现民族复兴的伟大梦想。

4. "中国梦"以更加明确的要求捍卫马克思主义主流意识形态

"一定的意识形态总是借用一定的语言和术语来叙述自己。"②巩固马克思主义在意识形态领域的指导地位,成为社会主义核心价值观的重要使命。培育和践行社会主义核心价值观,就是要增强社会主义意识形态的竞争力,掌握价值观念领域的主动权、主导权和话语权,扩大主流价值观念的影响力、辐射力和凝聚力,逐步打破西方的话语垄断、舆论垄断,维护国家文化安全和意识形态安全。"中国梦"在阐述伟大美好梦想的同时,对于如何实现"中国梦"提出了更加明确的要求,那就是实现中国梦必须走中国道路、弘扬中国精神、凝聚中国力量,蕴含着对我国意识形态安全工作的清醒认识和严格要求,并通过接受面最广、理解度最深、区别度最强的话语形式凸显出意识形态色彩。"中国梦"只能是中国特色社会主义性质的民族复兴梦,它既含有社会主义性质、又凸显人民民主诉求,既主张民族整体利益、又捍卫个体合法权利,既强调中国现代化转型、又关注世界和平发展,在与社会主义核心价值观的遥相呼应中,捍卫着我国马克思主义主流意识形态、呈现着我国社会主义现代化特征、回应着时代变迁进程中的人民诉求,彰显着社会主义核心价值观的核心要义。

(原载于《中南大学学报》社会科学版2016年第2期)

① 习近平:《在第十二届全国人民代表大会第一次会议上的讲话》,《人民日报》2013年3月18日。

② 俞吾金:《意识形态论》,人民出版社2009年版,第69页。

论追寻中国梦的三重思维*

中国梦是中国人民的梦，是中华民族近代以来最伟大的理想追求。习近平指出："实现中华民族伟大复兴的中国梦，就是要实现国家富强、民族振兴、人民幸福，既深深体现了今天中国人的理想，也深深反映了我们先人们不懈追求进步的光荣传统。"①对中国梦的思索和研究是当代中国坚定走中国道路的时代课题。在当下中国的发展过程中出现了经济社会发展不平衡、官员贪污腐败、贫富差距拉大等问题，这些问题的出现迫使人们不得不思考追寻中国梦的真理性和现实性。历史之维、理论之维、实践之维则是考察和探索中国梦的真理性和现实性的逻辑思维框架。

一、历史之维：追寻中国梦具有客观真理性

中国梦根植于中华民族深厚的历史文化底蕴，根植于中国的具体社会历史状态，根植于中华民族内心的渴望与追求。从唯物史观看，追寻中国梦的真理性蕴含于中国特色社会主义发展的一般规律之中。这一理想追求不仅符合当代中国具体国情，而且符合社会基本矛盾运动规律，符合人类社会发展的总趋势。

1. 追寻中国梦的历史轨迹

追寻中国梦，是中华民族由近代日益衰亡走向繁荣复兴的历史进程，是近代以来中国发展的历史选择。中华民族开始追寻复兴之梦，源于中华民族五千多年的文明发展史，基于近代中国半殖民地半封建社会的特殊国情，立足于当代中国

---

* 本文作者：陆树程（1956—），男，江苏江阴人，哲学博士，苏州大学马克思主义研究院、新型城镇化与社会治理协同创新中心教授、博士生导师，主要从事价值哲学和生命哲学研究；张鹏远（1992—），男，江苏泗洪人，苏州大学马克思主义学院硕士研究生，主要从事价值哲学研究。

基金项目：国家社科基金重点项目"中国道路研究"（项目编号：14AZD004），国家社科基金重大项目"'四个全面'战略布局研究"（项目编号15ZDA006）和苏州大学江苏省中国特色社会主义理论体系研究基地项目的阶段性成果。

① 习近平：《习近平谈治国理政》，外文出版社2014年版，第39页。

不断发展的社会状态。习近平指出:“我们的民族是伟大的民族。在五千多年的文明发展历程中,中华民族为人类文明进步作出了不可磨灭的贡献。近代以后,我们的民族历经磨难,中华民族到了最危险的时候。自那时以来,为了实现中华民族伟大复兴,无数仁人志士奋起抗争,但一次又一次地失败了。中国共产党成立后,团结带领人民前仆后继、顽强奋斗,把贫穷落后的旧中国变成日益走向繁荣富强的新中国,中华民族伟大复兴展现出前所未有的光明前景。”①历史证明:中国共产党领导的社会主义革命、建设和改革事业始终坚持从中国的具体国情出发,坚持走中国道路,不断解决中国在发展过程中出现的问题。强烈的国情意识和问题意识是追寻中国梦永葆生命力的基础。党的十八大以来,党中央根据具体国情的发展变化,将中国梦提升到国家发展战略的高度。这种提升有其坚实的基础和深刻的内在动因。其一,改革开放三十多年的实践使实现中国梦的基础不断积累和丰富,国家日益富强,人民日益幸福,社会面貌日新月异。经济上,我国生产力保持平稳发展,人民生活水平显著提高。据国家统计局统计,2014 年中国国内生产总值达到 636463 亿元,按可比价格计算,比上年增长 7.4%,全国居民人均可支配收入 20167 元,比上年名义增长 10.1%,扣除价格因素实际增长 8.0%;②政治上,社会主义民主政治、社会主义民主法制建设有序推进,人民当家作主的权利得到充分保障;文化上,社会主义核心价值观建设深入开展,文化产业快速发展,国家文化软实力进一步提升;社会建设上,社会保障体系日益完善,社会主义和谐社会有序推进;生态文明建设上,资源节约和环境保护建设全面推进,环境污染治理投资稳中有升。其二,当代中国正处于重要的发展战略期,机遇与挑战并存的现实国情使得建设中国特色社会主义的伟大事业迫切需要以实现中华民族伟大复兴的理想振奋人心、凝聚力量。“中国梦为中国特色社会主义理论再添亮丽色彩,成为凝聚人心的‘最大公约数’。”③简言之,追寻中国梦的历史进程在特殊的社会历史条件下开始,并随着具体国情的变化而变化,不断顺应时代发展的潮流,成为中华民族共同的理想追求。

2. 追寻中国梦符合社会基本矛盾运动规律

马克思认为,生产关系一定要适合生产力状况的规律、上层建筑一定要适合经济基础状况的规律是人类社会两大基本矛盾运动规律。追寻中国梦完全符合

---

① 习近平:《习近平谈治国理政》,外文出版社 2014 年版,第 3-4 页。

② 朱剑红:《总量突破 60 万亿 2014 年 GDP 同比增 7.4% 经济在新常态下平稳运行》,《人民日报》2015 年 01 月 21 日。

③ 新华社记者:《腾飞,张开梦想的翅膀:写在实现中华民族伟大复兴的中国梦提出两周年之际》,《解放日报》2014 年 11 月 29 日。

这一社会发展基本规律。在追寻中国梦的过程中,解决经济社会发展不平衡、贫富差距逐渐拉大等问题,实质上就是要运用人类社会基本矛盾运动规律,解决社会主义初级阶段的主要矛盾——人民日益增长的物质文化需要同落后的社会生产之间的矛盾。解决这一主要矛盾的关键是必须解放和发展生产力。中国梦实现的客观真理性就在于始终着眼于生产力发展的决定性作用,同时,充分发挥生产关系对生产力、上层建筑对经济基础的能动作用,把实现好、维护好和发展好人民群众的根本利益作为最根本的价值要求。

其一,中国梦的独特内涵不是彼此分割而是有机统一的整体。追寻中国梦的历史进程以实现国家富强为基础,以实现人民幸福为归宿,充分彰显了生产力状况在社会基本矛盾运动规律中的决定性作用。“国家富强是民族振兴和人民幸福的基础和前提条件。”①只有充分体现生产力标准的根本要求,一切从生产力发展状况出发,解放和发展生产力,实现物质财富的极大丰富,最终达到共同富裕,追寻中国梦才有生生不息的力量源泉,民族振兴和人民幸福的价值目标才能真正实现。这既是社会主义的本质要求,也是中华民族伟大复兴必然实现的客观性所在。

其二,中华人民共和国成立以来,中华民族追寻中国梦的历史进程始终坚持中国共产党的领导,坚持以生产资料公有制、以按劳分配为基础的生产关系,充分发挥了生产关系和上层建筑的能动作用。面对国内外的新形势新任务,党中央打破以往突出强调生产力决定作用的局面,开创性地提出“生产关系与生产力、上层建筑与经济基础相协调”②的思维框架,即人们可以通过主动地改变生产关系和上层建筑,更好地适应和促进生产力和经济基础的发展要求。这一思维框架的实质是肯定并尊重人民群众的主体性作用,追寻中国梦也因而获得更加广泛的群众基础和不竭的发展动力。

其三,追寻中国梦的历史进程既是其本质内涵逐渐实现的过程,也是矛盾不断产生、不断解决循环往复的发展过程。当前,人民日益增长的物质文化需要同落后的社会生产之间的矛盾依然是我国社会的主要矛盾。同时,社会结构日趋分化,贫富差距、城乡差距逐渐扩大,利益冲突包括官民、劳资矛盾日益凸显,这些问题使当前中国的社会矛盾更趋尖锐。正确处理好这些发展过程中的矛盾,实现好、维护好和发展好人民群众的根本利益,成为实现中国梦的关键。中国梦归根到底是人民的梦,实现中华民族伟大复兴的落脚点必须是实现人民幸福,这一根

① 江畅:《中国梦与中国社会的终极价值目标》,《道德与文明》2013 年第 4 期。

② 《中国共产党第十八次全国代表大会文件汇编》,人民出版社 2012 年版,第 8 页。

本价值指向表明追寻中国梦是合规律性、合目的性有机统一的理想追求。

3. 追寻中国梦符合人类社会发展的总趋势

马克思、恩格斯认为两大社会基本矛盾贯穿于人类历史发展的始终,决定着社会形态从低级向高级不断发展的历史总趋势。从中国梦的本质内涵和具体目标来看,实现国家富强、民族振兴、人民幸福的历史进程呈现为一个不断发展的动态过程,把实现人民幸福作为根本性的价值追求,与人类社会发展总趋势相一致,这是追寻中国梦具有客观真理性的又一佐证。

马克思主义认为,社会形态的变化从人的发展状况角度来看,经历着从人的依赖性到物的依赖性再到人的自由全面发展三个阶段。马克思指出:“人的依赖关系(起初完全是自然发生的),是最初的社会形式,在这种形式下,人的生产能力只是在狭小的范围内和孤立的地点上发展着。以物的依赖性为基础的人的独立性,是第二大形式,在这种形式下,才形成普遍的社会物质变换、全面的关系、多方面的需要以及全面的能力的体系。建立在个人全面发展和他们共同的、社会的生产能力成为从属于他们的社会财富这一基础上的自由个性,是第三个阶段。第二个阶段为第三个阶段创造条件。”①第一阶段由于狭隘的地域性存在决定了人们在劳动中表现为直接的社会关系;第二阶段,资本主义生产方式打破了原有的地域限制,逐渐呈现出“人们之间的物的关系和物之间的社会关系”②,世界历史开始存在;第三阶段是自由全面发展的人的联合时代,是共产主义的最终实现。中华民族实现伟大复兴的宏伟目标开始于资本主义发展扩张的时代,在这个意义上,追寻中国梦的历史进程,立足于第二大社会形态,伴随着世界历史的不断形成和发展。同时,中国梦实现人民幸福的价值目标与共产主义实现全人类自由全面发展的终极目标具有历史的传承性,“中国梦是中国特色社会主义共同理想的现实表达和阶段性目标,它与共产主义远大理想具有内在关联性,是远大理想与共同理想的统一。”③追寻中国梦的历史进程最终指向共产主义社会,实现中华民族伟大复兴是实现共产主义社会的重要环节和阶段性目标。可见,追寻中国梦符合社会历史发展的总趋势,中国梦的实现为走向共产主义社会不断创造社会历史条件。

综上所述,追寻中国梦符合当代中国的具体国情,符合社会基本矛盾运动规律和社会历史发展的总趋势。正如习近平所说:“中华民族伟大复兴展现出光明

---

① 马克思,恩格斯:《马克思恩格斯文集》第8卷,人民出版社2009年版,第52页。

② 马克思,恩格斯:《马克思恩格斯文集》第5卷,人民出版社2009年版,第90页。

③ 寇清杰:《共产主义理想与中国梦》,《思想理论教育导刊》2014年第10期。

的前景。现在,我们比历史上任何时期都更接近中华民族伟大复兴的目标,比历史上任何时期都更有信心,有能力实现这个目标。"①中国梦不是空想,不是幻想,而是可以实现的合规律、合情理的中华民族的理想追求。

二、理论之维:"四个全面"战略布局是追寻中国梦过程中所面临问题的逻辑应答

追寻中国梦,必须面对和解答当代中国发展中的现实问题,"四个全面"战略布局则是解决当前发展问题的必然选择。习近平指出:"主动把握和积极适应经济发展新常态,协调推进全面建成小康社会、全面深化改革、全面推进依法治国、全面从严治党,推动改革开放和社会主义现代化建设迈上新台阶。"②协调推进"四个全面"战略布局要求变革体制机制,要求变革社会结构。只有社会结构在变革过程中趋向于合理性和合规律性,才能充分发挥积极的社会功能,有效解决当代中国发展中存在的问题,有利于中国梦的早日实现。

1. "四个全面"战略布局助力中国梦

全面建成小康社会、全面深化改革、全面推进依法治国、全面从严治党,是党中央针对我国发展过程中面临的突出问题所制定的具有中国特色的重大战略布局,这一战略布局是具有内在逻辑关系的有机整体。战略目标和战略举措互为前提、相辅相成、相互渗透,"无论是全面建成小康社会的战略目标,还是全面深化改革、全面依法治国、全面从严治党三大战略举措,都是围绕中国梦进行的"③。"四个全面"战略布局为实现中国梦的伟大实践提供战略思维和理论指导。

其一,全面建成小康社会既是"四个全面"战略布局的总目标,也是实现中国梦的阶段性目标。有目标,才有前进的方向和动力。从"全面建设小康社会"到"全面建成小康社会"的一字转变,深刻展示了党中央对国家发展态势的充足信心,同时又充分激发了人民群众全面建成小康社会和追寻中国梦的积极性、主动性和创造性。全面建成小康社会目标的实现,意味着国家更加富强、人民更加幸福,意味着共同富裕这一社会主义的本质终将体现,这是实现中华民族伟大复兴的价值归宿和最终落脚点。

其二,全面深化改革是实现中国梦的关键。党的十八届三中全会指出:"实现

---

① 习近平:《习近平谈治国理政》,外文出版社 2014 年版,第 35 - 36 页。

② 霍小光,王骏勇:《习近平在江苏调研时强调:主动把握和积极适应经济发展新常态推动改革开放和现代化建设迈上新台阶》,《人民日报》2014 年 12 月 15 日。

③ 唐志龙:《"四个全面"的方法论特色》,《唯实》2015 年第 3 期。

中华民族伟大复兴的中国梦，必须在新的历史起点上全面深化改革，不断增强中国特色社会主义道路自信、理论自信、制度自信。”①全面深化改革是正确处理理想与实干关系的伟大实践。“知道了，不去做，中华民族伟大复兴的中国梦只能是一纸空文。”②随着全面深化改革的不断推进，我国发展过程中的突出问题得到逐步改善，中国特色社会主义制度的优越性日益彰显。全面深化改革为实现中国梦奠定坚实的物质基础和强大的动力支撑。

其三，全面推进依法治国是实现中国梦的制度支撑和法治保障。“全面建成小康社会、实现中华民族伟大复兴的中国梦，全面深化改革、完善和发展中国特色社会主义制度，提高党的执政能力和执政水平，必须全面推进依法治国。”③全面推进依法治国是实现法治现代化的应有之义，是实现国家治理现代化的迫切需要。全面依法治国与全面深化改革作为“鸟之两翼”“车之两轮”，为实现全面建成小康社会、进而实现中国梦提供现实路径。

其四，全面从严治党是加强党风廉政建设、永葆党的先进性的重大举措，是实现中国梦的组织领导保障。习近平指出：“实现党的十八大确定的各项目标任务，实现‘两个一百年’目标，实现中华民族伟大复兴的中国梦，必须把我们党建设好。党风廉政建设和反腐败斗争，是党的建设的重大任务。”④面对日益复杂的形势和党员干部群体中存在的某些不作为、贪污腐败等问题，坚持党要管党、全面从严治党成为巩固党的执政地位、保持党的先进性、保持党同人民群众血肉联系的重要举措。中国共产党始终是中国特色社会主义事业的领导核心，只要时刻保持党的先进性和权威性，就必然能带领全体中华儿女为实现中华民族伟大复兴而努力奋斗。

“四个全面”战略布局开辟了党治国理政的新局面，无论是战略目标还是战略举措都统一于中国梦的伟大实践之中，并在理论上和实践上助推中华民族伟大复兴的真正实现。

2.“四个全面”战略布局要求变革社会结构

“四个全面”战略布局是针对我国现阶段发展过程中存在的问题而提出的，其根本目的是实现社会协调、稳定、可持续发展，进而实现中国梦。在国家的发展面临一系列突出的问题和矛盾时，社会有机体的良性运行，依赖于在矛盾运动中不

---

① 《中共中央关于全面深化改革若干重大问题的决定》，《人民日报》2013年11月16日。

② 李慎明：《培育践行社会主义核心价值观要从基础抓起》，《红旗文稿》2015年第6期。

③ 《中共中央关于全面推进依法治国若干重大问题的决定》，《人民日报》2014年10月29日。

④ 习近平：《习近平谈治国理政》，外文出版社2014年版，第385页。

断变革社会结构,“社会发展……是一个源于社会结构的变迁而促使社会形态更替的过程”①,社会结构理论是马克思社会有机体理论的重要组成部分。马克思认为:“现在的社会不是坚实的结晶体,而是一个能够变化并且经常处于变化过程中的有机体。”②社会不是诸要素简单地、机械地结合在一起的产物,而“是由相互作用和相互依赖的诸多要素为特定目的组成的综合体”③。与生命有机体一样,社会有机体是社会要素通过不同的方式构成不同的关系,形成社会结构并产生社会功能的复杂的、持续变化发展的系统。在特定发展阶段,对社会结构进行横向考察可以发现,客观要素是固定的,但要素的构成方式或关系却千差万别,社会结构也因而会发生变化。

社会有机体功能的发挥与社会结构密切相关。“在唯物史观视阈中,一定的社会结构决定一定的社会功能,并且有其内在的规律性。”④如果整体社会结构和子结构都处于前进的发展态势,那么社会功能就能充分发挥,社会就能正常运行,“从唯物史观出发,任何偏离社会主义方向的政治、经济、文化的发展力量都会降低社会主义发展的总合力”⑤。社会结构在时空两重维度上表现出对社会功能的决定性规律。时间维度上,各项社会结构只有随着时代的发展不断趋向于合理性和合规律性的时候,社会功能才能完善地表达出来;反之,社会结构中各个子结构如果存在矛盾和冲突,那么就会互相牵制,表现出一定的分散性,最终导致社会发展的总合力减小,社会功能就不能完美发挥。空间维度上,在同一时间体系内,不同空间的社会结构的差异性决定了社会功能的不同发挥。“所谓的社会发展问题,其实就是东西方之间、南北之间的一种社会结构上的差异问题。”⑥据此,“四个全面”战略布局以马克思主义社会有机体理论为基础,符合社会结构决定社会功能的一般规律,在不断调整、变革社会结构的过程中,逐步实施战略举措,逐步实现战略目标,进而助推中国梦的实现。

在中国特色社会主义的话语体系中,“四个全面”战略布局“注重发展要素的

---

① 张云飞:《马克思社会发展理论的结构向度》,《中国人民大学学报》2000年第6期。
② 马克思,恩格斯:《马克思恩格斯文集》第5卷,人民出版社2009年版,第10、13页。
③ 夏东民,罗健:《比较对照:马克思社会有机体理论研究方法探析》,《马克思主义研究》2012年第6期。
④ 陆树程:《中国新现代化论》,任平:《当代中国马克思主义哲学研究》,中央编译出版社2012年版,第327页。
⑤ 陆树程:《中国新现代化论》,任平:《当代中国马克思主义哲学研究》,中央编译出版社2012年版,第329页。
⑥ 张云飞:《马克思社会发展理论的结构向度》,《中国人民大学学报》2000年第6期。

耦合性,充分体现了唯物史观关于社会结构、社会系统的有机体协调发展的思想”①,通过不断调整社会基本要素的内在关系或相互联系,通过变革社会结构,更好地发挥社会有机体的积极功能。事实上,“四个全面”战略布局的科学性和价值性就蕴含于变革社会结构的要求中。合规律地变革社会结构,从宏观层面看,使整个社会有机体结构趋于健康发展,即经济、政治、文化、社会和生态结构作为整体的协调统一;从微观层面看,促进各个子结构内部,尤其是体制、机制和制度的发展完善。“四个全面”战略布局通过社会结构的变革,不断推动社会实现从宏观到微观、从整体到部分的和谐发展,促进当代中国的科学发展。

“四个全面”战略布局以全面建成小康社会为战略目标,蕴含了变革社会结构的整体性和协同性。全面建成小康社会是涵盖经济、政治、文化、社会和生态结构的社会有机体结构日趋完善的过程。全面深化改革作为“四个全面”战略布局的关键,是以坚持社会主义制度为前提,变革不适应社会生产力发展的生产关系和不适应经济基础的上层建筑。变革社会结构是全面深化改革的内在要求,是推动社会主义经济、政治、文化、社会和生态文明体制机制日益完善的动力。全面推进依法治国的战略部署就是要通过调整完善政治结构,尤其是法律结构和政府职能结构,不断完善中国特色社会主义法律体系,加快实现政府职能转变,积极推进社会主义法治社会的稳步建立。在全面建成小康社会的关键阶段,在全面深化改革的攻坚时期,坚持党要管党,全面从严治党的基本途径是变革法律机制结构,调整党员知识结构,从而“强化反腐败体制机制创新和制度保障”②,提高全体党员尤其是党员干部的素质结构,永葆党的先进性,进一步巩固党的执政地位。

“四个全面”战略布局是实现中国梦的战略思想。协调推进“四个全面”战略布局要求通过变革社会结构,从根本上解决我国发展面临的一系列重大问题和矛盾,同时,“四个全面”战略布局的科学性和价值性又蕴含于变革社会结构的要求之中。在当前中国的具体社会历史条件下,主动地、合规律地变革社会主义经济结构、政治结构、文化结构、社会结构、生态结构,不断促使人的素质结构趋向知识化,在此基础上,助推发展平台结构跃迁上知识化平台结构,充分发挥相应结构的积极功能,是贯彻落实“四个全面”战略布局,加快实现中华民族的伟大复兴的基本路径。

---

① 双传学:《论“四个全面”战略布局的哲学基础》,《光明日报》2015 年 03 月 26 日。

② 习近平:《习近平谈治国理政》,外文出版社 2014 年版,第 393 页。

三、实践之维：攀跃知识化平台，加快实现中国梦

“四个全面”战略布局涉及经济、政治、文化、社会、生态结构以及发展平台结构和人的知识结构等多方位的战略部署，其中发展平台结构具有全局性和决定性意义。随着科技的突飞猛进，尤其是信息技术的快速发展，现代化国家从工业化平台跃迁上知识化平台，这种发展平台结构的变迁成为时代发展的必然趋势。协调推进“四个全面”战略布局要求变革社会结构，要求发展平台结构跃迁上知识化平台，不断彰显社会主义制度优越性，加快实现中华民族的伟大复兴。

1. 攀跃知识化平台结构在变革社会结构中具有全局性意义

知识化是指以科学和高新技术，尤其是信息科技的发展和应用为基础，知识资源被高度共享开发，国家政府的决策、社会运行、个人行为都趋向于合规律、合时空的发展态势。知识化平台结构则是指在一个国家范围内，从发展的观念到国家制度、体制、机制以及相关机构各个方面，乃至经济结构、政治结构、文化结构、社会结构、生态结构等都趋向于知识化，尤其是人的素质结构实现知识化，从而使整个社会发展状态都处于知识化态势之中。

变革社会结构与跨上知识化平台结构具有内在逻辑关系。一方面，“四个全面”战略布局要求变革社会结构，既涵盖整个社会有机体结构的变革，也包括社会各子结构内部的变革。社会有机体从低级向高级变迁的发展过程在全局上表现为国家发展的平台结构的跃迁，逐步推动经济、政治、文化、社会和生态结构作为整体地处于一种良好的发展态势中。从唯物辩证法的角度看，国家发展的平台结构与社会各个子结构的关系是整体与部分的关系，平台结构的变迁离不开社会各子结构的变革，但平台结构的变迁作为整体居于主导地位，为社会各子结构奠定变革的基础和方向。从宏观视阈和整体观念出发，变革社会结构首先要变革国家发展的平台结构。

另一方面，伴随着社会文明形态的不断更替变迁，国家发展的平台结构也会经历从“农业化平台”到“工业化平台”再到“知识化平台”的由低级向高级的发展。从全球发展态势和我国特殊国情来看，变革国家发展的平台结构就是要攀跃知识化平台结构。追寻中国梦离不开全球的发展态势，而全球发展恰恰正不断趋向于知识化。在新全球化时代背景下，知识逐渐取代传统资本成为世界发展的主要资源，知识化成为社会发展的主要形态。“如果说，在工业经济中是资本决定知识生产和应用规模、速度与方向的话，那么，在知识经济中情况则刚好相反，资本的投向与规模是由知识决定。”①同时，实现中国梦必须着眼于当代中国的具体国

① 赵剑英：《论人类实践形态的当代发展》，《哲学研究》2002 年第 11 期。

情。发展的平台结构实现从低级形态向高级形态的跨越，其实质是不断提高解决社会发展过程中一系列突出问题和矛盾的能力，推动现代化的实现。“随着现代化而产生的关键问题，乃是形成中的新社会结构处理这种持续变迁问题的能力。”①在知识化平台结构上，国家经济、政治、文化、社会、生态、军队国防和党的建设都处于合规律的知识化的发展态势之中，社会结构和人的知识结构都更加趋于科学合理，社会的发展模式是集科学、民主、文明、和谐为一体的可持续的发展模式。知识化平台结构将为我国的发展提供更强劲的动力和更广阔的舞台。

综上，“四个全面”战略布局要求变革社会结构，而国家发展的平台结构在社会结构中处于主导地位，变革社会结构首先要变革国家发展的平台结构。在新全球化的特殊背景下，我国为应对和解决发展过程中的一系列突出问题必须加快攀跃知识化平台结构，这是时代发展的趋势，也是国家发展的需要。攀跃知识化平台结构在变革社会结构中具有全局性和决定性意义。

2. 攀跃知识化平台结构的关键是坚定走中国道路

中国道路就是中国特色社会主义道路，是实现中国梦的必由之路，习近平指出：“实现中国梦必须走中国道路。……中华民族是具有非凡创造力的民族，我们创造了伟大的中华文明，我们也能够继续拓展和走好适合中国国情的发展道路。”②攀跃知识化平台结构，作为实现中国梦的重要路径，其关键就在于始终坚持中国共产党的领导，坚持社会主义发展方向，始终沿着中国道路前进，坚定中国特色社会主义的道路自信、理论自信和制度自信。

中国攀跃的知识化平台结构与西方发达国家的知识化平台结构具有本质差别，这一差别源于社会主义制度与资本主义制度的根本对立。“社会主义是中国道路确定性的内涵。”③离开社会主义，离开中国特色社会主义道路，中国的知识化进程就因失去本质内涵和前进方向而毫无意义。在中国道路的指引下，我们攀跃的知识化平台结构具有社会主义性质，而建立在知识化平台结构的社会主义，其本质仍然是解放和发展生产力，消灭剥削，消除两极分化，最终达到共同富裕，只是在解放和发展生产力的过程中更加注重人的知识化和科技的创新发展与应用。“与资本主义国家发展生产力不同，我国发展生产力完全是为广大人民的利

① S. N. 艾森斯塔德：《现代化：抗拒与变迁》，中国人民大学出版社 1988 年版，第 49 页。

② 习近平：《习近平谈治国理政》，外文出版社 2014 年版，第 39－40 页。

③ 朱炳元，张立鹏：《选择、探索、实践、创新：唯物史观视野下的中国道路》，《毛泽东邓小平理论研究》2014 年第 8 期。

益服务的……而不是主要维护垄断资产阶级的利益。"①坚定不移地走中国道路，使我国攀跃知识化平台结构这一实践活动的价值归宿最终指向国家富强、民族振兴、人民幸福的中国梦之实现。

坚定地走中国道路，明确了我国从工业化平台结构跃迁上知识化平台结构的指导思想及其制度保障。中国特色社会主义道路、中国特色社会主义理论体系和中国特色社会主义制度"统一于中国特色社会主义伟大实践。这是中国特色社会主义的最鲜明特色"②。科学的指导思想是我党的行动指南，是我党开展一切活动的理论基础。我国攀跃知识化平台结构要坚持以中国特色社会主义理论体系为指导思想。习近平指出："在当代中国，坚持中国特色社会主义理论体系，就是真正坚持马克思主义。"③在马克思主义指导下的知识化平台结构，立足于解决中国的实际问题，必将更加注重以人为本，并强调经济、政治、文化、社会和生态文明的"五位一体"布局的可持续发展。同时，坚持党的领导和党的群众路线是坚持中国特色社会主义制度的集中体现。其一，坚持党的领导是我国推动科技创新、加快知识化进程的先决条件，而知识化的发展平台又为加强党的先进性建设注入新的活力，成为党实现民主决策和科学决策的重要基础。其二，"群众路线是我们党的生命线和根本工作路线"④。习近平指出："我们要实现党的十八大确定的奋斗目标和中国梦，必须紧紧依靠人民，充分调动最广大人民的积极性、主动性、创造性。"⑤坚持党的群众路线，就是要坚持一切为了群众，一切依靠群众，这是社会主义中国跃迁上知识化平台，加快实现中华民族伟大复兴的必然选择。

3. 攀跃知识化平台结构的前提是实现人的知识化

国家发展从工业化平台跃迁上知识化平台，主要表现为国家经济结构、政治结构、文化结构、社会结构和生态结构实现知识化的过程，其前提是实现人的知识化。人是社会历史存在和发展的前提，马克思主义认为："全部人类历史的第一个前提无疑是有生命的个人的存在。"⑥实现人的知识化就是随着社会历史条件的不断变化，全体公民逐步形成合理的知识结构，成为国家经济、政治、文化、社会和生态文明建设事业的中坚力量。合理的知识结构在量上表现为受教育程度的普

---

① 程恩富，刘志昌：《要高度重视邓小平关于两个"三个有利于"重要思想》，《毛泽东邓小平理论研究》2012 年第 5 期。

② 习近平：《习近平谈治国理政》，外文出版社 2014 年版，第 87 页。

③ 习近平：《习近平谈治国理政》，外文出版社 2014 年版，第 9 页。

④ 习近平：《习近平谈治国理政》，外文出版社 2014 年版，第 365 页。

⑤ 习近平：《习近平谈治国理政》，外文出版社 2014 年版，第 367 页。

⑥ 马克思，恩格斯：《马克思恩格斯文集》第 1 卷，人民出版社 2009 年版，第 519 页。

遍提高,在质上表现为创新能力的不断提升。实现人的知识化过程既是量与质相统一的过程,也是动与静相结合的过程。

合理的知识结构,首先强调知识结构的基础性和全面性,强调知识总量的提升。国民受教育程度是衡量一个国家的公民的基础知识结构的重要指标,一般来说,受教育程度越高,知识储备量越多,其知识结构也越趋向于合理性和合规律性;反之亦然。提高国民受教育程度主要是提高平均教育年限,实现高等教育大众化。我国已经基本进入高等教育大众化阶段,这是新中国成立以来党和政府高度重视优先发展教育的结果。但是相较于美国高等教育中适龄青年的入学率在 20 世纪 80 年代就达到 55. 6% 的事实①,我国在高等教育大众化和提升国民受教育程度方面还有巨大的发展空间,这是我国在实现人的知识化进程中首先要解决和应对的问题。

合理的知识结构,不仅追求知识结构的基础性,更注重知识结构的层次性,而且注重从静态的知识到动态的知识整合、运用的过程,人的创新意识和创新能力就是这一过程的集中体现。人的创新能力在宏观层面表现为国家的创新能力,两者相互影响、相互作用。根据《国家创新指数报告 2013》,我国以国家综合创新能力 65. 2 分(美国为 100 分),位居国家创新指数排行榜第 19 名,部分指标世界领先;但报告同时指出,中国创新基础仍比较薄弱,提升创新能力仍需长期持续努力。② 国家创新能力的不足,根源就在于人的知识化程度尤其是人的创新意识和创新能力不足。提升人的创新能力,一方面要依托教育和科技的发展;另一方面,也要提高国家创新能力。立足我国经济发展新常态,习近平指出,“加快从要素驱动、投资规模驱动发展为主向以创新驱动发展为主的转变”③,“最大限度解放和激发科技作为第一生产力所蕴藏的巨大潜能”④,这既深刻阐释了创新对于国家发展的价值,也充分尊重了科学技术发展的意义。科技的发展和应用是知识化平台结构的核心话语。发达资本主义国家在知识化平台上获得新的发展动力,究其原因,科学技术起了决定性作用。科技发展使知识成为解放和发展生产力不可缺少的生产资料,而科技发展又是人们不断整合知识、运用知识、实现知识创新的过程,这一过程依赖于人的知识化,依赖于人的合理的知识结构,尤其是人的创新意

---

① 赵婉秋,石立群:《美国高等教育大众化发展历程对我国的启示》,《社会科学战线》2011 年第 4 期。

② 赵永新:《〈国家创新指数报告〉2013 发布国家创新指数中国排名 19》,《人民日报》2014 年 03 月 31 日。

③ 习近平:《习近平谈治国理政》,外文出版社 2014 年版,第 120 页。

④ 习近平:《习近平谈治国理政》,外文出版社 2014 年版,第 121 页。

识和创新能力。

加快实现人的知识化进程是国家跨上知识化平台结构的前提,其中教育和科技的发展在完善人的知识结构、提升人的创新能力方面起着关键性作用。重视教育普及和科技创新的发展,既是顺应时代发展的客观要求,更是实现中华民族伟大复兴的必然选择。

从具体国情看,我国从农业化平台到工业化平台的第一步尚没有完全完成,但从工业化平台到知识化平台的第二步又必须跟上。因此,中国梦的实现既不能脱离工业化平台的基础,又不能仅仅停留在工业化平台上,而必须跨越上知识化平台,在历时态和共时态的视域中,善于学习和借鉴发达国家重视创新、重视人才的知识化发展模式,吸收世界一切文明成果,在中国共产党的领导下,依靠人民群众的力量,推动科学技术,尤其是高新技术的创新和运用,将知识化直接导入工业化,逐步弥补当代中国发展结构因素不足,加快实现中国梦。

综上所述,追寻中国梦,是当代中国从社会主义初级阶段奔向共产主义社会过程中的重要环节,它不仅具有客观真理性,而且具有现实的可能性。追寻中国梦离不开"四个全面"战略布局的贯彻落实,随着经济、政治、文化、社会和生态结构的变革,以及国家发展平台从工业化平台结构跃迁上知识化平台结构,尤其是实现人的素质结构的知识化,在中国共产党的正确领导下,坚定走中国道路,坚持马克思主义、毛泽东思想和中国特色社会主义理论体系的指导思想,充分发挥人民群众的主动性、积极性和创造性,中国特色社会主义优越性必然能不断彰显,中华民族伟大复兴的中国梦必然能实现。

(原载于《苏州大学学报》哲学社会科学版 2016 年第 3 期)

中国梦的内涵、结构与路径优化*

2012 年 11 月 29 日，习近平同志参观中国国家博物馆《复兴之路》基本陈列时指出："实现中华民族伟大复兴，就是中华民族近代以来最伟大的梦想。"①2013 年 3 月 17 日，习近平同志在十二届全国人大一次会议闭幕会上进一步指出："实现中华民族伟大复兴的中国梦，就是要实现国家富强、民族振兴、人民幸福。中国梦归根到底是人民的梦。"②中国梦高度升华了中国共产党的执政理念，是今天中华民族和中国人民理想的集中体现，已成为激励广大干部群众积极投身中国特色社会主义伟大实践、推动当代中国发展进步的高昂旋律和精神旗帜，成为国家文化软实力的重要组成部分。对中国梦的研究是一项影响重大而意义深远的时代课题，有必要对其基本内涵、结构要素及实现路径进行全面、系统而深入的探讨。

一、中国梦的基本内涵

自习近平同志提出中国梦这一重大战略思想以来，国内媒体、专家学者及有关研究机构等对中国梦的研究探讨掀起高潮。2012 年 11 月 30 日至 2013 年 4 月 21 日，据对互联网（知网、超星等）查询，共发表期刊论文 78 篇，重要报纸文章 867 篇，出版的著作有《中国梦（修订版）》（刘明福，2012）、《中国梦》（中共中央宣传部理论局，2013）、《"中国梦"学习读本》（王英梅等，2013）等。这些文献的主要特征是，宣传报道的多，专题理论研究的少；结合本地本单位单项研究的多，宏观研究的少；阐释普及的多，深度研究的少。这里认为，系统研究中国梦，首先要研究其基本内涵。

---

* 本文作者：孟东方，重庆社会科学院；王资博，西南大学马克思主义学院。

① 习近平：《继续朝着中华民族伟大复兴目标奋勇前进——在参观〈复兴之路〉展览时的讲话》，《思想政治工作研究》2013 年第 1 期。

② 习近平：《在第十二届全国人民代表大会第一次会议上的讲话》，《人民日报》2013 年 3 月 18 日。

（一）中国梦的含义

中国梦作为一个伟大的梦想，不是空中楼阁式的空想，而是中华民族和中国人民的远大理想，是民意所系、国魂所在。梦想寄托着人对美好事物或状态的夙愿、追求。空想是不切实际、不能付诸行动、不能实现的幻想。理想是人基于现实的前瞻预测、战略设想和信仰观念等的集合体。中国梦是可以成为现实的伟大梦想，是值得孜孜追求的崇高理想，是以马克思主义为指导，立足总依据（社会主义初级阶段）、承载总任务（实现社会主义现代化和中华民族伟大复兴）、推进总布局（五位一体），可以预见和期待的关于中国特色社会主义经济、政治、文化、社会、生态文明建设及落脚到人的全面发展的中长期奋斗目标和美好愿景，是中国共产党团结带领全国各族人民凝心聚力实现国家富强、民族振兴、人民幸福的伟大追求、神圣责任和光荣使命。中国梦至少包含以下三层意思。

第一，在内涵组成上，中国梦是实现国家富强、民族振兴、人民幸福的梦。中国梦是实现中国国家富强的国家梦，到中国共产党成立100年时全面建成小康社会的目标一定能实现，到新中国成立100年时建成富强民主文明和谐的社会主义现代化国家的目标一定能实现。中国梦是实现中华民族振兴的民族梦，是中华民族近代以来最伟大的梦想，“56个民族一枝花”使中国梦开大花结硕果。中国梦是实现中国人民幸福的人民梦，凝聚了几代中国人的夙愿，体现了中国人民的整体利益，是每一个中华儿女的共同期盼，激起了共振共鸣。

第二，在遵循原则上，中国梦是在坚持中国道路、弘扬中国精神、凝聚中国力量的前提下经过努力可以实现的梦。实现中国梦必须走中国道路，这就是中国特色社会主义道路，就是在中国共产党领导下，立足基本国情，以经济建设为中心，坚持四项基本原则，坚持改革开放，解放和发展社会生产力，建设社会主义市场经济、社会主义民主政治、社会主义先进文化、社会主义和谐社会、社会主义生态文明，促进人的全面发展，逐步实现全体人民共同富裕，建设富强民主文明和谐的社会主义现代化国家。实现中国梦必须弘扬中国精神，这就是以爱国主义为核心的民族精神，以改革创新为核心的时代精神。实现中国梦必须凝聚中国力量，这就是中国各族人民大团结的力量。

第三，在基本属性上，中国梦是中华民族的梦，是中国人民的梦，是世界人民的梦的有机组成部分。从集体意识来看，中国梦是民族的梦，具有强大的“指南针”“黏合剂”“凝聚剂”功能。中华民族振兴的落脚点是中国人民的幸福，两岸同胞要真诚团结合作,共同为实现中华民族伟大复兴的中国梦而努力奋斗。① 中国梦归根到底是人民的梦,每个人的自由发展是一切人自由发展的条件,13 亿中国人都是参与者、建设者和共享者。中国梦是世界人民的梦的有机组成部分,从“中国梦”到“非洲梦”“世界梦”②,中国人民的追求与世界人民的期盼连接在一起,要实现中国梦,根本要靠中国人民艰苦奋斗,同时也需要世界各国人民理解和支持,中国梦不仅造福中国人民,而且造福各国人民。③

(二)中国梦的特征

第一,中国梦体现了理想与现实的统一。一定的理想总是相对于一定的现实而言,中国梦突出了理想的科学性和现实的实践性。一方面,中国梦是国家的理想、民族的理想和人民的理想,既源于现实又高于现实,把握了世界发展趋势和中国发展前景,借鉴了古今中外的国家梦、民族梦、人民梦,具有其前瞻性、合理性、严密性、确定性和创新性。另一方面,中国梦并非脱离实际的“黄粱梦”“白日梦”,中国梦深深植根于中国现实的土壤中,把握了中国发展的阶段性和过程性的特征,具有其必要性、真实性、导向性、可行性和成效性。空谈误国,实干兴邦,实现中国梦要靠实干。

第二,中国梦体现了共性与个性的统一。从国际视野的角度来看,实现世界大同与实现中华民族伟大复兴,是一般与特殊的关系。世界上没有放之四海而皆准的发展道路。与美国梦、欧洲梦(西欧梦、东欧梦)、亚洲梦以及非洲梦等相比,中国梦突出了人类社会共同的合规律性和中国特色的合目标性。中国梦体现了人类社会发展的基本规律,坚持了科学社会主义基本原则。中国梦源于中国特色社会主义现代化建设的成功实践,并指导新的时代条件下的实践,丰富了中国特色社会主义的实践特色、理论特色、民族特色和时代特色。从国内视野来看,各地可以在中国梦的引领下,通过有地方特点的实践使中国梦落地生根。

第三,中国梦体现了世情与国情的统一。在世情上,中国梦考虑到了世界多极化、经济全球化发展进程中世界经济格局的深刻变化,以及文化多样化、社会信息化推进,科技革命新突破,全球合作新拓展等复杂背景和形势。在国情上,中国梦考虑到了处于社会主义初级阶段的基本国情,考虑到了我国人口多、底子薄,发

① 《习近平在会见萧万长一行时强调 两岸同胞要共同为实现中华民族伟大复兴的中国梦而努力奋斗》,《人民日报》2013 年 4 月 9 日。

② 习近平:《永远做可靠朋友和真诚伙伴——在坦桑尼亚尼雷尔国际会议中心的演讲》,《人民日报》2013 年 3 月 26 日。

③ 习近平:《顺应时代前进潮流促进世界和平发展——在莫斯科国际关系学院的演讲》,《人民日报》2013 年 3 月 24 日。

展很不均衡的具体国情,考虑到了中华民族传统文化(中华民族优秀传统文化被赋予科学社会主义的全新内涵而成为中国特色社会主义文化建设的重要内容)。中国梦根据世情、国情发生的重大变化,从新的历史起点出发,在党的十八大确定的各项目标的基础上,勾画出宏伟蓝图。

第四,中国梦体现了静态与动态的统一。中国梦的理论与实践将随着时代、现实和科学等的发展而不断发展。从静态目标来看,"全面建成小康社会"有其评判标准,具有可测性。从动态时势来看,世界在变化,中国也在变化,实现中国梦的重要战略机遇期的内涵和条件会不断发生变化;同时"现代化"是一个开放的概念,需要一代又一代中国人共同为之努力。评估中国梦的实现度,需要构建涵盖静态指标和动态指标的中国梦综合评估指标体系,并实施动态评估、跟踪监测与环节反馈。

第五,中国梦体现了合力与张力的统一。从国家整体和社会集体层面来看,中国梦是民族的梦,是强国之魂、兴国之魂,凝聚了中国人民的思想共识,夯实了共同的社会思想基础,强化了对全国各党派、各团体、各民族、各阶层、各界人士思想和行为的整合作用,有利于凝心聚力干事创业。从公民个体层面来看,中国梦是每个中国人的梦,树立了强大的精神支柱,有利于调动公民个体的积极性、主动性和创造性,张扬个性、激发活力、释放正能量。

第六,中国梦体现了求同与存异的统一。中国梦的实现离不开良好的外部环境。中国主张和而不同,国与国之间、不同文明之间要求同存异,倡导各国携手建设持久和平、共同繁荣的和谐世界。在国际关系中弘扬平等互信、包容互鉴、合作共赢的精神,共同维护国际公平正义。各国都要遵循联合国宪章宗旨和原则,坚持国家不分大小、强弱、贫富一律平等,尊重世界文明多样性、发展道路多样化,推动国际关系民主化,推动人类文明进步,维护世界和平稳定,增进人类共同利益。①

第七,中国梦体现了刚性和柔性的统一。从综合国力来看,中国梦的落实,是硬实力建设(两弹一星梦、航母梦等)和软实力建设的统一,是物质和精神的双重强大。从治国理政来看,要坚持依法治国和以德治国相结合。从对外交往来看,中外关系的发展既需要经贸合作的"硬"支撑,也离不开人文交流的"软"助力。

第八,中国梦体现了国富和民福的统一。"家是最小国,国是千万家""国家好,民族好,大家才会好",这就是中国梦蕴涵的强烈的家国情怀。一方面,国家富

---

① 习近平:《共同谱写中非人民友谊新篇章——在刚果共和国议会的演讲》,《人民日报》2013年3月30日。

强是各族人民国家认同、民族自尊、共创幸福的强大根基。从新中国“中国人民站起来”,到改革开放“中国富起来”,再到新世纪“民族强起来”,国家民族的强盛,让人民的幸福有了坚实依托,有了根本指望。另一方面,民惟邦本,本固邦宁。国家的富强、民族的兴盛,以人民的幸福指数得到提升为条件和目的。

(三)中国梦的价值

第一,深化了对人类社会发展规律的认识。根据生产力和生产关系等因素可把社会分类为原始社会、奴隶社会、封建社会、资本主义社会、共产主义社会(社会主义社会)。又根据科技、信息交流和经济等因素可把社会分类为捕猎社会、低级农业社会、高级农业社会、工业社会。柏拉图的“理想国”给后人展现了一个完美优越的“城邦梦”。在世界近代史上,一些大国崛起都曾伴随着对外扩张、掠夺甚至战争。美国“西进运动”中形成了“美国梦”(“移民梦”),虽然体现了欧洲旧大陆的人追求独立、自由新生活的理想,但当“占领华尔街”运动迅速在全美蔓延时,“美国梦”的面纱被撕得粉碎。“美国梦”又逐渐变质为美国当权者对世界霸权的渴望和追求。欧盟“欧洲梦”虽然有大联合和高福利的意蕴,但避免不了资本主义制度下的经济危机困境,其在 2008 年爆发的金融危机和欧洲某些国家“寅吃卯粮”债务危机的冲击下黯然失色。马克思主义、社会主义之所以能够在成百上千个主义中胜出,最终为中国人民所接受,最根本的就在于它揭示了人类社会发展规律。以马克思主义为指导,坚持中国特色社会主义道路的中国梦深刻揭示了,必须坚定不移推进改革开放,不断在社会主义制度建设和创新方面迈出新步伐,不断促进生产关系和生产力、上层建筑和经济基础相适应,促进经济社会各个领域、各个方面、各个环节相协调。中国梦与“美国梦”“欧洲梦”等的本质区别在于,中国梦是人民的梦,是集体主义的梦,是社会主义的梦,是和平崛起的梦,是既造福本国又造福世界的梦。

第二,深化了对社会主义建设规律的认识。坚持中国特色社会主义道路的中国梦是在对中华民族 5000 多年悠久文明的传承中提出来的。羿射九日、嫦娥奔月、精卫填海、愚公移山等瑰丽的神话,《诗经·大雅·民劳》中的“民亦劳止,汔可小康”的“安康梦”、孔子“老有所终、壮有所用、幼有所长”的“大同梦”、孟子“耕者有其田,居有宅,食有肉,衣有帛”的“王道梦”、张载“为天地立心,为生民立命,为往圣继绝学,为万世开太平”的“圣贤梦”、洪秀全“无处不均匀、无人不饱暖”的“天国梦”,孙中山把中国建设成为“世界第一富强之国”的“强国梦”,等等,是先人追求梦想、向往光明和进步的生动写照。坚持中国特色社会主义道路的中国梦是在对近代以来 170 多年中华民族发展历程深刻总结中提出来的。鸦片战争以后,中国逐步沦为半殖民地半封建社会,救亡图存、振兴中华迫在眉睫,无数仁人志士进行了各种探索和抗争。梁启超提出了“少年中国”,孙中山喊出了“振兴中华”,洋务派的“富强梦”、维新派的“宪政梦”、革命派的“共和梦”等都破碎了,太平天国、义和团运动等均告失败。唯有中国共产党的诞生,使中国人民在救亡图存斗争中有了希望,从此中国人民有了坚强领导力量,中国命运开始掌握在人民自己手里。“历史和现实都告诉我们,只有社会主义才能救中国,只有中国特色社会主义才能发展中国,这是历史的结论、人民的选择。”①改革开放前对社会主义的实践和探索,开始是照搬苏联的模式,带来很多问题。邓小平同志说:“我们很早就发现了,但没有解决好。”“没有解决好”,根本说来是指还没有形成一条正确的道路(中国特色社会主义道路)。实现中国梦必须坚持中国道路,深刻揭示社会主义思想在五百年的历史演进中,从空想社会主义到科学社会主义,一直到中国特色社会主义,先后经历了多个艰辛探索阶段。中国特色社会主义是科学社会主义理论逻辑与中国优秀传统文化发展逻辑、中国近代以来历史发展逻辑等的辩证统一,是实现中国梦必须坚持的道路。

第三,深化了对共产党执政规律的认识。中国梦是在中国共产党人 90 多年的接力奋斗中提出来的,是在中华人民共和国成立 60 多年的持续探索中提出来的,是在改革开放 30 多年的伟大实践中提出来的。1925 年毛泽东同志在《政治周报》发刊词中写下“为了使中华民族得到解放,为了实现人民的统治,为了使人民得到经济的幸福。”以毛泽东同志为主要代表的中国共产党人领导党和人民完成新民主主义革命,建立新中国,确立社会主义基本制度,为开创中国特色社会主义提供了宝贵经验、理论准备和物质基础,为实现中国梦奠定了根本政治前提和制度基础。以邓小平同志为主要代表的中国共产党人领导党和人民深刻总结国内外经验教训,开启了改革开放的伟大征程,成功开创了中国特色社会主义道路,并用“小康”这样一个开放式的概念来定位现代化建设的战略目标,将我国经济建设的战略部署规划为“三步走”。以江泽民同志为主要代表的中国共产党人在严峻复杂的国内外形势面前坚定捍卫中国特色社会主义,成功推进到二十一世纪,并确定了“两个一百年”的奋斗目标。新世纪新阶段,以胡锦涛同志为主要代表的中国共产党人领导党和人民全面建设小康社会,建设“社会主义新农村”“社会主义和谐社会”等,提出了“五位一体”的总布局,着力推动科学发展,保障和改善民生,奋力把中国特色社会主义推进到一个新阶段。党的十八大以来,习近平同志系统地提出了中国梦。中国梦与中国共产党全心全意为人民服务的根本宗旨是完全一致的。中国共产党之所以能够忠贞不渝地为中国梦而奋斗,在于马克思主义执

① 习近平:《毫不动摇坚持和发展中国特色社会主义》,《党建》2013 年第 2 期。

政党有着执政为民的内在属性和以人为本的核心立场。

二、中国梦的结构

中国梦的结构,是过去、现在与未来相衔接的纵向结构,是经济、政治、文化、社会、生态与人的全面发展相适应的横向结构,由此构建了由“强盛中国梦”“法治中国梦”“文明中国梦”“和谐中国梦”“美丽中国梦”与“幸福中国梦”组成的“5 + 1”立体结构的中华民族伟大复兴的中国梦。

(一)以经济建设为中心,提高市场化水平,建设强盛中国

回首过去,中华民族和中国人民在经济科技领域筑梦、圆梦。石油梦、两弹一星梦、青藏铁路梦、三峡工程梦、世博梦(万国博览会梦)、航天梦(嫦娥奔月梦)、潜海梦、航母梦以及致富梦、创业梦等不断实现。改革开放以来的30多年,中国经济以同期世界经济年均增长率三倍多的速度持续快速发展,经济总量跃居世界第二,城镇化率突破50%。中国进入中等收入国家行列。

审视现在,我国社会主义初级阶段基本国情没有变,社会主要矛盾没有变,发展中国家的国际地位也没有变。对中国来说,“发展仍是头等大事,发展仍是解决面临的突出矛盾和问题的关键,迫切需要转变经济发展方式、调整经济结构,提高经济发展质量和效益”。① 改革中的问题只能通过深化改革来解决,如要继续深化市场经济体制改革,打造公平竞争的市场环境,等等。要“处理好政府和市场的关系,充分发挥市场在资源配置中的基础性作用”,在国内要“紧紧围绕以科学发展为主题、以加快转变经济发展方式为主线,坚持扩大内需,加大统筹城乡发展力度,强化创新驱动”②,在国际上要让“金砖各国紧密联系起来,朝着一体化大市场、多层次大流通、陆海空大联通、文化大交流的目标前进”。③

展望未来,应当致力于推进强盛中国建设。今天的中国,已经是世界第二大经济体,面临着发展方式的转变、改革深水区的挑战。我们决不能低估当前和今后一个时期所面临的风险和挑战,主要是世界经济低速增长态势仍将延续,总需求不足和产能相对过剩的矛盾有所上升,企业生产经营成本上升和创新能力不足的问题并存,经济发展和资源环境的矛盾有所加剧。加快推进经济结构战略性调

---

① 习近平:《共同创造亚洲和世界的美好未来——在博鳌亚洲论坛2013年年会上的主旨演讲》,《人民日报》2013年4月8日。

② 《中共十八届二中全会在京举行 中央委员会总书记习近平作重要讲话》,《人民日报》2013年3月1日。

③ 习近平:《携手合作共同发展——在金砖国家领导人第五次会晤时的主旨讲话》,《人民日报》2013年3月28日。

整是大势所趋,刻不容缓。国际竞争历来就是时间和速度的竞争,谁动作快,谁就能抢占先机,掌控制高点和主动权;谁动作慢,谁就会丢失机会,被别人甩在后边。"要坚定不移走中国特色自主创新道路,深化科技体制改革,不断开创国家创新发展新局面,加快从经济大国走向经济强国。"①要坚持以科学发展为主题、以加快转变经济发展方式为主线,切实把推动发展的立足点转到提高质量和效益上来,促进工业化、信息化、城镇化、农业现代化同步发展,全面深化经济体制改革,推进经济结构战略性调整,全面提高开放型经济水平,推动经济持续健康发展。

(二)以民主政治为保障,加快法治化进程,建设法治中国

回首过去,中华民族和中国人民在政治文明领域筑梦、圆梦。革命救国梦、民族独立梦、人民当家作主梦、执政兴国梦、中国特色社会主义法律体系梦等逐步实现。人民民主是中国共产党始终高扬的光辉旗帜。中国共产党成立 90 多年来,在党的坚强领导下,我们伟大的祖国相继实现了从半殖民地半封建社会到民族独立、人民当家作主新社会的历史性转变,从新民主主义革命到社会主义革命、建设和改革的历史性转变。

审视现在,在党内,保持和发展党的先进性和纯洁性、提高党的领导水平和执政水平、提高拒腐防变和抵御风险能力,面临许多前所未有的新情况、新挑战,"四种考验"(执政考验、改革开放考验、市场经济考验、外部环境考验),"四种危险"(精神懈怠的危险、能力不足的危险、脱离群众的危险、消极腐败的危险)亟待科学应对和化解,党要管党、从严治党的任务繁重、紧迫。必须坚持人民主体地位,扩大人民民主,推进依法治国,建设服务政府、责任政府、法治政府、廉洁政府,充分调动人民积极性。

展望未来,应当致力于推进法治中国建设。必须"全面推进科学立法、严格执法、公正司法、全民守法,坚持依法治国、依法执政、依法行政共同推进,坚持法治国家、法治政府、法治社会一体建设,不断开创依法治国新局面。"②要继续发展社会主义民主政治,坚定不移走中国特色社会主义政治发展道路,坚持党的领导、人民当家作主、依法治国有机统一,继续积极稳妥推进政治体制改革,坚持和完善人民代表大会制度、中国共产党领导的多党合作和政治协商制度、民族区域自治制度以及基层群众自治制度,巩固和发展最广泛的爱国统一战线,发展更加广泛、更

① 《习近平等分别看望出席全国政协十二届一次会议委员并参加讨论》,《人民日报》2013 年 3 月 5 日。

② 《习近平在中共中央政治局第四次集体学习时强调依法治国依法执政依法行政共同推进法治国家法治政府法治社会一体建设》,《人民日报》2013 年 2 月 25 日。

加充分、更加健全的人民民主。

(三)以文化强国为引领,增强国家软实力,建设文明中国

回首过去,中华民族和中国人民在文化体育领域筑梦、圆梦。奥运梦、诺贝尔梦等先后实现,“活雷锋”“最美”现象层出不穷。评选全国道德模范、感动中国人物、践行社会主义荣辱观、培育“三个倡导”的社会主义核心价值观……社会主义核心价值体系建设深入开展,文化体制改革全面推进,公共文化服务体系建设取得重大进展,文化产业快速发展,文化创作生产更加繁荣,人民精神文化生活更加丰富多彩。全民健身和竞技体育取得新成绩。

审视现在,必须看到,对文化建设特别是哲学社会科学繁荣发展的重视程度仍不够,文化在推动全民族文明素质提高中的作用亟待加强;一些领域诚信缺失、道德失范,用社会主义核心价值体系引领社会思潮十分紧迫;舆论引导能力需要提高,网络文化发展亟待重视;缺文化精品(品牌),缺文化人才;各地文化发展不平衡;文化产业(包括出口)亟待做大做强;文化事业建设、公共文化服务体系建设亟待优化;国家文化软实力需要持续增强。

展望未来,应当致力于推进文明中国建设。文明中国是中华民族复兴的必由之路和重要标志,为中华民族复兴提供思想道德保证和激发创新活力。要延伸民族血脉,大国复兴离不开文化复兴,大国复兴更需要优秀文化的传承和先进文化的引领。要构筑精神家园,其关系全局、关乎长远,它是当今全世界走在现代化道路上的国家、力求复兴的民族的共性问题。要强化思想保证,以建设社会主义核心价值体系为根本任务,积极培育和倡导社会主义核心价值观。要激发创新活力,要解放和发展文化生产力,开创全民族文化创新活力持续迸发新局面。既要用先进文化、和谐文化引领前进方向,不断提高人民群众的思想道德素质和科学文化素质,不断丰富人民群众的精神世界,不断增强人民群众的精神力量,又要不断以思想文化新觉醒、理论创造新成果、文化建设新成就对内增强民族凝聚力和向心力,对外增强国家亲和力和影响力。要继续坚持走中国特色社会主义文化发展道路,推动社会主义文化大发展大繁荣,深化文化体制改革,提高国家文化软实力,加强社会主义核心价值体系建设,丰富人民群众精神文化生活,增强人民精神力量。

(四)以社会民生为基础,提升社会和谐度,建设和谐中国

回首过去,中华民族和中国人民在社会民生领域筑梦、圆梦。温饱梦、总体小康梦、义务教育普及梦、全民医保梦等先后实现,抗震救灾、灾后重建创造了“中国奇迹”等。农业税成为历史。国家财政性教育经费支出 2012 年占国内生产总值比例达到 4%,改变了中国教育面貌。中国用 20 多年时间走过西方近百年的义务

教育普及之路,用10年时间编织起世界上最大的全民医保网。从“贫穷不是社会主义”到“共同富裕”,从“发展是硬道理”到“全面建成小康社会”,几十年来,发展经济,改善民生,始终是党和政府最重要的工作。

审视现在,同发达国家相比,中国在教育水平、社会管理水平、社会福利等许多方面还有很大差距。目前,就业、教育、社会保障、收入分配、医疗卫生、住房、安全生产、社会治安等关系到人民群众切身利益的问题比较突出。要坚持随时随地倾听人民呼声、回应人民期待,保证人民平等参与、平等发展权利,维护社会公平正义,在学有所教、劳有所得、病有所医、老有所养、住有所居上持续取得新进展,不断实现好、维护好、发展好最广大人民根本利益,使发展成果更多更公平惠及全体人民。

展望未来,应当致力于推进和谐中国建设。今天的中国还有1.28亿人口处在贫困线以下。必须坚持把人民利益放在第一位,进一步做好保障和改善民生工作。“要坚持把改革的力度、发展的速度和社会可承受的程度统一起来,把改善人民生活作为正确处理改革发展稳定关系的结合点。”①要继续加强社会建设,切实推进各项社会事业,加强和创新社会管理,使发展成果更多更公平惠及全体人民,努力形成全体人民各尽其能、各得其所而又和谐相处的局面。

(五)以生态文明为支撑,优化生态和环境,建设美丽中国

回首过去,中华民族和中国人民在生态建设领域筑梦、圆梦。南水北调梦、西气东输梦等次第展开。党的十七大首次提出了建设生态文明,此后“节能梦”“低碳梦”“绿色梦”“循环梦”等已在编织。中国主张摒弃人类破坏自然、征服自然、主宰自然的理念和行为,扎实推进节能减排、生态建设和环境保护,单位国内生产总值能耗持续下降,超额完成化学需氧量、二氧化硫排放量“十一五”减排任务,全面实施退耕还林等重点生态工程,为促进绿色增长、推动可持续发展打下了可靠基础。

审视现在,工业文明对于人类社会发展的历史推动作用不可否认,但也给自然和人类本身带来了一系列叠加的灾难——资源枯竭、气候变暖、核灾难、超级细菌、生化危机,等等。当前,中国发展中不平衡、不协调、不可持续的问题,资源紧约束的问题仍然突出,人民群众对干净的水、新鲜的空气、洁净的食品、优美宜居的环境等方面要求越来越高。必须看到,中国总体上仍然是一个缺林少绿、生态脆弱的国家,植树造林,改善生态,任重而道远。全国有荒漠化土地面积2.636亿

① 《习近平在中共中央政治局第二次集体学习时强调 以更大的政治勇气和智慧深化改革 朝着十八大指引的改革开放方向前进》,《人民日报》2013年1月2日。

公顷,影响到 4 亿人口的生产生活。离开经济发展抓环境保护是“缘木求鱼”,脱离环境保护搞经济发展是“竭泽而渔”。“保护生态环境就是保护生产力,改善生态环境就是发展生产力。良好生态环境是最公平的公共产品,是最普惠的民生福祉。”①亟待揭示自然灾害和疫情、社会群体事件发生背后的生态环境原因,共同呵护人类赖以生存的地球家园。

展望未来,应当致力于推进美丽中国建设。要超越和扬弃粗放型的发展方式和不合理的消费模式,提升全社会的文明理念和素质,使人类活动限制在自然环境可承受的范围内,走生产发展、生活富裕、生态良好的文明发展之路。“要扎实推进生态文明建设,实施‘碧水蓝天’工程,让生态环境越来越好,努力建设美丽中国。”②要继续推进生态文明建设,坚持节约资源和保护环境的基本国策,把生态文明建设放到现代化建设全局的突出地位,把生态文明理念深刻融入经济建设、政治建设、文化建设、社会建设各方面和全过程,从根本上扭转生态环境恶化趋势,确保中华民族永续发展,为全球生态安全做出我们应有的贡献。③

(六)以人的发展为目的,共同筑梦和圆梦,建设幸福中国

马克思、恩格斯对未来新社会的理想,其最高境界就是“每个人的自由发展是一切人的自由发展的条件”。中国梦作为一个社会理想,最终可以归结为人的全面发展。人的全面发展,既是中国梦的筑梦目标,又是中国梦的追梦过程和手段,更是中国梦要达到的圆梦成效。因而,“强盛中国梦”“法治中国梦”“文明中国梦”“和谐中国梦”“美丽中国梦”等的出发点和落脚点即“幸福中国梦”,他们组成了“5 + 1”立体结构的中华民族伟大复兴的中国梦。

回首过去,中华民族和中国人民在人的全面发展上筑梦、圆梦。城市梦、大学梦、出国梦等先后实现。中国共产党领导人民全面建设小康社会、进行改革开放和社会主义现代化建设的根本目的,就是要通过发展社会生产力,不断提高人民物质文化生活水平,促进人的全面发展。检验一切工作的成效,最终都要看人民是否真正得到了实惠,人民生活是否真正得到了改善,这是坚持立党为公、执政为民的本质要求,是党和人民事业不断发展的重要保证。这也体现了人民作为实现中国梦的主人翁的地位;人民群众根本利益的维护与实现是中国梦的根本价值取向;人民得到实惠、人民高兴满意,是推动中国梦实现的根本动力。当中国还处于

---

① 《习近平在海南考察时强调 加快国际旅游岛建设 谱写美丽中国海南篇》,《人民日报》2013 年 4 月 11 日。

② 《习近平张德江刘云山王岐山张高丽分别参加全国人大会议一些代表团审议》,《人民日报》2013 年 3 月 9 日。

③ 习近平:《在党的十八届一中全会上的讲话》,《求是》2013 年第 1 期。

贫穷落后的阶段时,“强盛中国”成为“中国梦”的重要内容;当人民群众解决了温饱问题时,社会矛盾的涌现促使中国加快建设“法治中国”“和谐中国”;当中国迈向世界经济大国的时候,通过建设“文明中国”“美丽中国”从根本上提高人民群众的幸福指数(“幸福中国”)成为“中国梦”的理想目标。

审视现在,城乡贫困人口和低收入人口还有相当数量,人民“期盼有更好的教育、更稳定的工作、更满意的收入、更可靠的社会保障、更高水平的医疗卫生服务、更舒适的居住条件、更优美的环境,期盼孩子们能成长得更好、工作得更好、生活得更好。”①中国人均 GDP 仅为日本的 1/10,2012 年世界排名第 87 位。实现中华民族伟大复兴,需要全体中华儿女携手努力,要最大限度调动一切积极因素、凝聚一切积极力量。实现中国梦,需要我们每一个人继续付出辛勤劳动和艰苦努力,包括全国广大工人、农民、知识分子,一切国家机关工作人员,中国人民解放军全体指战员,中国人民武装警察部队全体官兵,一切非公有制经济人士和其他新的社会阶层人士,全国广大青少年,香港特别行政区同胞、澳门特别行政区同胞,广大台湾同胞,广大海外侨胞等。② 他们要圆的,是安居梦、健康梦、求学梦、求职梦、成功梦。

展望未来,应当致力于推进幸福中国建设。幸福是人类认识到自己需要得到满足以及理想得到实现时产生的一种情绪状态,是由需要(包括动机、欲望、兴趣)、认知、情感等心理因素与外部诱因的交互作用形成的一种复杂的、多层次的心理状态。幸福主要从物质生活的无忧(经济领域为主)、身心健康的愉悦(生态、文化领域为主)、抱负才能的实现(经济、政治、文化、社会等各领域)、人际关系的融洽(社会领域为主)以及以上四者的持续性(归结到人的发展)这五个方面来进行体验。要多管齐下建设幸福中国,通过强盛中国建设(经济建设进步)为人的全面发展创造物质幸福条件,通过法治中国建设(民主政治建设)为人的全面发展创造政治幸福条件,通过文明中国建设(精神文明建设)为人的全面发展创造精神幸福条件,通过和谐中国建设(社会民生建设)为人的全面发展创造社会幸福条件,通过美丽中国建设(生态文明建设)为人的全面发展创造生态幸福条件。归结起来,中国梦就是造福人民的梦,就是要努力让最广大人民群众过上全面、协调、可持续的幸福生活,使中国的国民幸福指数不断提升,

---

① 习近平:《始终与人民心相印共甘苦——在十八届中央政治局常委与中外记者见面时的讲话》,《人民论坛》2012 年第 33 期。

② 习近平:《在第十二届全国人民代表大会第一次会议上的讲话》,《人民日报》2013 年 3 月 18 日。

使中国成为幸福中国。

三、中国梦的实现路径

中国梦梦想终将照进现实，必然采取与中国历史、中国文化、中国国情和中国民心相适应的独特的发展方式与实践路径，从筑梦到追梦，最终走向圆梦之途。

（一）实现中国梦的根本前提

第一，实现中国梦必须坚持中国道路，瞄准科学定位和正确方向。“一个国家实行什么样的主义，关键要看这个主义能否解决这个国家面临的历史性课题。”① 一是增强理论自信。中国特色社会主义理论体系是马克思主义中国化最新成果。其为回答关于中国梦实践的一系列重大问题提供了理论武器。在当代中国，坚持中国特色社会主义理论体系，就是真正坚持马克思主义。二是增强道路自信。在路径选择上，我们既不能走封闭僵化的老路，也不能走改旗易帜的邪路。中国特色社会主义道路是实现我国社会主义现代化的必由之路，是创造人民美好生活的必由之路，其必将越走越宽广。三是增强制度自信。中国特色社会主义制度符合我国国情，集中体现了中国特色社会主义的特点和优势，是中国发展进步的根本制度保障，其必将越来越成熟，优越性必将进一步显现。其集中体现为效率与公平相兼顾、民主与集中相结合、活力与秩序相统一、人的全面发展与社会文明进步相促进，有利于维护民族团结、社会稳定、国家统一。

第二，实现中国梦必须弘扬中国精神，激发民心士气和活力源泉。中国梦能否实现，精神状态、精神动力非常重要。中国精神是中华民族在长期的历史发展中逐步形成、巩固、发展和丰富的共同精神，是民族传统、文化、心理、素质的集中体现，是多因素、多层次的复合体。一方面，必须弘扬以爱国主义为核心的民族精神，“雷锋、郭明义、罗阳身上所具有的信念的能量、大爱的胸怀、忘我的精神、进取的锐气，正是我们民族精神的最好写照，他们都是我们民族的脊梁；要充分发挥各方面英模人物的榜样作用，大力激发社会正能量，为实现中国梦提供强大精神动力。”②另一方面，必须弘扬以改革创新为核心的时代精神，无论是冲破思想观念障碍，还是打破利益固化藩篱，无论是突破科技瓶颈，还是解决深层次矛盾，无论是破解发展难题，还是释放改革红利，都需要继续发扬改革创新精神。

---

① 《习近平在新进中央委员会的委员、候补委员学习贯彻党的十八大精神研讨班开班式上发表重要讲话》，《人民日报》2013 年 1 月 6 日。

② 《习近平李克强俞正声分别参加全国两会一些团组审议讨论》，《人民日报》2013 年 3 月 7 日。

第三，实现中国梦必须凝聚中国力量，整合集体智慧和个体资源。一盘散沙实现不了中国梦。一是有梦想，心往一处想。每个中国人都是“梦之队”的一员，都应发扬主人翁精神，成为实现中国梦的书写者。更好的教育、更稳定的工作、更满意的收入、更可靠的社会保障，这些平凡的梦想汇聚起来便不平凡，便是个人的人生命运、民族的进步脉动、国家的发展方向。二是有机会，机会一起享，人民共享公共财富的效益，共享公共权力的服务，共享公共资源的使用，共享公共职位的开放。三是有奋斗，劲往一处使，办好中国的事情，既要靠党和政府，也要靠13亿人民，以小家服从大家、个人利益服从国家利益、眼前利益服从长远利益。

（二）实现中国梦的重要路径

第一，坚持工业化、信息化、城镇化、农业现代化的有机统一。走“新四化”道路，推动信息化和工业化深度融合、工业化和城镇化良性互动、城镇化和农业现代化相互协调，促进工业化、信息化、城镇化、农业现代化同步发展。着力推进工业化基本实现，信息化水平大幅提升，城镇化质量明显提高，农业现代化和社会主义新农村建设成效显著，区域协调发展机制基本形成。

第二，坚持党的领导、人民当家做主、依法治国的有机统一。要坚持正确政治方向，坚定不移走中国特色社会主义政治发展道路。要落实依法治国基本方略，加快建设社会主义法治国家。要坚持人民主体地位，切实保障公民享有权利和履行义务。要坚持党的领导，更加注重改进党的领导方式和执政方式。①

第三，坚持引领风尚、教育人民、服务社会、推动发展的有机统一。引领风尚明确了文化强国建设的目标导向，即要坚持社会主义先进文化前进方向，以建设社会主义核心价值体系为根本任务，在全社会形成积极向上的精神追求和健康文明的生活方式。教育人民揭示了文化强国建设的根本动力，即要把以人为本作为核心立场，以满足人民精神文化需求为出发点和落脚点，建设民族的精神家园，提高人的素质，激发文化强国建设的力量。服务社会彰显了文化强国建设的关键成效，即要坚持把社会效益放在首位，坚持社会效益、经济效益和生态效益等的有机统一，推动构建社会主义和谐社会，促进全面建成小康社会。推动发展呈现了文化强国建设的基本过程，即要以科学发展为主题，推动社会主义精神文明和物质文明全面发展，实现文化事业和文化产业等的协调发展，增强国家文化软实力和文化产业国际竞争力。

第四，坚持学有所教、劳有所得、病有所医、老有所养、住有所居的有机统一。

---

① 习近平：《在首都各界纪念现行宪法公布施行30周年大会上的讲话》，《中国人大》2012年第23期。

要按照“守住底线、突出重点、完善制度、引导舆论”的思路做好民生工作。要求基本公共服务均等化总体实现，这体现了维护最广大人民根本利益的新高度。要求全民受教育程度和创新人才培养水平明显提高，进入人才强国和人力资源强国行列，教育现代化基本实现，这体现了努力办好人民满意的教育。要求就业更加充分，这体现了就业是民生之本。要求收入分配差距缩小，中等收入群体持续扩大，扶贫对象大幅减少，这体现了发展成果由人民共享。要求社会保障全民覆盖，人人享有基本医疗卫生服务，住房保障体系基本形成，这体现了促进社会和谐稳定的新要求。

第五，坚持节约资源和保护环境的有机统一。要扎实建设资源节约型和环境友好型社会。主体功能区布局基本形成，这就要求推动各地区严格按照主体功能定位发展，构建科学合理的城市化格局、农业发展格局、生态安全格局。发展低碳技术和循环经济已成为世界经济发展的一个潮流，从美国、德国等西方发达国家到巴西、印度等发展中国家，都推出了一系列有关支持鼓励的政策和举措。提出资源循环利用体系初步建立，这就要求发展循环经济，促进生产、流通、消费过程的减量化、再利用、资源化。提出单位国内生产总值能源消耗和二氧化碳排放大幅下降，主要污染物排放总量显著减少，这就要求控制能源消费总量，加强节能降耗，支持节能低碳产业和新能源、可再生能源发展，确保国家能源安全，强化水、大气、土壤等污染防治。提出森林覆盖率提高，生态系统稳定性增强，人居环境明显改善，这就要求加大自然生态系统和环境保护力度，努力建设美丽中国。

第六，坚持保持党的先进性与纯洁性的有机统一。“实现中华民族伟大复兴的中国梦，必须把我们党建设好”①，不断提升党的创造力、凝聚力、战斗力。要“牢牢把握加强党的执政能力建设、先进性和纯洁性建设这条主线，坚持解放思想、改革创新，坚持党要管党、从严治党，按照控制总量、优化结构、提高质量、发挥作用的总要求，明确目标、突出重点，健全机制、务求实效，不断提高党员发展和管理工作科学化水平，着力把各方面先进分子和优秀人才更多吸收到我们党内，努力建设一支规模适度、结构合理、素质优良、纪律严明、作用突出的党员队伍，夯实党执政的组织基础，为全面建成小康社会、夺取中国特色社会主义新胜利提供坚强组织保证。”②必须把400多万个基层党组织建设成400多万个坚强的战斗堡垒，必须把8200多万党员打造成8200多万个先锋模范。

---

① 《习近平在十八届中央纪委二次全会上发表重要讲话》，《人民日报》2013年1月23日。

② 《中共中央政治局召开会议研究部署加强新形势下党员发展和管理工作》，《人民日报》2013年1月29日。

第七,坚持富国和强军的有机统一。要统筹经济建设和国防建设。中国梦"是强国梦,对军队来说,也是强军梦。我们要实现中华民族伟大复兴,必须坚持富国和强军相统一,努力建设巩固国防和强大军队"①,"建设一支听党指挥、能打胜仗、作风优良的人民军队,是党在新形势下的强军目标"②,"坚决听党指挥是强军之魂,能打仗、打胜仗是强军之要,依法治军、从严治军是强军之基"。③ 要增强全民国防观念,使关心国防、热爱国防、建设国防、保卫国防成为全社会的思想共识和自觉行动。

第八,坚持个人全面发展与社会全面发展的有机统一。与"美国梦"等突出个人和金钱,强调个人奋斗和成功不同,"中国梦"强调个人命运和社会(民族)、国家紧密相连。个人的发展和命运,既是社会发展和历史命运的映照,同时也汇成了社会发展的主流。个人全面发展与社会全面发展是辩证统一、不可分割的。一方面,个人是社会的人,其全面发展受到一定社会发展的制约,一定社会的全面发展为个人全面发展创造条件。另一方面,社会是人的社会,一定的社会是由一定人组成,脱离了人的存在,社会全面发展就毫无意义,所以说社会全面发展的目标是为了人的全面发展。社会发展总是由低级到高级、由简单到复杂的过程。人的发展也呈上升趋势,是由不自由到自由的过程。归结起来,就是要在人与人、人与自然、人与社会和谐相处中,使个人的能力、需要、社会关系及个性自由随社会不断全面发展而不断全面发展。

(三)实现中国梦的保障系统

第一,优化目标导向,规划中国梦。中国梦作为宏伟目标,是中国人民自强不息的精神动力。目标导向理论是激励理论的一种。实现中国梦更需要目标的激励和鼓舞。要"深入研究全面深化体制改革的顶层设计和总体规划,明确提出改革总体方案、路线图、时间表","合理安排生产力布局,对关系国民经济命脉、规模经济效益显著的重大项目,必须坚持全国一盘棋,统筹规划,科学布局"。④ 不断优化中国梦的目标规划,要有发展的眼光和超越的意识,要以满足人民日益增长的物质文化需要为动力,要因地制宜、实事求是,要使所确定的近、中、远期发展目

---

① 《习近平在广州战区考察时强调 坚持富国和强军相统一 努力建设巩固国防和强大军队》,《人民日报》2012 年 12 月 13 日。

② 《习近平在解放军代表团全体会议上强调 牢牢把握党在新形势下的强军目标 努力建设一支听党指挥能打胜仗作风优良的人民军队》,《人民日报》2013 年 3 月 12 日。

③ 《习近平在广州战区考察时强调 坚持富国和强军相统一 努力建设巩固国防和强大军队》,《人民日报》2012 年 12 月 13 日。

④ 《中央经济工作会议在北京举行》,《人民日报》2012 年 12 月 17 日。

标,总体目标、分目标和具体目标相衔接。

第二,优化要素整合,参与中国梦。中国梦作为社会共识,是中国人民团结奋斗的精神纽带。努力优化要素整合是实现中国梦的应有之义。针对当前实际,要坚持可持续性发展方针,优化人力、财力、物力、制度力(政策力)等要素整合,为实现中国梦注入新力量。从实现中国梦的主体要素上,必须形成最广泛的中国梦统一战线,发挥人民的主体作用,激发诸如广大工人、农民、知识分子(主力军和生力军)、党政领导干部(领头人)、人民军队(后盾)、非公有制经济人士和其他新的社会阶层人士(中国特色社会主义事业的建设者)、广大青少年(民族的希望)等主体的动力和活力。从实现中国梦的客体要素上,要充分发挥社会主义制度(政策)的优越性及机制的顺畅性,整合各种资源干事创业,坚持集中力量办大事。

第三,优化环节调控,发展中国梦。中国梦作为发展愿景,是中国人民和谐稳定的发展红利。实现中国梦,必须优化环节调控,正确处理人民内部矛盾,重点在于法律调控、道德调控、社会心理调控和社会舆论调控。要健全法律调控体系,用法治的力量保障社会公平;要完善社会的道德调控体系,提高全民道德素质和社会道德水平;要构建社会心理调控体系,消除社会冲突以形成积极的社会情绪,完善社会制度以消除社会歧视;要建设社会舆论调控体系,释放正能量。

第四,优化过程监督,落实中国梦。中国梦作为责任担当,是中国人民念兹在兹的神圣使命。实现中国梦的目标,必须重视努力解决过程中存在的突出问题,抓住关键、找准切入点,要通过党政监督、群众监督、舆论监督、自我监督等形式,加强过程监督。任何贪图享乐、耽于安逸、奢侈浪费、空谈不干,都只能使梦想变成幻想、空想。要重点加强对腐败多发易发部位和领域的监督;要坚持用制度管权、管事、管人;要把党内监督与人大监督、政府专门机关监督、政协民主监督、司法监督、群众监督、舆论监督等结合起来,发挥各方面监督的积极作用,不断拓宽监督渠道,使各种监督形式紧密配合、各方面监督力量有效配合,以加大监督力度、提高监督效果。决不允许"上有政策、下有对策",决不允许有令不行、有禁不止,决不允许在贯彻执行中央决策部署上打折扣、做选择、搞变通。①

第五,优化成效评价,共享中国梦。中国梦作为价值取向,是中国人民共建共享的精神家园。构建中国梦的相关评估机制和中国梦综合评估指标体系,是实现中国梦的必然。一要建立和完善中国梦的群众满意度评估机制。要实现分类设置中国梦民调评估指标,多元构建中国梦民调评估主体,合理设定中国梦民调评

---

① 习近平:《要把维护党的政治纪律放在首位》,《党建》2013 年第 3 期。

估权重,同时要有效运用民调评估结果,把民意调查评价结果作为对班子和干部进行定量、定性考核的重要依据。二要建立和完善关于中国梦(地方梦)的公共政策评估机制。要努力建立起政府部门内部评估机制和外部中立的社会组织实施的评估机制。三要加强中国梦综合评估指标体系的理论研究,推进其科学化、规范化和可测化。

(原载于《重庆社会科学》2013 年第 5 期)

实践视阈下"中国梦"宣传教育的推进路径探析*

党的十八大开启了全面建成小康社会的新征程，中央领导集体奋力开拓改革发展新局面，民族复兴的"中国梦"激荡着13亿多人的新期盼。汇集了亿万中国人民共同理想的"中国梦"，用强大的信念凝聚了百姓心智，最大程度地聚合各方力量，朝着让人民过上更好生活的方向共同努力。

中国梦宣传教育，是推动中国梦伟大实践的重要途径。实现"中国梦"首先就要做好"中国梦"的宣传教育工作，要牢牢把握中国梦的实践性，推动中国特色社会主义理论由抽象到具体、由深奥到通俗，被广大人民群众认知并掌握，成为人民群众改造世界的思想武器。在深刻认识中国梦宣传教育重要意义的同时，组建政治过硬的宣传队伍，创新传播体系、营造多样推进的宣传氛围，搭建实践平台、积极转化宣传成果，引导人们通过辛勤劳动和艰苦努力，使民族复兴中国梦早日梦想成真。

一、实践性是"中国梦"的本质属性

1."中国梦"的提出是马克思主义时代化与实践论的有机统一

马克思在《关于费尔巴哈的提纲》中提出："哲学家们只是用不同的方式解释世界，问题在于改变世界。"①马克思、恩格斯多次指出他们理论中的一般原理的实际运用"随时随地都要以当时的历史条件为转移"②。可见，马克思主义就是从实践中产生，并随着客观实践的发展而发展，随着时代的进步而不断拓展，并以改变现实世界为目的的理论。从鸦片战争到五四运动，再到中国特色社会主义事业的接续推进，"中国梦"立足于近代以来的历史实践，深刻把握中国近代以来历史

---

* 本文作者：莫忧，西南交通大学马克思主义学院博士研究生，成都理工大学学生处副教授，主要从事大学生思想政治教育研究。

① 《马克思恩格斯选集》第1卷，人民出版社1995年版，第57页。

② 《马克思恩格斯选集》第1卷，人民出版社1995年版，第248页。

发展的主题主线,应时代、应实践而生。

马克思主义认识论认为认识从实践中产生,认识的根本目的是为了实践,认识的真理性也只有在实践中才能得到检验和证明。毛泽东曾明确指出:"马克思主义一定要向前发展,要随着实践的发展而发展,不能停滞不前。停止了,老是那么一套,它就没有生命了。"①在革命、建设、改革的不同历史时期,我们党领导人民把马克思主义基本原理与中国具体国情和实践相结合,形成了马克思主义理论的创新成果。新中国成立60多年、改革开放30多年来,我们的一个个梦想成为现实,圆了人民当家作主梦,圆了百年奥运梦,圆了航天航海梦,也圆了住房、休闲、养老的百姓梦。

马克思主义是与时俱进的开放理论体系,需要在实践中推进马克思主义时代化,在实践基础上大力推进理论创新。马克思主义时代化为理论创新孕育了土壤,赋予其鲜明的实践特色、民族特色与时代特色,而民族特色与时代特色归根到底是一种实践特色、实践精神。在新的历史时期,"中国梦"就是在新的经验认识上增加的新的理论内容,实现中华民族伟大复兴的"中国梦"里有"强国"也有"富民",有期盼也有实干,这些动力才能汇集成源,形成社会发展进步的兼容合力,造就托起"中国梦"的众志成城。

2."中国梦"的宣传教育是马克思主义中国化与公民信仰的有机统一

马克思曾指出:"如果从观念上来考察,那么一定的意识形式的解体足以使整个时代覆灭。"②冷战时期,西方在军事上和经济上的强大压力并不是苏联解体的根本因素,而各种软性的意识形态和在政治中的积极活动才是至关重要的因素。美国前总统尼克松在《1999:不战而胜》一书中曾指出:尽管我们与苏联在军事、经济和政治上进行竞争,但意识形态是我们争夺的根源。如果我们在意识形态斗争中打了败仗,我们所有的武器、条约、贸易、外援和文化关系都将毫无意义。苏共的垮台和苏联解体的历史事实,昭示了信仰的分量,同时警醒我们只有坚定共产主义的信念,才能在面对复杂多变的意识形态局势时始终保持清醒的头脑,始终把握正确的发展方向。

在当代中国,对马克思主义的信仰,对社会主义和共产主义的信念虽然占据主导地位,但是随着经济体制的深刻变革,社会结构的深刻变动,利益格局的深刻调整,人们的价值追求也越来越多元多样,价值追求存在着"多"与"一"的对立。种种反马克思主义、非马克思主义的社会思潮以"中国威胁论""中国崩溃论"等

① 《毛泽东文集》第7卷,人民出版社1999年版,第281页。

② 《马克思恩格斯文集》第8卷,人民出版社2009年版,第170页。

言论进行散布,容易让人们陷入某种理论误区,丧失对各种反马列主义思潮的辨别能力。因此,如果不能将共产主义共同理想分解为公民自身的信仰,就容易导致主流意识形态的弱化,对马克思主义产生质疑、动摇甚至背弃。

信仰是国家的核心竞争力,是国家的灵魂。只有提高马克思主义本身的感召力和解释力,激发主流意识形态阵地的内生力量,才能维护国家核心利益,才能在国际较量中争取主动。中华民族伟大复兴的"中国梦"凝聚着几代中国人的一种夙愿,它体现了中国人民的整体利益,它是每一个中华儿女的一种共同的期盼。其深刻内涵,就是要让中国人民过上更加富裕、更有尊严的生活,实现每个人自由而全面的发展。推进"中国梦"的实现就是将共产主义信念有机融入人民群众的生活实际中,将小家与大家相联系,将个人的梦和国家的梦相统一,努力使人民群众"勿兴纸上谈兵之风,实干共铸中国梦",胸怀共产主义的崇高理想,做共产主义远大理想的坚定信仰者和忠实践行者。

3."中国梦"的传播过程是马克思主义大众化与党的群众路线的有机统一

胡锦涛同志曾指出:"要善于从群众的实践和创造中寻找解决问题的答案,善于在新的实践的基础上不断作出新概括,坚持用发展着的马克思主义指导新的实践。"①实践证明,马克思主义只有立足于人民群众改革开放的伟大实践,更好地为人民群众所掌握、所接受,成为人们改造主观世界和客观世界的强大思想武器,才能焕发出强大的生命力、创造力、感召力,成为指导实践的行动指南。

唯物史观认为,人民群众是历史的主人,是推动社会进步的根本力量。群众路线就是"从群众中来到群众中去"的过程,即深入群众,集中群众在实践中的经验,归纳总结上升为理论;再用理论指导群众的实践,同时在实践中对理论进行检验和完善。因此,马克思主义大众化的程度取决于人民群众把理论运用在实践中的深度和广度。"中国梦"是广大人民群众的实践结晶,关乎人们尚未实现但又在努力争取实现的目标。

在实践中广泛传播和普及"中国梦"的深刻内涵,必须坚持马克思主义、普及马克思主义、运用马克思主义、发展马克思主义,从而巩固人民群众团结奋斗的共同思想基础,以"中国梦"的深刻内涵带领人民胸怀理想,坚定信仰,又脚踏实地,苦干实干,把党的理论和主张变为群众的共同价值和自觉行动,促进党的理论创新成果在群众心底发芽、生根。

---

① 《十六大以来重要文献选编》中,中央文献出版社 2006 年版,第 158 页。

二、实践中推进“中国梦”宣传教育的重要意义

1. 在实践中推进“中国梦”的宣传教育，就是要以社会主义核心价值观为引领，克服宣传教育过程中的娱乐化和庸俗化倾向

价值观是人们对事物的态度，直接指导每一个人的行动，决定着行动的目标和动力。在社会多元化的今天，由互联网、书籍、杂志、电影、广播、报纸、电视等组成的大众传媒成为发布信息的主要渠道。其优点就在于能够以图文并茂、声像交融的形式进行宣传和传播，具有强大的教化作用，由此深刻影响人们的价值观。实践证明，以高格调、高品位、高尚的精品进行宣传就能树立正确的价值观；若以低俗的、庸俗的、泛娱乐的信息进行宣传，就会导致理论的价值意义变得模糊，甚至产生信仰危机。

社会主义核心价值观是社会主义意识形态的本质体现，是全党全国各族人民团结奋斗的共同思想基础，包括国家、社会和公民三个层面的价值要求。“中国梦”是关乎国家复兴和人们富裕的创新理论和现实话题，用社会主义核心价值观来引领“中国梦”的宣传教育，突出对国家强盛之梦、社会繁荣之梦、公民全面发展之梦的价值追求，凝聚社会培育和弘扬“富强”“民主”“文明”“和谐”“自由”“平等”“公正”“法治”“爱国”“敬业”“诚信”“友善”等价值要求的共识，使之成为各民族、各阶层联结的纽带，才能很好把握住宣传教育活动的方向性，抵制其泛娱乐化和庸俗化，这对于社会成员具有强烈的正面影响。

2. 在实践中推进“中国梦”的宣传教育，就是要丰富“中国梦”的理论内涵，不断赋予其马克思主义中国化的时代特色

党的十八大报告强调：“只要我们胸怀理想、坚定信念，不动摇、不懈怠、不折腾，顽强奋斗、艰苦奋斗、不懈奋斗，就一定能在中国共产党成立一百年时全面建成小康社会，就一定能在新中国成立一百年时建成富强民主文明和谐的社会主义现代化国家。全党要坚定这样的道路自信、理论自信、制度自信！”①党的“三个自信”，来自于实践，来自于创新，来自于强烈的中国梦想。

在实践中大力推进理论创新，不断赋予马克思主义理论以时代内涵和独特的民族内涵，是马克思主义中国化的核心任务。从西方坚船利炮的侵略到国家的独立，再到全面深化改革的今天，“中国梦”运用马克思主义审视中国的历史文化传统、研究中国的当前现实，从中提炼出对中国社会的发展具有根本性的问题，使马

---

① 胡锦涛：《坚定不移沿着中国特色社会主义道路前进为全面建成小康社会而奋斗——在中国共产党第十八次全国代表大会上的报告》，人民出版社 2012 年版，第 16 页。

克思主义具有“为中国老百姓所喜闻乐见的中国作风和中国气派”①,不断推进中国马克思主义的理论创新,丰富“中国梦”的深刻内涵,让国家更强盛、人民更幸福,中华民族对世界作出更大贡献。

实践没有止境,实践基础上的理论创新也没有止境。不断作出新的理论概括,深化创新理论的深刻认识,也是一项长期的历史任务,必须随着中国特色社会主义实践的发展而发展。在实践中推进“中国梦”的宣传教育,就要结合历史与现实、理论与实践、国内与国外的对比分析,不断赋予当代中国马克思主义鲜明的实践特色、民族特色、时代特色,不断推动、促进各个时期历史任务的有效完成,增强马克思主义的凝聚力、感染力、说服力,真正做到追梦有底气、解梦需灵气、圆梦很大气。

3. 在实践中推进“中国梦”的宣传教育,就是要构建“中国梦”的话语体系,不断赋予马克思主义大众化的创造特性

列宁曾说:“最高限度的马克思主义 = 最高限度的通俗化。”②任何理论的宣传,必须符合广泛而复杂的受众群体的不同语言习惯,才能凸显理论的解释力和指导力。“中国梦”是过去从来没有过的全新事物、全新探索、全新实践。在这个意义上,“中国梦”也是人类社会前所未有的一个崭新的概念。对“中国梦”的内涵解读必须要建构起中国特色的规律结构和话语体系,实施通俗化转型。

构建“中国梦”的话语体系就是要把“中国梦”用简单质朴的语言讲清楚、用群众喜闻乐见的方式说明白,让“中国梦”有向心力,足以让生长在这块土地上的人感觉到它的力量和温暖,激励这方人满怀信心、充满激情、披荆斩棘、开拓进取。

“中国梦”是13亿多中国人同享民族复兴红利的人生之梦,“中国梦”是从人民的实践创造和发展要求中获得马克思主义大众化的不竭源泉和前进动力,归根到底是人民的梦,必须依靠人民来圆梦,必须不断为人民造福。只有用一种群众通俗易懂的话语体系开展“中国梦”的宣传阐释,表达与人民群众息息相通的思想感情,才能最广泛地调动人民群众的积极性、主动性、创造性,把“中国梦”的内涵变为群众的共同价值和自觉行动,使其内涵解读更贴近实际,贴近生活,贴近群众,使人民群众在潜移默化中受到熏陶,在主动参与中接受教育,在投身实践中自觉坚持,让大众化的马克思主义成为人们的精神坚守。

中国人的“美梦”,并不是其他国的“噩梦”,“中国梦”的深刻内涵也包含为和谐世界做贡献,在吹响中华文明复兴号角的同时,也在开启全新世界梦的时代。

---

① 《毛泽东选集》第3卷,人民出版社1991年版,第844页。

② 《列宁全集》第36卷,人民出版社1959年版,第468页。

努力把"中国梦"的话语体系融入国际主流话语体系,逐步掌握国际话语主动权,让"中国话语"走向世界,也要让世界倾听中国的声音。

4. 在实践中推进"中国梦"的宣传教育,就是要普及"中国梦"的实践教育,不断赋予马克思主义时代化的规律特征

科学理论的价值在于指导实践。"中国梦"把马克思主义同时代特征结合起来,使之紧跟时代发展步伐、不断吸收新的时代内容、科学回答时代课题。

当今世界正处在大发展大变革大调整时期,我国正处在进一步发展的重要战略机遇期,针对国内外形势的发展变化,迫切需要以马克思主义为指导,加强对改革发展稳定重大理论和实践问题、人民最关心最直接最现实的利益问题的研究和探索。"从群众中来,到群众中去",前提是深入了解群众,密切联系群众,从群众需求出发,不断创新宣传内容和载体,把着力点放在实践教育上,形成上下联动、优势互补、协调配合的宣传大格局,才能有力地促进"中国梦"深入人心。

三、在实践中推进"中国梦"宣传教育的具体路径

1. 进行分类指导,形成政治素质过硬的宣传队伍

"对于马克思主义的理论,要能够精通它、应用它,精通的目的全在于应用。"①从一定意义上说,对"中国梦"进行马克思主义实践教育是实现知、信、行的有机统一。要以宣传队伍建设为抓手,加深他们对"中国梦"科学内涵、理论基础、文化根源和实践要求的认知,让他们树立对"中国梦"的理论自信和实践自觉,成为"中国梦"宣传教育阵地的坚强捍卫者和拓展者。同时,针对工人、农民、知识分子等不同群体的特点和实践模式,要充分挖掘教育资源,对分布在高校、基层、机关等领域的专业化理论队伍进行整合,实行分类指导,发扬多方教育的互补性,促进各类教育力量在实践中形成合力,形成多位一体的宣传格局,从而增强宣传教育的针对性、有效性。

要实施分层宣传教育,根据人们年龄和认知水平的差异,可对幼儿进行强调"热爱社会和家庭,崇尚友善"的道德认知教育;对中小学生进行强调"热爱国家、民族、社会、家庭,崇尚互爱互助"的思想品德教育;对大学生进行强调"履行责任,严以自律,自立自强,服务社会主义建设"的思想政治教育;对社会人员进行强调"友善互爱,自强不息,勤劳奉献"的社会宣传教育。只有注重各层次宣传教育内容的衔接,引导学校德育教师、思想政治教育工作者和社会思想政治工作者用自己的学识、阅历、经验点燃人们对实现"中国梦"美好前途的火种,才能使"中国

---

① 《毛泽东选集》第3卷,人民出版社1991年版,第815页。

梦”潜移默化地熏陶人们的思想、引领人们的行为。

2. 创新传播体系，营造多样推进的宣传氛围

拓宽传播渠道，丰富传播手段，全力构建全方位、立体化的宣传教育体系，实现宣传教育立体化、无缝隙、全覆盖。要发挥正面舆论的积极作用，深度挖掘与群众息息相关的宣传教育舆论资源，让群众善于并乐于将践行“中国梦”的要求内化于心、外化于行；开展常态宣传，强化群众对“中国梦”的系统认知，紧扣宣传实际，取材尽量贴近不同社会利益群体，反映和维护群众的合法利益诉求，让群众将对党和政府的政治效能认同上升为对“中国梦”的认同；突出宣传重点，明确践行“中国梦”的方法要求，发挥践行“中国梦”榜样人物的示范作用，弘扬崇尚“立志报国”“服务社会”“知恩感恩”“自强不息”的社会正气。

在载体建设上，要坚持网上网下联动，坚持传统媒体和现代媒体互动，在宣传中深入群众、服务群众，搭建沟通桥梁。在氛围营造上，一要创新宣传内容，鼓励创作反映共产主义理想、中华民族优秀精神和时代精神的文化产品，让这些文化产品因契合人们日益增长的文化需求而富有生命力和竞争力；二要依靠社会力量，发动包括政府、社区组织、社会团体等的积极作用，为宣传创造有利的人文环境；三要加强宣传教育的公共服务平台建设，包括图书馆、博物馆、展览馆、各类教育基地等基础设施，以及利用电视、广播、报刊、网络等全媒体平台，营造浓厚的宣传教育氛围。

3. 搭建实践平台，形成实践转化的宣传成果

“实践高于(理论的)认识，因为它不仅具有普遍性的品格，而且还具有直接现实性的品格”①，须“通过实践而发现真理，又通过实践而证实真理和发展真理”②。因此，要做到理论与实践相统一，注重理论宣传和实践教育的有机结合。不能离开实践凭空期望群众自发形成对“中国梦”的科学认知，而要坚持理论联系实际、学以致用，坚持把实现“中国梦”同研究解决群众最关心最直接最现实的利益问题结合起来，在实践中检验群众对“中国梦”的认知水平和践行状况，解决一些群众学而不实、学而不用的突出问题。同时，不能完全照本宣科，而要在实践中探索有效的践行形式，依托群众创新创业、志愿服务等实践平台，用生动的事实说服群众、教育群众。

在实践引导上，一要加强经济实践引导，鼓励群众积极投身生产实践、开展创新创业，引导群众合理消费，激发人民群众为社会主义经济建设做出更大贡献的

---

① 《列宁全集》第55卷，人民出版社1990年版，第183页。

② 《毛泽东选集》第1卷，人民出版社1991年版，第296页。

活力;二要加强政治实践引导,完善基层自治组织制度、社会治理制度,健全群众利益诉求表达机制,引导群众积极、合法开展政治参与实践,促进社会多元共治的格局形成;三要加强生活实践引导,将"中国梦"宣传教育与公民道德教育相结合,让群众树立和践行社会公德、职业道德、家庭美德、个人品德,在日常生活中从小事做起、防微杜渐、崇德尚善、敬业守信、宽以待人,通过丰富的主体实践活动的关照,加深群众对"中国梦"的真切感受,增强对马克思主义的信仰,切实把学习成效转化为解决问题的实际能力。

此外,还要优化宣传教育内容,阐明"中国梦"对马克思主义和中华民族优秀传统文化的继承性,说明它有科学的理论支撑、深厚的文化积淀,反映了中国人民现实的奋斗目标和中华民族深沉的价值追求,并结合各类别群体的文化水平、认知习惯和思维特点,创新"中国梦"阐释的话语表达,增强宣传教育内容的理论说服力、文化感染力和思想号召力,让群众接触后印象深刻、产生共鸣。并且,要突出宣传教育内容的实践导向,为群众在"如何认识'中国梦'""如何将'中国梦'与'个人梦'相结合""如何助力'中国梦'实现"等方面提供方法指引。总的来说,"中国梦"宣传教育是一项系统工程,需要整合各种教育资源,促进"中国梦"深入人心、彰显魅力。

(原载于《毛泽东思想研究》2016 年第 3 期)

论中国梦的历史逻辑*

——兼论“四个自信”与中国梦的实现

习近平总书记首提中国梦时就“坚信”中华民族伟大复兴的梦想“一定能实现”①。近几年来他在阐论“两个一百年”目标、“四个全面”战略布局和五大发展理念时,反复强调坚定中国特色社会主义“四个自信”。“四个自信”与民族伟大复兴有着深刻的内在联系。从追求民族复兴的视角考察“四个自信”的要求,从坚定“四个自信”层面把握中国梦的历史逻辑,对于深入学习以习近平为核心的党中央治国理政新理念新思想新战略,满怀信心地推进中华民族复兴伟大事业具有重大意义。

一

中国梦是在“两个一百年”目标基础上提出的。“两个一百年”的“第一个一百年”即建党一百年目标的时空上限是1921年,而中国梦作为民族复兴梦想的时空上限则上溯到近代以来。从1840年开启的民族复兴的寻梦历程,是基于深刻民族危机的由救亡图存到民族振兴的艰辛探索,也显示出爱国主义、自强不息的民族精神。

首先,从1840年开始考察近代以来中华民族的复兴梦,是以古代中国与近代中国相比较为时空参照,从中国的历史兴衰中认识民族复兴提出的历史依据。

纵观人类社会历史,只有曾经繁荣兴盛过却因历史原因而衰落的民族才具有

---

* 本文作者:汪青松,男,安徽铜城人,博士,上海师范大学马克思主义学院教授,博士生导师,全国教学名师,中央马克思主义理论研究与建设工程首席专家,主要从事马克思主义中国化研究。

基金项目:2014年度国家社会科学基金重点项目“中国梦与中国道路、中国精神、中国力量研究”(14AKS005);2015年度教育部哲学社会科学研究重大课题攻关项目“社会主义核心价值观与法治文化建设研究”(15JZD005)。

① 《十八大以来重要文献选编》上,中央文献出版社2014年版,第83页。

从苦难中觉醒进而提出复兴目标这样的历史性前提与基础。① 中华民族是一个伟大的民族,历史上创造过灿烂文明。1999 年 12 月 23 日江泽民说,从汉代到明代初期,中国的科学技术在世界上一直领先长达 14 个世纪以上。后来由于生产力落后和社会政治腐朽,中国逐渐落后了。西方列强对中国的欺凌,更加剧了中国经济的落后和国家的衰败。在新的世纪中,中华民族将实现伟大复兴。②

习近平也是在中国的历史考察中阐明中华民族复兴梦想的。他指出,在 5000 多年文明发展进程中,中华民族创造了高度发达的文明,我们的先人们发明了造纸术、火药、印刷术、指南针,在天文、算学、医学、农学等多个领域创造了累累硕果,为世界贡献了无数科技创新成果,对世界文明进步影响深远、贡献巨大,也使我国长期居于世界强国之列。然而,由于封建统治者夜郎自大、闭关锁国,明代以后中国屡次错失富民强国的历史机遇。鸦片战争之后,中国更是一次次被经济总量、人口规模、领土幅员远远不如自己的国家打败。③ 正因为中国历史上曾是世界第一富强之国,所以近代以来虽陷入衰落挨打的境地,但仍有底气有资格提出重振辉煌与兴盛的民族复兴梦想。

其次,从 1840 年开始追溯中华民族的复兴梦,是以近代中国落后挨打与自强不息的追梦为时空背景的,从中既可看到中国遭受的深重苦难,也可看到中华民族近代以来展现的自强不息的民族复兴精神。

从 19 世纪 40 年代起,西方列强先后对中国发动了鸦片战争、第二次鸦片战争、中法战争、中日甲午战争、八国联军侵华战争等五次大规模侵略战争,结果都是以中国的失败而告终。西方列强迫使中国政府割地、赔款、签订不平等条约。西方列强一次次侵略中国,中国一次次失败,丧权辱国。有人说近代中国一百年是衰落挨打、失去自信的一百年。然而换个角度看,近代中国一百年是自强不息的一百年。19 世纪 40 年代以来中国的仁人志士在反思:中国为什么衰落?为什么挨打?从林则徐的"开眼看世界"到曾国藩、李鸿章、左宗棠的洋务运动求强梦,从康有为、梁启超变法运动的维新梦到孙中山的振兴中华梦,中国人始终没有气馁,始终没有停止追求梦想。

唯有承受过艰难困苦而始终不放弃梦想的民族才会从苦难中奋起提出复兴的目标,中国文化最深刻的思想财富和最激励民族斗志的文化资源就是近代以来

① 汪玉奇等:《中国梦——昨天·今天·明天》,社会科学文献出版社 2013 年版,第 5－7 页。

② 《江泽民文选》第 2 卷,人民出版社 2006 年版,第 490 页。

③ 习近平:《为建设世界科技强国而奋斗——在全国科技创新大会、两院院士大会、中国科协第九次全国代表大会上的讲话》,《人民日报》2016 年 6 月 1 日。

自强不息的民族复兴精神。

再次,从1840年开始考察中华民族的复兴梦,可以看到,由于没有解决民族复兴的道路、理论、制度和力量,中国梦在近代不可能实现,但实现中华民族伟大复兴是近代以来中国人民始终不渝、坚持不懈的伟大梦想。

近代以来太平天国运动、戊戌变法、义和团运动、辛亥革命接连而起,无数中国仁人志士前仆后继、不懈探索,寻找救国救民道路,但种种救国方案都相继失败。对于中国近代史的基本线索,学界有革命史观与现代化史观的不同评价①;按照中国梦来解读,中国近代史不只是半殖民地化的落后挨打屈辱史与反抗侵略的悲壮斗争史,也不只是向西方文明学习求教史与外生式现代化努力受挫史,而是中国梦的寻梦追梦史,都可汇入民族复兴的进程之中。中国梦形象生动地把实现中华民族伟大复兴的理想表达出来,“无论面对多少挑战、多大困难,都始终以中华民族深厚的文化积淀和历史智慧为底蕴,给人以希望、给人以信心、给人以力量”②。诚然,太平天国运动、洋务运动、戊戌变法、辛亥革命都不可能实现民族复兴目标,但从倡导“四个自信”的层面把握中国梦的历史逻辑,近代以来这些中华民族持续不断的复兴追求是难能可贵的,是爱国主义、自强不息的民族精神的体现,也是当下坚定文化自信实现民族复兴中国梦需要传承和发扬的重要文化资源。

文化自信既指向历史也指向现实,源于“古”而成于“今”③。近代中国历史上民族复兴梦想的一次次萌发、破灭、再点燃表明,有志气的中华民族为了探求救亡图存的正确道路,始终坚持在苦难和挫折中求索,表现出百折不挠的英雄气概。习近平指出:“站立在960万平方公里的广袤土地上,吸吮着中华民族漫长奋斗积累的文化养分,拥有13亿中国人民聚合的磅礴之力,我们走自己的路,具有无比广阔的舞台,具有无比深厚的历史底蕴,具有无比强大的前进定力”④。

二

中国梦“两个一百年”的“第一个一百年”是从1921年中国共产党成立到2021年建党一百周年全面建成小康社会梦想实现。中国共产党率领人民探索中

---

① 章正科:《中国近现代史纲要专题研究》,安徽师范大学出版社2014年版,第14-20页。

② 王建国、冯连军、朱天义:《“中国特色社会主义与中国梦”高层论坛综述》,《社会主义研究》2013年第5期。

③ 沈壮海:《文化自信源于“古”成于“今”》,《人民日报》2015年11月29日。

④ 习近平:《在纪念毛泽东同志诞辰120周年座谈会上的讲话》,《人民日报》2013年12月27日。

国道路、理论、制度的现代筑梦历程，展现的是要在民族复兴文化自信基础上确立道路自信、理论自信、制度自信的过程。

（一）中国共产党成立之时就依据近代以来历史发展选择以实现共产主义与民族复兴的梦想为"初心"，中国共产党被确立为领导核心是倡导民族复兴道路自信、理论自信、制度自信、文化自信即"四个自信"的最关键要素。

中国新旧民主主义革命以1919年五四运动为分界线，1921年中国共产党成立这一中华民族发展史上开天辟地大事变给灾难深重的中国人民带来光明和希望。近代以来中国人民的斗争之所以屡遭挫折和失败，其最重要原因就是没有一个先进的坚强的政党作为凝聚自己力量的领导核心。中国共产党的诞生从根本上改变了这种局面"①。

中国近现代史是"四个选择"，即选择了马克思主义、选择中国了共产党、选择了社会主义、选择了改革开放的历史。② 进一步追问会发现，中国人民之所以选择马克思主义、选择中国共产党、选择社会主义、选择改革开放，归根结底是因为选择了民族复兴的梦想。中国的先进分子在反复比较中认识到，唯有马克思主义才能从根本上解决中国问题，唯有社会主义才能救中国并实现中华民族的复兴。

（二）中国共产党成立之时就把马克思主义作为自己的信仰，把共产主义与民族复兴作为自己的奋斗目标，从而开始了民族复兴的筑梦时期，作出了"三大历史贡献"，实现了"三个伟大飞跃"。

中国共产党为中华民族复兴筑梦做出的第一个历史贡献是1921至1949年领导新民主主义革命，取得近代中国一百年来第一次反抗外敌侵略的抗日战争的胜利，取得新民主主义革命胜利建立新中，推翻国民党反动统治，建立中华人民共和国，实现了民族独立和人民解放，实现了中国从封建专制向人民民主的伟大飞跃。中国共产党为中华民族复兴筑梦做出的第二个历史贡献是1949至1978年领导社会主义革命和建设，确立社会主义基本制度，建立了独立完整的工业体系和国民经济体系，为国家富强、人民富裕奠定了坚实基础，实现了中华民族由衰落向繁荣的伟大飞跃。中国共产党为中华民族复兴筑梦做出的第三个历史贡献是1978至2012年领导改革开放和现代化建设，开辟了中国道路，形成了中国理论，确立了中国制度，实现了中国人民从站起来到富起来、强起来的伟大飞跃。

中国共产党的"三大历史贡献"和"三个伟大飞跃"始终是以中华民族复兴筑梦为主题展开的。新民主主义革命、社会主义革命和建设的根本目的都是解放和

① 《中国共产党的九十年》，中共党史出版社、党建读物出版社2016年版，第41页。

② 《中国近现代史纲要》，高等教育出版社2015年版，第2页。

发展生产力。新中国成立前夕,党的七届二中全会就提出把我国由农业国变为工业国的目标。1956 年 8 月毛泽东在党的八大预备会议上说:“你有那么多人,你有那么一块大地方,资源那么丰富,又听说搞了社会主义,据说是有优越性,结果你搞了五六十年还不能超过美国,你像个什么样子呢? 那就要从地球上开除你的球籍! 所以,超过美国,不仅有可能,而且完全有必要,完全应该”①。正是被开除球籍的强烈忧患意识倒逼中国共产党人为推进民族复兴战略接力奋斗。党的第一代中央领导集体提出在 20 世纪内分两步把我国建设成为“四个现代化”社会主义国家的构想。党的第二代中央领导集体提出“三步走”现代化战略:第一步在 20 世纪 80 年代翻一番,实现温饱;第二步在 90 年代再翻一番,进入小康社会;第三步在 21 世纪用三十到五十年时间再翻两番,达到中等发达国家水平。② 当“三步走”战略头两步目标提前实现之时,党的第三代中央领导集体在党的十五大上把“三步走”现代化战略第三步进一步具体化,提出“新三步走”战略:第一步到 2010 年,实现国民生产总值比 2000 年翻一番,使人民的小康生活更加富裕;第二步到建党一百年时,使国民经济更加发展,各项制度更加完善;第三步到世纪中叶建国一百年时,基本实现现代化,建成富强民主文明的社会主义国家。③ “新三步走”战略已包含建党与建国“两个一百年目标”。党的十六大、十七大和十八大把建党一百年目标明确为“全面建设小康社会”“全面建成小康社会”目标。

党的十八大以来以习近平为核心的党中央提出中国梦,把全面建成小康社会确定为中国梦的关键一步,协调推进“四个全面”战略布局,就是要通过全面深化改革、全面依法治国、全面从严治党的“三个举措”实现全面建成小康社会的目标。

(三)中国共产党 96 年来之所以能做出“三大历史贡献”和“三个伟大飞跃”,其根本原因是通过新民主主义革命、社会主义革命、社会主义建设和社会主义改革开放,找到了走向民族复兴的中国道路、中国理论、中国制度、中国文化,提出了民族复兴的道路自信、理论自信、制度自信、文化自信。

中国共产党在革命、建设和改革过程中开辟了实现民族复兴梦想的现实道路。中国特色社会主义道路,既坚持以经济建设为中心这一兴国之要,又全面推进经济、政治、文化、社会、生态“五位一体”建设;既坚持四项基本原则这一立国之本,又坚持改革开放这一强国之路;既解放和发展社会生产力又逐步实现全体人民共同富裕。

---

① 《毛泽东文集》第 7 卷,人民出版社 1999 年版,第 89 页。

② 《邓小平文选》第 3 卷,人民出版社 1993 年版,第 226 页。

③ 《江泽民文选》第 2 卷,人民出版社 2006 年版,第 4 页。

中国共产党在革命、建设和改革过程中实现了马克思主义中国化的两次历史性飞跃，形成了毛泽东思想和中国特色社会主义理论体系两大成果。毛泽东思想指导中国革命与建设取得成就，为中国特色社会主义做了理论准备；中国特色社会主义理论则深化和丰富对人类社会发展规律、社会主义建设规律、共产党执政规律的认识。

中国共产党在革命、建设和改革过程中建立了社会主义制度，为中华民族复兴梦想创造了政治前提。中国特色社会主义制度既坚持基本经济制度、分配制度，又坚持根本政治制度、基本政治制度；既坚持国家民主制度，又坚持基层民主制度；既坚持党的领导，又坚持人民当家作主与依法治国。

中国共产党在革命、建设和改革过程中确立了社会主义文化，为中华民族复兴梦想奠定了思想文化基础。中国特色社会主义文化既是中华优秀传统文化的传承和弘扬，又是中国先进文化的倡导和发展，因而是中国特色社会主义道路、理论、制度最深层、最持久的基础，中国特色社会主义的道路探索、理论提升、制度凝结都是在中国特色社会主义文化基础上展开的。

按照中国梦的历史逻辑审视中共 96 年历史，有新民主主义革命与社会主义革命两个革命，有两次历史性飞跃与两大理论成果，有民族独立人民解放与国家富强人民幸福两大主题，这一切都是为了实现民族复兴中国梦。习近平指出："当今世界，要说哪个政党、哪个国家、哪个民族能够自信的话，那中国共产党、中华人民共和国、中华民族是最有理由自信的"①。中国共产党成立以来做出了"三大历史贡献"，找到了中国道路、中国理论、中国制度、中国文化，提出了道路自信、理论自信、制度自信、文化自信，为中华民族复兴提供了根本保证。

三

中国梦"两个一百年"的"第二个一百年"是从 1949 年新中国成立到 2049 年新中国成立一百周年建成社会主义现代化国家。按照中国梦的历史逻辑，中国现代化战略需要从追赶战略转向实施赶超发达国家战略。党的十八大以来在中国特色社会主义发展取得伟大成就的基础之上提出"四个自信"，就是要坚持中国特色社会主义道路、理论、制度、文化，实施赶超发达国家战略，实现新中国成立一百周年时建成富强民主文明和谐的社会主义现代化国家即进入世界强国行列的民族复兴圆梦目标。

第一，"两个一百年"目标是江泽民 1997 年最初提出、2012 年党的十八大予以

① 习近平：《在庆祝中国共产党成立 95 周年大会上的讲话》，《人民日报》2016 年 7 月 2 日。

正式确立的。习近平强调“第二个一百年”即新中国成立一百年时实现中国梦，是中国共产党人民族复兴“四个自信”的庄严宣示。

1949年开始的当代中国史是百年富强史。1961年毛泽东在接见英国元帅蒙哥马利时说过：在我国，要建设起强大的社会主义经济，我估计要花一百多年。邓小平阐述的“三步走”现代化战略到21世纪中叶基本实现现代化也是按建国一百年实现民族复兴设计的。2001年7月17日江泽民指出：“我们的目标是，到本世纪中叶，基本实现现代化，建成富强民主文明的社会主义现代化国家，实现中华民族的伟大复兴”①。

习近平的中国梦构想，实现党的奋斗目标“中国化”和“分阶段化”②，表征建国一百年民族复兴的伟大理想。2013年5月底，习近平在接受拉美三国媒体的联合书面采访时指出：“我们的奋斗目标是，到2020年国内生产总值和城乡居民人均收入在2010年基础上翻一番，全面建成小康社会。到本世纪中叶，建成富强民主文明和谐的社会主义现代化国家，实现中华民族伟大复兴的中国梦”③。2015年12月11日，习近平在全国党校工作会议上的讲话中再次强调：我们党要团结带领全国各族人民实现第一个百年奋斗目标、全面建成小康社会，进而实现第二个百年奋斗目标、实现中华民族伟大复兴的中国梦④。这里把实现民族复兴的中国梦与实现第二个百年奋斗目标联系起来明确锁定在21世纪中叶。明确新中国成立一百年时实现中国梦，就是要坚定“四个自信”，紧紧扭住实现民族复兴的时间表实干苦干。

第二，民族复兴中国梦作为民族复兴的形象表达，不只是概念和表述的转换，而是内含从追赶战略向赶超战略的重大转变。“天上不会掉馅饼，努力奋斗才能梦想成真”⑤。“第二个一百年”即新中国成立一百年时实现中国梦的“四个自信”，建立在实施赶超战略的奋斗上。

邓小平“三步走”现代化战略第三步目标是在21世纪用三十到五十年时间达到中等发达国家水平，中国梦“第二个一百年”目标要在新中国成立一百年时实现民族复兴中国梦。学界有人认为，2010年我国已完成62%的复兴任务，2049年

---

① 《江泽民文选》第3卷，人民出版社2006年版，第308页。

② 张春花、俞良早：《习近平实现中国梦的伟大构想对马克思主义经典作家理想社会思想的丰富和发展》，《社会主义研究》2016年第4期。

③ 习近平：《关于实现中华民族伟大复兴的中国梦论述摘编》，中央文献出版社2013年版，第7页。

④ 习近平：《在全国党校工作会议上的讲话》，《求是》2016年第9期。

⑤ 《国家主席习近平发表二〇一七年新年贺词》，《人民日报》2017年1月1日。

“达到世界中等发达国家的水平，人民生活水平基本达到现代化”即实现民族复兴①。有人认为，世界强国和中等发达国家水平不是一个概念。2049 年中国达到中等发达国家的水平不是我们的中国梦。2049 年之后实现民族复兴中国梦是要跻入世界强国的行列②。我们认为，应从民族振兴与国家富强、人民幸福作为三点内涵来解读中国梦民族复兴本质。振兴是振作兴盛的过程，而复兴则是恢复兴盛辉煌的结果。中等发达尚属于民族振兴阶段，只有实施赶超发达国家战略，从中等发达国家进入最发达国家的行列才是民族复兴中国梦的实现。

毛泽东在新中国建立之初就提出了赶超战略。1964 年 12 月他说：“我们必须用几十年时间，赶上和超过西方资产阶级用几百年时间才能达到的水平”③。1964 年底周恩来在三届全国人大一次会议做的政府工作报告中代表党中央、国务院宣布：在不太长的历史时期内，把我国建设成为“四个现代化”的社会主义强国，赶上和超过世界先进水平。④

鉴于我国社会主义建设曾出现过急过快的失误，邓小平在 20 世纪 70 年代末没有再提“赶超”，而改提“接近”发达国家。在 20 世纪 80 年代把 21 世纪中叶的目标定位在达到“中等发达国家水平”。1987 年党的十三大报告在阐发“三步走”战略时指出：“第三步，到下世纪中叶人均国民生产总值达到中等发达国家水平，人民生活比较富裕，基本实现现代化。然后，在这个基础上继续前进”⑤。“三步走”战略是按追赶战略设计的⑥，但这并不意味放弃了赶超战略。按照追赶战略，如果 2049 年才能达到中等发达国家水平，那需要在“两个一百年”目标基础上增加一个“继续前进”的时间才能实现进入最发达国家行列的目标。然而邓小平对中国发展走势的把握最务实也最有智慧，“三步走”战略第三步设想 21 世纪上半叶“用三十年到五十年”达到中等发达的水平⑦，其目标的时间安排预备了 20 年可调整空间。

改革开放 30 多年来，中国现代化建设创造了快速发展的奇迹，取得的成就超出 20 世纪 80 年代中后期的预期，已提前实现邓小平提出的战略设想⑧。习近平

---

① 杨宜勇、谭永生：《中华民族复兴进程监测评价指标体系及其测算》，《中共中央党校学报》2012 年第 3 期。

② 韩庆祥：《〈走向善治的中国〉提出中国梦三步走》，《学习时报》2015 年 8 月 19 日。

③ 《建国以来毛泽东文稿》第 11 册，人民出版社 1996 年版，第 272 页。

④ 《中国共产党的九十年》，中共党史出版社、党建读物出版社 2016 年版，第 536 页。

⑤ 《十三大以来重要文献选编》上，人民出版社 1991 年版，第 16 页。

⑥ 《邓小平文选》第 2 卷，人民出版社 1994 年版，第 416 – 417 页。

⑦ 《邓小平文选》第 3 卷，人民出版社 1993 年版，第 226 页。

⑧ 胡鞍钢等：《2030 中国：迈向共同富裕》，中国人民大学出版社 2011 年版，第 9 – 10 页。

2016 年 9 月 4 日在二十国集团工商峰会开幕式上的主旨演讲中指出，靠着真抓实干，我们把中国建成世界第二大经济体，人均国内生产总值接近 8000 美元。① 按照这样的发展，我国完全有可能在 2030 年提前达到中等发达国家水平。既然我国有可能在 2030 年达到原定 2049 年才能达到的中等发达国家水平，那就有必要把达到中等发达国家水平的时间前移到 2030 年，把 2049 年确定为中国进入最发达国家行列的时间。这就从追赶战略转向了赶超战略，表征民族复兴的目标不只是达到“中等发达国家水平”，而是要在 2049 年进入发达国家行列。

有学者认为，“实现伟大复兴，重新赢回世界第一，是中国的百年梦想。这个梦想，集中表现为孙中山、毛泽东、邓小平的奋斗理想”②。习近平在纪念毛泽东同志诞辰 120 周年座谈会上的讲话中引用毛泽东所说的“中国人民有志气，有能力，一定要在不远的将来，赶上和超过世界先进水平”，在纪念孙中山先生诞辰 150 周年大会上的讲话中引用孙中山所说的“革命成功以后，经过全民族努力，中国一定能够迎头赶上世界先进国家”，其赶超发达国家的决心和意志不言而喻。中国梦就是要用赶超发达国家、进入世界强国行列的民族复兴愿景彰显“四个自信”，鼓舞斗志、振奋人心。

第三，民族复兴的中国梦是以习近平为核心的党中央治国理政新理念新思想新战略最具创新性的内容，坚持中国特色社会主义道路、理论、制度、文化，坚定道路自信、理论自信、制度自信、文化自信，新中国成立一百周年时建成社会主义现代化国家即进入世界强国行列的民族复兴目标一定能实现。

实现“第二个一百年”民族复兴目标必须坚持中国特色社会主义道路、理论、制度、文化。中国特色社会主义道路是实现社会主义现代化和人民美好生活的必由之路，中国特色社会主义理论体系是指导党和人民沿着中国特色社会主义道路实现中华民族伟大复兴的正确理论，中国特色社会主义制度是具有明显制度优势和强大自我完善能力的先进制度，中国特色社会主义文化是中国人民胜利前行的强大精神力量。③ 中国特色社会主义道路、理论、制度、文化是中国共产党人在追求民族复兴的进程中找到的，也正因为找到了中国特色社会主义道路、理论、制度、文化，中国人民实现了从站起来到富起来再到强起来；民族复兴的目标一步步变成现实，雄辩证明中国特色社会主义的道路正确、理论正确、制度正确、文化正

① 习近平：《中国发展新起点全球增长新蓝图》，《人民日报》2016 年 9 月 4 日。

② 刘明福：《中国梦——中国的目标道路及自信力》，中国友谊出版公司 2013 年版，第 2 页。

③ 习近平：《在纪念红军长征胜利 80 周年大会上的讲话》，《人民日报》2016 年 10 月 22 日。

确①,中国特色社会主义道路、理论、制度、文化“四个正确”不断增强中国共产党和中国人民民族复兴的道路自信、理论自信、制度自信、文化自信。

中国科学院中国现代化研究中心发布的《中国现代化报告2015:工业现代化研究》报告显示,中国有可能在2030年前后成为中等发达国家②。清华大学国情研究中心中国智库专著《2030中国:迈向共同富裕》对2030年中国做过预测:2030年的中国社会就是一个共同富裕社会。中国将用20年的时间全面建设小康社会、到2030年共同构建共同富裕社会、到本世纪中叶全面实现社会主义现代化。③习近平在全国科技创新大会、两院院士大会、中国科协第九次全国代表大会上的讲话中指出:我国现代化建设的目标是到我们党成立一百年时建成小康社会,到新中国成立一百年时建成社会主义现代化国家。党中央颁布的《国家创新驱动发展战略纲要》明确我国科技事业发展的目标是,到2020年时使我国进入创新型国家行列,到2030年时使我国进入创新型国家前列,到新中国成立一百年时使我国成为世界科技强国。④ 这里把科技事业发展的三步目标与“两个一百年”目标联系起来,实际上提出了2021年全面建成小康社会、2030年建成经济强国和共同富裕社会即达到中等发达国家水平、2049年建成富强民主文明和谐的社会主义现代化国家即进入世界强国行列的中国梦路线图。

中国梦的历史逻辑是民族复兴的近代寻梦、现代筑梦、当代圆梦的接力进程。确立道路自信、理论自信、制度自信、文化自信的“四个自信”,是新中国成立一百周年时实现民族复兴的重要保证;新中国成立一百周年时中国梦的实现,又必将激励我们坚定道路自信、理论自信、制度自信、文化自信的“四个自信”,把中国特色社会主义伟大事业进一步推向前进。

(原载于《社会主义研究》2017年第3期)

---

① 习近平:《在纪念孙中山先生诞辰150周年大会上的讲话》,《人民日报》2016年11月12日。

② 王振红:《中国或在2030年前后成为中等发达国家》,中国发展门户网,http://cn. Chinagate. cn/reports/2015 - 06/09/content_35776938. htm.

③ 胡鞍钢等:《2030中国:迈向共同富裕》,中国人民大学出版社2011年版,第10-11、3页。

④ 习近平:《为建设世界科技强国而奋斗——在全国科技创新大会、两院院士大会、中国科协第九次全国代表大会上的讲话》,《人民日报》2016年06月01日。

坚持中国梦的价值追求*

——兼评西方梦的道德困境

近代以来,西方梦一直崇尚物质追求,这是西方梦一贯的逻辑前提。建立在这一基础上的梦想曾代表着人类文明的精神高地,成为世界的梦想模式,吸引着世人趋之若鹜。目前,这种仅限于物质追求的梦想模式只能在历史的坐标中成为人类追求更高梦想境界的经验反思。坚持中国梦的价值追求,既要赓续人类既有的梦想路径,又要超越单一物质追求的路径依赖。

一、西方梦的逻辑前提与道德困境

(一)西方梦的逻辑前提与现实遭遇

二战以来,欧洲人为了反思和寻找自身梦想的道德图式,在不同的社会思潮中确立自身梦想的精神家园和价值标准,以期摆脱以工业化为主要内容的现代性带来的单向度的物质化困扰,在社会生活领域广泛实行民主社会主义,确保高收入、高福利、高质量的物质生活,以此排除任何物质生活上的后顾之忧。除此之外,他们还要求不断缩短劳动时间来满足个体更多的自由需要;在精神文化和理论上宣扬多元主义,期望实现价值观领域的多元性,抛弃人类中心主义和欧洲中心主义,以此作为追求精神自由的充分保障,满足个体存在的多层次的生命体验。正是这种高品质、多元化的欧洲梦让美国学者杰里米·里夫金在他的著作《欧洲梦——21 世纪人类发展的新梦想》中感叹道:“欧洲人工作是为了生活,而非生活是为了工作。”他认为,欧洲梦倡导的价值理念“具备一切正确的特征”“呼唤我们进入包容性、多样性、生活质量、深度游戏、可持续性、普遍人权、自然权利和全球和平的新纪元”。① 在他看来,这种梦想可以超越始于 18 世纪早期的人性逐步被

---

* 本文作者:徐伟,安徽财经大学马克思主义研究中心讲师,华东师范大学政治学博士后。

① [美]杰里米·里夫金:《欧洲梦——21 世纪人类发展的新梦想》,杨治宜译,重庆出版社 2006 年版,第 341 – 343 页。

束缚在理性主义和物质主义囹圄中的困境。

但是,21 世纪以来,由于发展中国家的快速发展,欧洲老牌资本主义国家在发展中国家所能剥夺的“剩余”越发难以应对高收入、高福利、高品质的经济要求,尤其是当这种生活方式通过举债也难以为继的时候,最终就会走入困境。伴随 2008 年世界金融危机而普遍出现的欧洲债务危机将这种社会困境揭露的一览无余。此外,欧洲人口减少带来的移民问题又使欧洲梦在文化认同和价值重构上存在很大的困难和变数。二战以后,欧洲人口虽然有过短暂的增长,但是从总体上看,处于下降趋势,尤其进入 21 世纪后,欧洲人口出现了负增长,其经济发展对海外移民的依赖越发明显。但是海外移民涌入又给欧洲带来文化上的冲突和社会认同的危机,而且在短时期内也会给政府财政带来巨大的压力。

美国梦与欧洲梦有着共同的文化背景,它与欧洲文艺复兴以来宗教改革形成的启蒙传统有着共同的根源。所不同的是,300 多年前第一批来到北美大陆的英国殖民者,将世俗化的清教伦理带到了新世界,并在后来用一种纯粹理性化的方式构建起了自己的价值准则。与欧洲梦相比,美国梦显得相对简单、实用,他们相信唯有获取财富才是解决一切问题的根本保证,正是这种以财富为一切衡量标准的梦想,吸引着世界各地的人趋之若鹜。美国人对财富的渴望与追崇被法国思想家托克维尔记录在他的著作中。托克维尔认为,“在美国,对于物质福利的热爱并不是个别的,而是普遍的”,“美国人对物质生活享乐的爱好,视为他们在行动上暴露出来的这种内心不安”①的主要原因。可见,美国《独立宣言》中所谓造物者赋予他们自由权和追求幸福的权利,不过就是追求个人物质财富的权力。

但是,随着资本主义的发展,美国国内贫富分化日益严重,“1% 的人占有全国 99% 的财富”,曾经对美国梦深信不疑的中产阶级的生活受到严重打击。伴随着许多企业破产,不断上升的失业率和数以万计的失去住房的家庭大量涌现,美国梦追求的财富神话和众多经济思想也破产了;弗格森枪击案判决结果引发的严重骚乱和种族对抗也在分化着美国社会,枪支泛滥引发的人权问题成为美国当下社会的顽疾。总体来看,美国国内矛盾重重,经济问题、阶级问题、种族问题、人权问题等社会问题与日俱增、积重难返。针对福山等人的盲目自信,里夫金指出:“对某些人来说,强调民主统治的社会里个人不受束缚地积累财富的美国梦,的确代

---

① [美]杰里米·里夫金:《欧洲梦——21 世纪人类发展的新梦想》,杨治宜译,重庆出版社 2006 年版,第 158、167 页。

表了对历史终结的终极表述。"①

（二）西方梦的道德困境

21世纪以来，欧美各国（包括日本）政治危机和社会危机此起彼伏，西方梦的不可持续性逐步显现，令人向往的西方梦呈现出没落的迹象和不可克服的道德困境。

第一，物欲满足的梦想图式与工具化的人生境遇。

反思西方近代以来的辉煌，不难发现西方梦追求的是建立在人的物欲满足基础之上的梦想图式。美国人认为，财富是个人获得自由的基本保证，财富积累得越多，他在世界上就越加独立。从一定意义上说，美国梦强调经济增长、个人财富的积累和独立。欧洲梦虽然与美国梦存在一定的差异，但其根本之处是相通的，那就是对物质财富的依赖。虽然欧洲梦与美国梦相比，具有明显的精神生活的追求，但是，这种精神生活与其说是对物质财富的超越，倒不如说是对西方长期以来物化社会关系的一种精神反抗。况且，欧洲梦所追求的文化多元、价值多元的精神样态不过是不同思想的糅合，精神生活并未能在众多的文化价值理念中达到梦想价值的升华，依然停留于一种高品位物质生活层面的追求上。因此，西方梦所追求的不过是"具有财富积累的动力，但又无意于财富所能买到的尘世愉悦"②和物欲满足的梦想图式。长期以来，西方社会尤其是美国梦的图式设定未能脱离这种对"尘世愉悦"的追崇。

马基雅维利等文艺复兴时期的思想家将人性恶的假设作为其政治哲学的思想基础，实现了西方中世纪以来神学政治的世俗转换，人被作为一种政治质料加以工具化利用。资本主义国家治理的艺术已经不再仅仅是通过教会组织实现对人的精神统治，而是通过对人自身欲望的激活实现资本主义自身的发展需要。因此，把人变为商品是资本主义得以存在和发展的首要条件。这样，人被工具化、商品化利用的政治设计与自由主义的市场原则结合在一起，使人作为理性经济人，成为市场那只"看不见的手"的调节对象。黑格尔试图通过对市民社会的揭露来批判自亚当·斯密以来的自由市场状态，他虽然不否定市场经济所开启的个体偶然性的历史作用，但是他对完全利己和放任的市场经济伦理并不满意，希望以国家这一最高伦理实体完成对西方社会的拯救。但是他以一种僵化的逻辑将个人

① ［美］杰里米·里夫金：《欧洲梦——21世纪人类发展的新梦想》，杨治宜译，重庆出版社2006年版，第14页。

② ［德］马克斯·韦伯：《新教伦理与资本主义精神》，阎克文译，上海人民出版社2010年版，第20页。

作为绝对精神实现外化的工具,完成了近代以来西方政治对个人历史质料工具化利用的最高设计,道出了人在"理性的狡计"面前的工具性地位。

第二,西方梦的自我否定与自我分化。

首先,物质财富成为自我确认的唯一方式。欧洲文艺复兴以来,伴随着政治哲学的转换,个人的存在实现了从"应当怎样"向"实际上怎样"①的转化,开启了世俗化的进程。这种世俗化进程激发着个体欲望的释放,人自身存在的确认方式也从虚幻的宗教神学转向现实的经济生活及其获得的物质财富。这种转化之于人的意义用当时著名的政治术语表达就是:财产成为主体身份的延续(洛克语)。根据马克思对洛克等人的逻辑结论进行的批判可以得知,以财产作为人自身的确认方式实际上是对人本身的否定。正如里夫金所指出的那样,这种财富决定一切的社会无法满足"对某种更高个人使命的骚动的渴望",也无法"在一个逐渐疏离、冷淡的社会里,寻找某种共同体意识的需求"。②

其次,以财富的排他性换取自身的安全。西方梦尤其是美国梦正是洛克政治哲学典型的现实版本,洛克企图通过对个人私有财产的保护来实现人自身的发展需要、安全需要、权利保障需要等,个人需要的满足要由财富的排他性予以保证。社会规则的设计都围绕着个体的物质利益和自由权利展开,在现实生活和社会交往中过分强调对社会财富的占有、对自身权利的实现,而不在乎对他人以及社会利益的保护,美国梦是极为个人化的,极少关注他人。③

再次,个人发展与国家发展之间的不可过渡性。作为一种工具性存在的人,其本质力量的表达所生成的对象世界成为与人分离的外部存在,由此导致人性中私向化与社会化的矛盾、利己与利他的矛盾、人的本质力量的"对象化与复归"的矛盾、"国富"与"民强"的矛盾不能在逐梦的过程中得到根本的解决,财富的积累与矛盾的积累亦步亦趋。西方梦的梦想图式回避了私有制条件下国家进步与个人发展之间不可过渡的固有矛盾,试图通过货币、资本的关系,直接将私有制的国家与人民群众财富的积累相沟通,这实际上否认了社会关系不断分化的事实,掩盖了私有制社会资本最大化追求剩余价值的秉性。

---

① [意]马基雅维利:《君主论》,潘汉典译,商务印书馆 1985 年版,第 82 - 83 页。马基雅维利在书中说:"可是人们实际上怎样生活同人们应当怎样生活,其距离是如此之大,以至一个人要是为了应该怎样办而把实际上是怎么回事置诸脑后,那么他不但不能保存自己,反而会导致自我毁灭。"

② [美]杰里米·里夫金:《欧洲梦——21 世纪人类发展的新梦想》,杨治宜译,重庆出版社 2006 年版,第 10 页。

③ [美]成中英:《全球化中的东西方文化差异与交融》,《中国海洋大学学报》社会科学版 2004 年第 6 期。

第三,西方梦与其他国家和民族梦想之间的矛盾。

近代以来,西方以自由、平等、人权为核心价值托举的西方梦,一路高歌猛进,创造了属于西方自己的梦想奇迹。但无论是历史上通过赤裸裸的殖民扩张实现的资本原始积累,还是当下通过国际金融秩序的控制对世界财富的劫取,无论是历史上的劳工贩卖还是当下资本输出等,其本质就是将自身的梦想建立在对其他国家和民族的压迫、剥削之上。在国际领域,美国梦将一切可能妨碍美国国家利益的对象都设定为潜在的敌人,在军事上进行包围,在国际舞台上进行孤立;在意识形态领域,否认其他民族的文化价值,不断向其他国家输出符合美国国家利益的价值观,进行颜色革命。无论是政治上的包围打压还是意识形态领域的输出与干预,都是以损害其他国家利益来满足美国自身的利益。“从本质上说,美国梦不是一个为世界准备的梦,而是一个分裂世界的梦,一个为美国自己谋幸福的梦。”欧洲梦虽然表现出一些积极的因素,但实质上却是一个“地区保护主义的梦,一个保护既得利益的策略,同样不是一个可以普遍化的世界梦想”。①

比较而言,欧洲人在两次世界大战破坏性的创伤之后,更倾向于寻求新的理念重构自己的梦想图景,但是他们期望用多元的文化价值来规划他们共同的生活,在很多方面显得捉襟见肘,矛盾重重。尽管美国人从战争胜利的经验中获得与欧洲人不同的心理体验以及对美国精神的自信,但在当前也无法摆脱其固有的问题。西方梦曾经的辉煌和当下的逻辑是建立在一个与其他国家无法共享的基础之上的,不仅无法解决自身的道德困境,在国际上也无法提供一种可靠的进步方案。

面对西方梦的现实遭遇和道德困境,我们要辩证分析,无论是欧洲梦还是美国梦,它们都曾经激励欧洲人或美国人为实现梦想而努力。但是,正如西方梦的基础是资本逻辑带来的物质进步,西方梦的道德困境也根源于此,这是西方梦的先天缺陷,对这一逻辑的绝对依赖又导致了西方梦的不可持续。

二、坚守中国梦的价值追求

(一)中国梦的历史背景与现实问题

西方梦的实现有其物质基础,中国梦的实现也需要坚实的物质基础。30 多年来,中国以经济建设为中心,着力解决人民群众日益增长的物质文化需要与落后的社会生产之间的矛盾。目前,我国已经成为世界第二大经济体,实现中华民族伟大复兴梦想的条件渐渐成熟。中国梦概念在 2005 年应运而生,在中国成为世

---

① 马静:《美国梦? 欧洲梦? 还是中国梦?》,《理论参考》2013 年第 3 期。

界第二大经济体(2010 年)后得到重申和阐释。

改革开放使中国的经济社会得到巨大发展,但也产生了许多新的矛盾和新的问题。首先,社会价值关系扭曲。在生产领域,劳资关系扭曲,劳动价值被严重贬低,虚拟经济市场繁荣与实体经济的萎缩形成鲜明的对比,从事生产活动的劳动者受到轻视,劳动者社会地位低下、社会声望不高,社会财富不断向资本和权力流动,弱势群体利益表达渠道得不到应有的保障。在价值观层面,社会上出现了追求物欲满足的浮躁心理,多样的价值诉求被统一在货币这个唯一的度量单位上,金钱至上、享乐至上风气严重。其次,社会结构固化严重。拥有财富和权力的人拥有着市场上的各种资源和权力,社会呈现强者越强、弱者越弱的"马太效应",弱者向社会上层流动的难度越来越大。伴随着腐败等社会问题,社会不同群体的心理裂痕不断拉大,社会仇富情绪严重。深究这些问题,其实具有与资本物化逻辑共同的根源,这些问题得不到有效解决,就会出现社会失序的危险,成为中国经济社会持续发展的严重障碍。

(二)中国梦的精神境界与价值追求

面对中国经济社会发展中出现的新矛盾、新问题,我们要在解决这些矛盾和问题的基础上坚守中国梦的价值追求,实现对西方梦的超越。

第一,培育"超越物我"的精神境界。

首先,秉承"重精神"的优良传统,追求现代生活的"物我超越"。"重精神"是中华民族的优良传统,在 5000 多年的历史进程中,中华民族不仅创造出了光辉灿烂、享誉世界的中华文明,也塑造出中华民族独特的精神气质和精神品格,形成崇尚精神的优秀传统。这种传统不仅表现在仁、义、礼、智、信等实践行为方面,还表现在对道德修养和道德教化的重视上。古人认为,个人之所以能在社会上安身立命,最重要的在于修身,将修身作为齐家治国平天下的基础。就是说,个人的存在及其社会关系的生成与发展不是一个单纯的过程,在这过程中必须要加强道德的修炼。中国人对物质生活与精神生活相互关系有独到的理解。古人云:"人所以异于禽兽者,几希?"即认为人和动物的区别其实很小,这个很小的部分就是精神,正是精神使人与动物产生本质的区别。在古人看来,人之所以不同于动物,在于动物只知道对外部世界的物质索取,以及由此产生的争斗,而人能够通过精神的力量驾驭物质欲望,使人能够和平共处。正是这种崇尚精神的优良传统形成了具有中华民族特色的见利思义、以义制利、先义后利等义利观。R. H. 托尼在叹息西方资本主义兴起过程中社会物质利益与精神家园的背离时指出:"社会是一个精神的有机体,而不是一架经济机器,经济活动是一个巨大而复杂的统一体中的一种从属的部分,它为实现整体的道德目标提供物质手段。"①R. H. 托尼的话不仅指出了经济活动为实现整体道德目标提供了物质手段,同时也道出了资本主义经济算计的物欲本质造成的人们精神家园的迷失。与这种梦想追求不同的是,中国梦不仅仅要实现国富与民强的目标,还要实现财富世界与精神世界的统一。

其次,社会主义市场经济实践中的"生意观"对西方梦"生利观"的超越。中国长期把从事商品交换活动的人称为"生意人"。在传统的农业社会中,长期实行重农抑商的政策,商人在国家生活中处于较低的社会地位。中国传统的生意观与中国重精神的文化传统一脉相承,生意活动在实践中更加强调商品这种有形的物质交换形态背后的人与人之间的关系,在精神境界上希望通过商品之间的交换来实现个人的价值,构建人与人之间的意义世界,从而在这个过程中体验个人之于他人和社会的价值。而西方社会追求物欲满足的生利观倡导的是"人活着就是要去赚钱,就是要把获利作为生活的最终目的",②追求的只是单向度的物质利益,人与人之间更多的是一种商业的利益计算,缺少对人与人之间本质关系的思考和追问,这正是社会主义市场经济与单纯资本逻辑下市场经济的本质不同。中国传统的生意观对当下的社会主义市场经济建设具有重要的精神资源价值,如何通过物质财富这一人的劳动成果构建一个以人为本的和谐社会是值得深入思考的,也是实现国家富强与人民幸福梦想的实践路径。

第二,构建共建共享的实践图景。

首先,构建人与财富相互确认的社会机制。实现主体与对象的双向互动,在个人的价值表达与价值确认的机制中实现社会财富的属人本质。习近平在十二届全国人大一次会议上指出,实现中国梦必须走中国道路,这就是中国特色社会主义道路,这条道路坚持将经济、政治、文化、社会、生态等全面发展的价值目标安放在促进人的全面发展上。把促进人的全面发展纳入中国特色社会主义道路,具有深刻的哲学意蕴。这是从更高的实践要求上对中国特色社会主义道路的完善,使中国特色社会主义伟大实践凸显为具体的价值指向。党的十八届三中全会又将"坚持以人为本,尊重人民主体地位,发挥群众首创精神,紧紧依靠人民推动改革,促进人的全面发展"③作为改革开放成功实践的重要经验之一和必须长期坚

① [英]R. H. 托尼:《宗教与资本主义的兴起》,赵月瑟,夏镇平译,译文出版社 2013 年版,第 62-63 页。

② [德]马克斯·韦伯:《新教伦理与资本主义精神》,阎克文译,上海人民出版社 2010 年版,第 185-186 页。

③ 《中共中央关于全面深化改革若干重大问题的决定》,新华网,http://xinhuanet.com/2013-11/15/c_118164235.htm,2013 年 11 月 15 日。

持的方针政策。这正体现了马克思关于现实的个人在其本质力量对象化的实践活动过程中不断将自身价值引向表达,同时又在国家共同体中得以确认的哲学理念,中国特色社会主义道路为人民群众个体价值的表达与社会对个体的价值确认提供了制度上的保障。把人的全面发展放在中国特色社会主义道路的理论中加以诠释,充分反映了我们党在推动中华民族伟大复兴进程中顶层设计的科学性。这条道路将人类的实践方式从片面追求物质生产的轨道转向在物质生产的过程中同时实现人的生产,即促进人的全面发展,完成对以单纯资本为叙事模式的生产方式的逻辑跃升。这不仅回答了历史唯物主义关于我国社会发展的动力问题,更体现了中国梦所彰显的进步内涵:在人与财富的关系上更加注重财富的属人本质,追求"物我"相互确证的梦想实现机制。

其次,构建勤劳与共享的实践图景。中国梦是每一个中国人的梦想,这一梦想愿景不是个人向国家和社会单方面的索取,也不是孤立的个体盲目劳作的冲动,更不是国家和社会对个人惰怠的纵容,而是在先进的制度下将个人的勤劳、创造和生命的勃发充盈在社会有机体中,形成一个共建共享的实践图景。马克思在《政治经济学批判(1857 — 1858 年草稿)》中指出,在资本主义社会,货币"成了普遍勤劳的手段",为了货币,"个人的勤劳是没有止境的",①人们在"过度勤劳"中追求没有任何个性的货币,工人的勤劳与其说是为了追求个人收入的暂时提高,不如说是资本家对劳动力商品——"也就是对他们自己作为使用价值所提出的要求"。② 最终,"勤劳"成了资本家优质的劳动力商品,工人用"勤劳"付出的越多,失去的也越多。马克思认为,资本主义的个人存在不过是资本设定的一个他者,西方资本主义梦想呈现的不过是一副人民群众不断的辛勤劳动又不断失去劳动对象的图景,"勤劳"是一种没有社会共同体确认,而只有资本货币以商品价格方式确认的个体存在状态。中国梦追求的是将个人的梦想与国家的梦想有机地结合在一起,这种结合是通过社会主义国家共同体的制度设计和优越性保障的"勤劳与共享"相互确认、相互表征的有效机制、幸福体验和实践图景。

第三,打造一个以内在关系为内涵的人类命运共同体。

首先,以"内在关系中的人"超越"理性经济人"。在资本主义的物化逻辑中,作为孤立存在的理性经济人是其理论假设的起点,在这种逻辑下,人们只将有形的物质财富作为实现梦想的唯一基础。在马克思看来,这种财富观不过是旧唯物主义的一种直观,它忽略了人的主体方面。在《1844 年经济学哲学手稿》"共产主

① 《马克思恩格斯全集》第 46 卷上,人民出版社 1979 年版,第 174 页。

② 《马克思恩格斯全集》第 46 卷上,人民出版社 1979 年版,第 245 页。

义”部分的一开头，马克思就指出，无产和有产的对立，应该从劳动和资本的对立上来理解，才不会把“私有财产只是从它的客体方面来考察”，①才能理解财产与财产这种物质形态之间存在着主体与主体（人与人）之间的内在关系，马克思所批判的正是古典经济学理论假设的缺陷：人是与他人、与其创造的物质财富相互孤立存在的人。美国纽约大学教授奥尔曼在《异化：马克思论资本主义社会中人的概念》一书中，把马克思的哲学理解为一种“内在关系哲学”，以此来解读马克思关于人的个性与社会共同体相互确认的社会实在理论。在中国传统文化和思维习惯中，也不存在一种孤立的“我”的存在，儒家将人放在社会各种角色关系中思考，而道家认为整体存在于相反力量的对象中，它们在相互作用过程中相互生成、相互确证。因此，只有从人与人、人与物之间的内在关系出发才能克服西方世界个人与国家、社会，国家与国家之间的分化与对立，彰显中国梦特有的经济伦理。

其次，共建人类命运共同体。这种由“内在关系中的人”构成的世界就是你中有我、我中有你的世界，一个国家与国家、民族与民族之间相互生成、相互联系的世界，一个通过共同发展、共同繁荣、共享成就、共筑梦想来相互确认发展成果、互为表征共同进步的世界。因此，中国梦是站在人类命运共同体的高度，将国家、民族作为一种内在关系对人类未来进行思考的梦想，它用中国传统的中和原则克服了西方梦道路上的“丛林法则”。剑桥大学政治与国际研究系高级研究员马丁·雅克认为，中国强调互惠互利、共同发展和双赢的关系，这已经成为发展中国家转型的引擎和楷模，中国梦并不局限于中国，还关系到世界的转型过程，越来越多的人相信，中国的发展将会促进世界的转型。② 目前，中国主导的“一带一路”建设及其秉持的共商、共建、共享的原则，突出了国家与国家之间的开放性、包容性、多元性特点，这就是要构建一个具有内在关系的新型国家之间的关系，打造一个不但物质富裕而且有理想信念的世界。

超越西方梦的道德困境，并不是简单地对西方社会诸多类似问题和困境的被动解决，而是要积极追求一种更高的实践方式，引领世界历史的新的发展趋势。坚守中国梦的价值追求，不仅要提出一套思考人类未来的中国方略，更要超越西方梦在意识形态主导下各种关系的隐秘操作，探寻人与人之间、国与国之间共同的利益支点，建设让更多人共享的美好未来。

（原载于《毛泽东邓小平理论研究》2016 年第 3 期）

① 《马克思恩格斯全集》第 42 卷，人民出版社 1979 年版，第 117 页。
② ［英］马丁·雅克：《中国梦：从历史看未来》，《文汇报》2013 年 12 月 09 日。

“中国梦”的思想根基与意识形态价值*

习近平总书记提出的“中国梦”核心是中华民族的伟大复兴，这是中华民族百余年来的梦想和不懈追求。实现“中国梦”必须认识民族历史、立足中国国情、弘扬中国精神、坚持中国道路、凝聚中国力量。“中国梦”作为一种文化符号和语言传播平台，具有高度的意识形态色彩。在现实背景下全面认识“中国梦”的意识形态价值，有助于丰富中国特色社会主义意识形态理论体系，充分发挥“中国梦”特有的强大的民族吸引力，保持社会主义主流意识形态的凝聚力和感召力。

一、“中国梦”的思想根基

“中国梦”不是凭空臆想，而是有其深厚的历史和现实基础，这就是中国近代中华民族屈辱史和现实基本国情。“中国梦”实现的途径在于坚持走中国特色社会主义道路，这条道路的鲜明特点是改革开放30多年的伟大实践，所根据的是新中国60多年经验的总结，是对近代以来中华民族发展历程的思考。“中国梦”必须紧紧依靠人民来实现，以最广大人民群众的根本利益为落脚点。

1.“中国梦”的立足点：近代中华民族的屈辱史和中国现实国情

“中国梦”寓意深刻，内涵丰富，其关键在于“复兴”二字。历史上中华民族不断创造繁荣和辉煌，使中华文明曾持续走在世界文明的前列。然而近代以来，长期闭关自守导致中国国力江河日下，随着1840年鸦片战争的战败，在西方列强的侵略下中国逐渐沦为半殖民地半封建社会，开始了屈辱的历史。在中华民族面临生死存亡的危险时刻，民族意识终于觉醒，这是一种以爱国主义为核心的民族精神，在这种精神感召下民族复兴的征程就此展开。全国范围内迅速兴起轰轰烈烈的爱国救亡运动，民族复兴成为近代以来中华民族最大的梦想，多少爱国仁人志士提出的各种民族救亡和发展的设想，凝结成了浓重的历史情结。但是，林则徐的禁烟救国以及康有为、梁启超的戊戌变法都未能冲破封建主义的禁锢，一概幻

* 本文作者：杨建新（1971—），无锡商业职业技术学院院长、教授。

灭了。孙中山先生最早提出了“振兴中华”的口号,他领导民族资产阶级发动辛亥革命,推翻了统治中国长达两千余年的封建制度,迈出了中华民族复兴的重要一步。但受民族资产阶级的阶级属性和客观条件所制约,更没有先进的适合中国实际的思想作为指导,没有广大人民群众的参与,没有坚强统一的、能够起到领导核心作用的政党,封建反动势力在帝国主义支持下扼杀了革命的成果,实践证明了这条道路并不适合中国,中华民族复兴需要谋求新的出路。

在很长一个时期,中国人经历着一场场南柯之梦,找不到出路,而马克思主义给中华民族指明了实现民族复兴的正确道路。随着新文化思想启蒙运动的深入发展,中国具备了接受马克思主义的社会历史条件。俄国十月革命催生了“五四”爱国运动,马克思主义在中国得到较为广泛的传播,迷茫中徘徊的中国人民终于看到了希望的曙光。中国历史与实践已经证明,只有马克思主义强大的生命力、创造力、感召力才能救中国,只有以马克思主义为指导思想的中国共产党才能发展中国。在马克思主义指导下,中国经历了新民主主义革命、社会主义革命和建设阶段,并通过30多年改革开放的伟大实践将逐步完成现代化的任务,全面建成小康社会近在咫尺。如今,中国特色社会主义这条实现中华民族复兴的唯一正确道路使中国取得了举世瞩目的成就,国家经济实力和综合国力显著增强,人民的物质文化生活得到极大改善,国际地位持续提高,在世界经济和文明发展中崭露头角,在这样的背景下,中国共产党人提出“中国梦”不再是“南柯梦”“黄粱梦”“白日梦”,而是实事求是、切实可行的美好愿景。这正是用马克思主义作指导思想并结合中国国情探索中国走社会主义道路的实践结果,充分回应了中华民族走出衰败屈辱的强国情结。探索“中国梦”的过程,印证了中国共产党是一个先进的马克思主义政党,能够以高度的理论自觉,将马克思主义基本原理与中国现实国情相结合,能够在实践过程中结合具体情况解决具体问题。这是党领导人民在建设社会主义长期实践中形成的最鲜明特色,就是把马克思主义与中华民族复兴的伟大梦想历史地、真实地、具体地统一起来,这种态度,是有的放矢的态度,是实事求是的态度,更是一种理论和实践自觉。

2.“中国梦”的实现途径:坚持走中国特色社会主义道路

习近平总书记强调,实现“中国梦”必须坚持走中国特色社会主义道路,中国特色社会主义“凝结着实现中华民族伟大复兴这个近代以来中华民族最根本的梦想”。就是说,“中国梦”的最终实现要落实到中国道路上,只有把中国特色社会主义这条道路走好,才能使梦想最终变为伟大而辉煌的现实。中国正处于社会主义初级阶段是中国特色社会主义理论体系的立论基础,在这个基础上邓小平理论开篇回答了“什么是社会主义、怎样建设社会主义”的问题;“三个代表”重要思想回答了“建设什么样的党、怎样建设党”的问题;科学发展观回答了“实现什么样的发展、怎样发展”的重大战略问题。时代需要梦想,伟大的时代需要提出一个主题、一个核心概念来反映奋斗目标和深刻理念,感召和激励人民与我们党共同奋斗。“中国梦”将民族理想实现于中国特色社会主义的实践,蕴含着鲜明的目标意识和清晰的目标指向,从历史任务的角度来说回答了“实现一个什么样的目标”问题,是对世情、国情、党情、民情的清醒认识和科学把握下的中国特色社会主义发展目标。在进入全面建成小康社会的关键性阶段,中国共产党人通过对中国历史与现实的深刻洞察,以战略思维对当代中国发展蓝图的描绘,提出了中华民族伟大复兴的梦想,这个梦想基本结论是要实现人民的共同富裕以及国家的现代化,实现条件是必须坚定不移走中国特色社会主义道路。

“中国梦”作为我们现实的奋斗目标,连接着过去、现实与未来,是从党和国家事业发展的全局出发,对中国30多年改革开放持续探索的总结,是在对近代以来近两百年中华民族发展历程的深刻反思。作为一个时代的伟大战略任务,具有深厚的历史渊源和广泛的现实基础。目标和任务完全符合科学认识论的基本规律,具备鲜明的时代特征和中国特色,体现了中国共产党理论创新成果的科学性和发展性的内在统一。“中国梦”准确把握、正确回答和解决时代课题,不断地注入新的时代内涵,既坚持了科学社会主义基本原则、根本内容和根本经验,又根据历史特点和传统以及时代条件赋予其鲜明的中国特色,在新的时代以全新的视角深化了对中国特色社会主义建设规律、人类社会发展规律的认识,从理论和实践两个层面上系统回答了对“树立什么样的理想、怎样实现理想”“实现什么样的目标、怎样实现目标”这一关乎中国共产党和中国国家命运的根本问题,以形象化的表达、具有时代标签的特点,承载着“两个一百年”的宏伟目标,用“中国梦”深刻回答并明确了在中国特色社会主义总布局下推进改革和建设的新要求。

“中国梦”作为我们现实的奋斗目标,思考的不仅仅是社会主义建设阶段的经验和教训,也不仅仅是国际共产主义运动的成功和曲折,而是对世界的根本性问题有了正确的认识和理解,对时代主题有了科学的把握。“和平与发展”作为未来历史大时代的主题,既是世界发展趋势,又是中国发展需求的客观现实,反映了我们党对这个时期国际环境的认识和判断。这样的时代背景下提出“中国梦”,将实现中华民族伟大复兴作为社会主义初级阶段的奋斗目标,就是要充分利用和巩固国际和平环境,全面建成小康社会和实现社会主义现代化。党的十八大报告中提出的“和平、发展、合作、共赢”方针,确定以发展为主线建设中国特色社会主义的对内对外政策,十八届三中全会吹响了中国全面深化改革、扩大开放的号角,把中国与世界发展更紧地联系起来,把中国人民同全世界各国人民共同利益更多地结合起来,为中国的和平发展道路开辟越来越广阔的空间,为"中国梦"的实现创造更加有利的条件。"中国梦"是与世界分享的,是积极吸收、借鉴全人类文明成果的,不是脱离世界文明大道的狭隘民族梦。"中国梦"的实现将为国际社会互利共赢、和平发展提供一种新范式,是马克思主义中国化的基本经验,反映了马克思主义中国化的实践本质和内在品质。"中国梦"是复兴之梦、发展之梦,也是和谐之梦、和平之梦。

3."中国梦"的落脚点:实现最广大人民群众的根本利益

中国梦归根到底是人民的梦,必须紧紧依靠人民来实现,必须不断为人民造福,反映最广大人民群众的利益愿望和要求。党的群众路线是马克思主义扎根于人民群众,推动中国特色社会主义不断前行的根本动因,是我党取之不尽、用之不竭的力量源泉。群众路线是唯物史观关于人民群众历史主体地位的集中体现,是中国共产党全心全意为人民服务根本宗旨的集中体现。"中国梦"顺应人民对经济发展、政治民主、文化繁荣、社会和谐、生态优良的期待,尊重人民的经济、政治、文化、社会、生态权益,充分体现了人民主体地位。实现"中国梦"就必须坚持走群众路线,保证党与群众的血肉联系,为实现中国梦打下坚实的群众基础。马克思主义大众化不仅是表达方式问题,也是根本立场、根本方法问题。要坚持贴近实际、贴近生活、贴近群众,充分考虑广大群众特别是城乡基层群众的接受能力和思维习惯,把深邃的理论用平实质朴的语言讲清楚,把深刻的道理用群众乐于接受的方式说明白,使抽象的理论逻辑转化为形象的生活逻辑,让科学理论从书斋走进人民大众、融入人们心灵。① 人民群众在实践中也充分认识到,中国共产党是唯一能够带领中国人民实现"中国梦"的领导核心。"中国梦"既是马克思主义者民族复兴的梦想,又是人民解放、幸福的追求。因此,必须始终坚持立足于人民群众,把人民群众作为实现"中国梦"的根本依靠,不断激发和凝聚实现"中国梦"的强大力量,并将这种力量汇聚到中国特色社会主义的伟大事业的建设和发展中来。

实现国家富强、民族复兴、人民幸福是"中国梦"的重要内容。国家强大才能解决人民的安全保障,人民富足才能为国家强大提供强大的现实支撑。因此,中国共产党正努力寻找一条"强国""富民"相统一的复兴之路。正如党的十八大报告所说:"必须更加自觉地把以人为本作为深入贯彻落实科学发展观的核心立场,始终把实现好、维护好、发展好最广大人民根本利益作为党和国家一切工作的出

① 刘云山:《把建设马克思主义学习型政党作为重大而紧迫的战略任务抓紧抓好》,《人民日报》2009 年 10 月 15 日。

发点和落脚点，尊重人民首创精神，保障人民各项权益，不断在实现发展成果由人民共享、促进人的全面发展上取得新成效。”①“中国梦”还让中国特色社会主义的理论成果从书本文件中走出来，走进群众的实践生活中，并以简明的内容、通俗的形式、大众的思维、普及的方式让群众能掌握运用。

二、“中国梦”的意识形态价值

在人类发展历史上，思想文化观念和价值观一直以多样化的形式存在，尊重思想文化多样性与坚持马克思主义对意识形态的指导地位是一项重要的理论和实践问题。历史辩证法启示我们，中华民族伟大复兴，不仅需要制度、经济、政治层面的改革与调整，也需要价值观层面的引领与凝聚，这就必须坚定以中国特色社会主义为核心，根据时代主题的转变、历史方位的转换和根本任务的转移不断加强社会主义意识形态建设。“中国梦”在吸收人类文明成果的基础上，将科学社会主义的基本原则体现于现阶段的中国特色社会主义的伟大实践之中，增强了社会主义意识形态的吸引力和凝聚力，并以思想和价值观发挥着重要作用。“中国梦”的提出本身就是一种意识形态话语体系的表达。

1.“中国梦”意识形态的实践基础

实践是意识形态产生、发展的动力，是解释意识形态的基础。社会存在决定社会意识形态，而意识形态具有合规律性，要真实反映社会存在，是实践过程的反射和回声。要实现这种反射和回声，既要立足于实践，又要有“从事实际活动的人”。在马克思主义的哲学视野中，实践中的“人”，即是以劳动改造世界的最广大的人民群众，他们的实践是社会得以生存和发展的根本动力和依据。每一历史时期的观念和思想是由这一时期的社会实践来诠释的。社会主义意识形态不是好高骛远的空洞理论，而是建立在实践基础上随时代变化而发展的有血有肉的思想体系。在新的历史条件下，社会主义意识形态主要不再是为了革命的实践，而是为了社会主义现代化建设，是为了进一步解放和发展生产力，体现在现代化建设和改革开放的伟大实践中。面对这种情形，我们既不能一成不变地固守传统社会主义和马克思主义的某些教条，又必须旗帜鲜明地强化而不是淡化我们的身份特征；既不能丢掉“老祖宗”，不能割裂马克思主义、割裂历史，又要时常“说新话”，强化话语转化中的理论创新，在寻求共性话语中坚持个性。以中国梦为内核重组意识形态话语，突出以国家认同为核心的意识形态，既强调突出国家的整体利益

① 胡锦涛：《坚定不移沿着中国特色社会主义道路前进为全面建成小康社会而奋斗》，《人民日报》2012年11月8日。

原则和求真务实、与时俱进的执政理念,又展现出鲜明的中国特色和价值立场;既直接面对现实,又尊重历史。① "中国梦"的历史诉求和理论逻辑的适时提出,正是基于30多年中国经济的持续增长奇迹和发展困境与挑战的基础上,是"实事求是、改革开放、经济中心、科学发展"理念的新进步,以实现国家富强、民族复兴为指向,也以实现个人的"中国梦"的思想根基与意识形态价值自由和全面发展,实现人民幸福为指向,整合国家、社会和个人三个层面的利益一致性。这有利于整合社会各种利益群体的思想观念,促使不同社会群体达成社会共识,从而发挥社会主义意识形态的主导作用。② 因此,"中国梦"在时代变革的实践基础上奠基和催生,是对当前中国国情合理因素和内在价值科学的判断和选择,是在肯定国家业已取得的巨大成就基础上对未来的向往和期待。

2."中国梦"意识形态的话语转换

意识形态话语体系建设是社会主义意识形态功能得以实现的基础,因此要创建与社会大众的思维方式和心理需求相一致的社会主义意识形态话语系统。随着中国社会主义革命、建设、发展主题的转变,人们的精神追求和价值取向也在悄然发生变化。"中国梦"的提出以其亲切可感的理想吸引人,是社会主义意识形态话语的变革,它的感召力所激发的创造力和积极性必将不断推动中国特色社会主义事业向前发展。

一是实现从政治意识形态到文化意识形态的创造性的转换。以马克思主义的唯物史观为基础的社会主义意识形态,是能够适应社会历史发展潮流的"科学的意识形态"。马克思主义作为一种科学论断是共产党人持久的信念和信仰系统,从成为其所创设政治制度的指导思想体系看,它是社会主义意识形态的核心内容。作为上层建筑,马克思主义话语体系一直以政治意识形态反映社会经济基础,社会主义意识形态作为社会主义政治信仰来规范和约束人们重视集体利益,只是当它作为既定力量发挥作用时,才表现出无意识性。而文化意识形态则直接融入整个社会生活和人民群众中,甚至内化到人的性格、精神以及本能结构中,以无意识机制为主发挥作用。意识形态的内容不一定非要以政治意识形态的方式表达,文化意识形态的话语更能起到潜移默化润物细无声的效果。因此,社会主义的意识形态不仅要体现无产阶级的阶级立场和党性原则,更要满足最广大人民群众的根本诉求,体现文化意识形态的通俗性。中国特色社会主义的不断发展,为探索和把握社会主义意识形态建设的规律、正确认识和解决意识形态领域的问

---

① 何红连:《意识形态视阈下的中国梦》,《领导科学》2013年第10期。

② 吴晓斐:《中国梦对增强社会主义意识形态凝聚力的意义》,《南方论刊》2013年第6期。

题、发展马克思主义的意识形态理论提供了新的更为广阔的实践基础和社会条件。实现中华民族的伟大复兴是中国近代以来最大的梦想，“中国梦”的提出就是以文化的方式演绎中国人精神心性、人格境界等的成长发展历程，涵盖了个人、社会、世界三个层面的目标，是中华民族屹立于世界民族之林的文化生存哲学，寄托和抒发着中华民族奋发向上的意志情怀，更集中昭示着中国人民对建设富强、民主、文明、和谐的社会主义现代化国家的美好未来和崇高理想的追求，符合中华文明的现代发展。

二是实现以通俗亲和的话语方式迅速赢得中国社会的普遍认同。“中国梦”实现了社会主义意识形态的通俗化、具体化，使之更好地为人民大众所理解、所接受，使人民群众自觉运用马克思主义的立场观点和方法塑造自身理想，从而推进整个社会的科学发展，这是意识形态话语创造性的转换结果。现代传播理论与实践都表明通俗化不等于不准确，讲亲和不等于无原则。“中国梦”用简单质朴的语言方式，把高深的政策理论转化为人民可理解和接受的理论，影响并指导人民的行为。这种具体现实的目标从广大人民群众的现实需要出发，贴近群众、贴近生活、贴近实际，日益得到人民群众的广泛认同和接纳，能够建立起一种普遍信仰和同质的价值诉求，转化为投身中国人民改革建设事业的内在动力，使目标在实践中变为现实，从而找到一个社会主义意识形态和大众文化结合的“恰当契合点”，成为社会主义意识形态的新因素、新内容。

三是实现社会主义意识形态话语的国际认同。中国经济社会的高速发展迫切需要我们用世界听得懂的语言讲述中国自己的故事，将中国特色社会主义的内涵外延、本质要求、立场价值讲清楚。将“中国梦”作为一个形象的文化符号与世界交流和接轨，与已存在的“美国梦”的价值理想沟通和比较，这样的意识形态话语也可为我们在国际社会中营造一种比较宽松的环境，防止一些国家、一些群体有意无意去曲解社会主义，模糊共产主义奋斗目标，扰乱中国人民建设具有中国特色社会主义的共识与合力，从而科学揭示中国特色社会主义的实践本质和伟大意义，取得世界文化价值观念的高度认同。

3.“中国梦”意识形态的民本思想

意识形态的实践主体是人民群众，意识形态的影响力要看它能否符合社会大众的根本利益诉求，反映大众利益是意识形态走向真实性的价值论路径。来自社会大众的认同和拥护程度以及服务于社会大众的利益关系中的真实表达是意识形态建设是否成功的重要标准，是其具备吸引力和凝聚力的关键所在。长期以来，马克思主义一直是中国特色社会主义意识形态的旗帜和灵魂，以马克思主义为指导的中国特色社会主义意识形态始终是占统治地位的主流意识形态。中国共产党人深刻清醒地认识到中国特色社会主义意识形态的实践主体是广大人民群众,人民性是社会主义意识形态与其他意识形态的根本区别。社会主义意识形态发展和创新的历史,就是我们党着眼于实现最广大人民的根本利益的历史,维护好、实现好和发展好最广大人民群众的根本利益,是我党立党为公、执政为民理念的最根本要求。"中国梦"将人放在哲学价值论的中心位置,重视社会主义意识形态的民本化。从实际出发,把人民群众的根本利益与具体利益、长远利益与眼前利益、国家利益与集体利益结合起来,将民族复兴、社会认同和个人奋斗交集在一起,包含国家、社会、个人三个层面的协调统一,关注国家发展、社会和谐、民生改善,在关系实现公平、追求正义等利益实现问题上进行转化,尊重不同社会群体和阶层的利益诉求,提升大众的社会意识水平,强调社会价值与个人价值的同构性,形成集体与个人意识形态领域的契合点,在彰显普遍性的同时重视个性化的人文关怀,实现人的价值追求和社会价值追求相统一。同时,"中国梦"重视社会主义意识形态引导的大众化,使马克思主义基本原理及其中国化的最新成果走进群众、深入群众,由少数人理解、掌握转为广大人民群众理解和认同,并自觉用于实践,实现具体化、普及化、生活化,发挥观念整合、价值导向、行为规范等实践价值,努力达成社会共识,凝聚社会力量,为社会主义意识形态转化为社会群体意识的文化自觉形成最大合力提供良好的平台。这种意识形态由注重部分利益到关注全方位的整体利益,最大程度地代表最广大人民群众的利益,保持其真实性和导向性,强化了社会主义意识形态的人本价值,确保社会主义意识形态具有针对性和说服力,从而增强社会主义意识形态的吸引力和凝聚力。

4."中国梦"意识形态的价值取向

"中国梦"意识形态的生命力来源于对社会现实利益关系的真实表达,来源于中国特色社会主义的理论自信、道路自信和制度自信,彰显其利益真实,将会在一定时期成为中国特色社会主义的主流意识形态,起到价值观取向的标杆的作用。

一是共产党人的精神追求引领"中国梦"发展的方向,大力弘扬社会主义、集体主义和爱国主义主旋律。倡导富强、民主、文明、和谐,倡导自由、平等、公正、法治,倡导爱国、敬业、诚信、友善,积极培育社会主义核心价值观是中国共产党人精神状态的真实写照,突出了以社会主义、集体主义和爱国主义三位一体为内核的中国特色社会主义的思想基础。历史已证明,坚持走中国特色社会主义道路是实现中华民族伟大复兴的必由之路,而这条道路的开辟,是坚守共产党人精神追求的结果,坚持和拓展这条道路就必须坚持中国共产党的领导,必须坚持社会主义的制度和方向,这是"中国梦"实现的根本前提;"中国梦"更加注重增强包容性,体现的是一种国家富强、民族复兴与人民幸福的文化,科学回答了个体与集体的辩证统一关系,巧妙地找到了集体和个体、整体和局部的最佳契合点,增强对最广大人民群众的辐射力、凝聚力、感染力,夯实共同奋斗的思想基础;"中国梦"继承中华文明优秀传统,爱国主义是中华民族永恒的精神财富与价值追求。"中国梦"体现的博大的爱国情怀是对现阶段爱国主义特征最精辟的概括,体现了中华民族的极大认同感,这种意识形态价值的输入与建构,是维护统一、凝聚民族力量最有效的途径。

二是"中国梦"对我国的经济建设和改革开放事业起着推动和引导的作用。经济建设和改革开放事业是中国特色社会主义一场伟大的实践,"中国梦"立足于社会主义初级阶段基本国情基础之上,以发展着的中国化的马克思主义来深化对历史规律的认识,以改革创新为核心的时代精神推进马克思主义基本原理与中国实际相结合,为中国特色社会主义的发展规划了合理的发展路径。它的感召力必将激发中国社会不同群体的创造力和积极性,使中国以更加全面而科学的姿态展示着其"富强梦":全面建成小康社会,建成富强民主文明和谐的社会主义现代化国家,并实现"集体梦"与"个人梦"的有机统一。如此凝聚共识、提升合力,发挥推动经济建设和改革开放的重要作用,使当下中国特色社会主义实现国家富强、民族振兴更加具有科学性与现实可能性。

三是对中国特色社会主义事业健康发展、社会和谐稳定与国家长治久安起到促进和保证作用。目前,我国正处于全面建成小康社会的关键时期,也处在经济、社会体制转型期,社会主义市场经济的深入发展带来经济利益关系多样化、社会思潮多元化,在思想文化激烈碰撞和冲突的内外背景下,在中华民族伟大复兴的道路上机遇和挑战并存。"中国梦"真实反映了中国人民最广泛、最普遍的价值追求,代表了现实的社会利益,其提出释放了价值观层面的引领作用与凝聚潜力,强化以爱国主义为核心的民族精神,维护好转型社会中的政治秩序,在多元中立主导,在多样中凝共识,捍卫着社会主义与共产主义的理论信仰。

参考文献:

[1]中共中央文献研究室:《习近平关于实现中华民族伟大复兴的中国梦论述摘编》,中央文献出版社 2013 年版。

[2]王永贵:《经济全球化与社会主义意识形态建设研究》,人民出版社 2005 年版。

[3]侯惠勤:《中国共产党在意识形态建设理论上的创新》,《新视野》2010 年第 3 期。

[4]张朋智:《"中国梦"对我国意识形态建设的启示》,《思想政治工作研究》

2014 年第 4 期。

[5]雷骥:《"中国梦"的基本内涵和时代价值》,《郑州大学学报》哲学社会科学版 2013 年第 4 期。

[6]徐崇温:《从世界的视野看马克思主义中国化的基本理念》,《学术探索》2009 年第 6 期。

[7]刘彤、张等文:《论中国共产党民本思想对传统民本思想的传承与超越》,《马克思主义研究》2012 年第 12 期。

[8]董敏志:《理性集体主义:国家意识形态的反思与重构》,《江苏行政学院学报》2011 年第 6 期。

[9]沈斐:《中国梦的经济学诠释—基于"资本内在否定性"的考察》,《马克思主义研究》2014 年第 3 期。

(原载于《马克思主义研究》2014 年第 10 期)